Tretsch/Zersch, Der Kraftfahrzeug-Kasko-Schaden

Dr. Wolf-Dietrich Tretsch
Ernst Zersch

Der
Kraftfahrzeug-Kasko-Schaden

GABLER

CIP-Titelaufnahme der Deutschen Bibliothek

Tretsch, Wolf-Dietrich:
Der Kraftfahrzeug-Kasko-Schaden / Wolf-Dietrich Tretsch;
Ernst Zersch. – Wiesbaden: Gabler, 1989
 ISBN 3-409-18506-2
NE: Zersch, Ernst:

Der Gabler Verlag ist ein Unternehmen der Verlagsgruppe Bertelsmann

© Betriebswirtschaftlicher Verlag Dr. Th. Gabler GmbH, Wiesbaden 1989
Lektorat: Hans-Ulrich Bauer

Das Werk einschließlich aller seiner Teile ist urheberrechtlich geschützt. Jede Verwertung außerhalb der engen Grenzen des Urheberrechtsgesetzes ist ohne Zustimmung des Verlags unzulässig und strafbar. Das gilt insbesondere für Vervielfältigungen, Übersetzungen, Mikroverfilmungen und die Einspeicherung und Verarbeitung in elektronischen Systemen.

Satz: Satzstudio REschulz, Dreieich-Buchschlag
Druck: Wilhelm & Adam, Heusenstamm
Buchbinder: Osswald + Co, Neustadt/W.
Printed in Germany

ISBN 3-409-18506-2

Vorwort

Die Fahrzeugversicherung hat in den letzten Jahren zunehmend an Bedeutung gewonnen. So unterhalten inzwischen rund 95 % aller Kraftfahrzeughalter eine Teilkaskoversicherung. Aber auch die Vollkaskoversicherung wird immer verbreiteter, da mehr und mehr Fahrzeuge finanziert oder geleast werden. Die Kapitalgeber sichern auf diesem Wege ihre Vermögenswerte, indem sie von ihren Kunden den Abschluß einer entsprechenden Versicherung verlangen.

Gerade die Entwicklung neuer Rechtsinstitute hat zu heftigen Diskussionen über Formulierung und Auslegung der Versicherungsbedingungen geführt. Es sei erneut auf das Leasinggeschäft hingewiesen, das noch vor rund 20 Jahren dem Privatkunden kaum zugänglich war. Inzwischen existiert eine Vielfalt unterschiedlichster Vertragsbedingungen, die sowohl eine permanente Fortentwicklung der Rechtsprechung erfordern und bewirken als auch dazu beitragen, daß der Markt für den privaten und regelmäßig nicht sachkundigen Kunden unübersichtlich bleibt. Dies beeinflußt natürlich auch die Schadenbearbeitung in der Fahrzeugversicherung.

Die vorliegende Darstellung will deshalb jenes Grundwissen zur Kaskoversicherung (oder wie es formell richtig heißt: Fahrzeugversicherung) vermitteln, das für den Praktiker, mag er nun als Sachverständiger im Kraftfahrzeugwesen, in einem Versicherungsunternehmen als Schadenregulierer, Außendienst- oder Vertragsbearbeiter oder im Bereich der Finanzierung von Kraftfahrzeugen tätig sein, von erheblicher Bedeutung ist. Besonders hervorzuheben sind die zahlreichen Hinweise für die Bearbeitung des Einzelfalls, die eine praxisorientierte Auseinandersetzung mit der Materie ermöglichen.

Selbstverständlich müssen im Rahmen eines Grundrisses Schwerpunkte gesetzt werden. Die wesentlichen Punkte sind jedoch umfassend – mit Stand vom Sommer 1988 – erörtert.

An dieser Stelle sei jenen gedankt, die den Verfassern in schreibtechnischer Weise und bei der Beurteilung so manchen kraftfahrzeugtechnischen Problems – besonders aus dem Hause der DEVK – zur Seite standen.

Köln, im Dezember 1988   *Wolf-Dietrich Tretsch/Ernst Zersch*

Inhalt

1.	**Die Kaskoversicherung**	11
1.1	Rechtsquellen	11
1.2	Vertrag	12
1.3	Vertragspflichten	15
1.4	Risikobegrenzung	18
2.	**Beginn der Versicherung**	22
2.1	Vorläufige Deckung	23
2.2	Materieller Beginn	25
2.3	Modifizierte Annahme des Vertrages	27
2.4	Ende des Vertrages	29
2.5	Wirkung der ersten Prämie/Folgeprämie	31
2.6	Wirkung der Bedingungsänderungen	36
3.	**Umfang der Kaskoversicherung**	40
4.	**Teilkaskoversicherung**	46
4.1	Selbstbehalte in der Teilkaskoversicherung	46
4.2	Entwendungsschäden	48
4.3	Wildschäden	53
4.4	Schäden durch Naturgewalten	55
4.5	Brand-, Schmor- und Explosionsschäden	57
4.6	Glasbruch, Reifenschäden	59
5.	**Vollkaskoversicherung**	63
5.1	Kollisionsschäden	64
5.2	Sachbeschädigung	65
6.	**Ruheversicherung**	66
7.	**Grenzen der Leistung / Ausschlüsse**	69
7.1	Versagung der Leistung	70
7.2	Obliegenheiten	71
7.3	Gesetzliche Obliegenheiten	74
7.4	Vorvertragliche Anzeigepflicht	76
7.5	Obliegenheitsverletzung vor dem Versicherungsfall	77
7.6	Vertragliche Obliegenheiten nach dem Versicherungsfall	79
7.7	Zusammenfassung zu den Obliegenheiten (Abschnitte 7.2 bis 7.6)	83
7.8	Vorsatz, grobe Fahrlässigkeit	84

7.9	Betriebsschäden	88
7.10	Mietwagenkosten und andere	90
8.	**Anspruchsberechtigte**	92
8.1	Zessionare (Abtretungsempfänger)	92
8.2	Sicherungsschein	93
9.	**Rettungskosten**	96
10.	**Umfang der Leistungen**	97
11.	**Reparaturkosten**	99
12.	**Totalschaden**	105
12.1	Zeitwert / Wiederbeschaffungswert	106
12.2	Wiederbeschaffungswert	109
12.3	Zulassungskosten, sonstige Kosten	114
13.	**Abzüge „neu für alt"**	115
14.	**Mehrwertsteuer**	117
15.	**Restwerte**	118
16.	**Ersatz der Zubehörteile**	120
17.	**Eigentumsübertragung bei Entwendung**	124
18.	**Transport- und Abschleppkosten**	127
19.	**Reisekosten**	130
20.	**Leasingfahrzeuge**	131
21.	**Fälligkeit**	137
22.	**Verjährung**	139
23.	**Feststellung der Höhe der Entschädigung**	142
24.	**Vorschüsse**	143

25.	Streitigkeiten	144
25.1	Grund des Anspruches	144
25.2	Streit über die Höhe des Anspruches, insbesondere über die Höhe des Wiederbeschaffungswertes	145
26.	Regresse	149
27.	Rückforderung zuviel gezahlter Beträge	159
28.	Einfluß der Regulierung auf den Schadenfreiheitsrabatt	161
29.	Freigabe der Kaskoversicherung	163

Literaturhinweise	165
Abkürzungsverzeichnis	167
Stichwortverzeichnis	171

Anhang

A 1	Wichtige Bestimmungen des VVG	179
A 2	Auszug aus den AKB	193
A 3	Teileliste	203
A 4	Teilungsabkommen	208

1. Die Kaskoversicherung (Fahrzeugversicherung)

Im Bereich der Kraftfahrtversicherungen nennt man die zugehörige Kaskoversicherung insbesondere Fahrzeugversicherung. Die Begriffe werden im folgenden synonym verwendet.

Die Fahrzeugversicherung ist eine Aktienversicherung und dient als Sachversicherung der Sicherung des Vermögens (Aktivvermögen) des Versicherungsnehmers, das durch sie vor Schäden geschützt werden soll. Die Versicherung bewirkt, daß der Versicherungsnehmer die Gefahr des Untergangs oder der Beschädigung der versicherten Sachen nicht allein zu tragen hat. Er sichert so sein Eigentums- oder Besitzerinteresse ab. Dafür muß er sich am statistisch ermittelten, finanziellen Gesamtrisiko für gleichartige Sachen (Aufwand für die Beseitigung von Schäden bestimmter Kraftfahrzeuge in einer begrenzten Region) anteilig beteiligen. Der Versicherungsnehmer erhält also nicht unentgeltlich seinen Schaden ersetzt.

Prinzip der Versicherung ist, die Gemeinschaft gleichartig Gefährdeter mit Rechtsanspruch auf wechselseitige Bedarfsdeckung auszustatten (vgl. *Sieg, Allgemeines Versicherungsvertragsrecht*, 2. Auflage, Wiesbaden 1988, S. 21). Das Risiko wird kalkuliert im Rahmen der Bedingungen und nach Zuschlag von Verwaltungs- usw. -kosten auf die Mitglieder/Versicherungsnehmer verteilt. Der Versicherungsnehmer hat durch die Versicherung den Vorteil, daß ihn ein Schaden nicht voll trifft, sondern er nur seinen Anteil am statistischen Gesamtaufwand zahlen muß. Er wird also am Gesamtaufwand durch die Prämie für bestimmte Gefahren in einem vertraglich festgelegten Rahmen beteiligt. Die Kalkulation des Beitrages kann auch für einen bestimmten Personenkreis (z. B. B-Tarif für Beschäftigte der öffentlichen Hand) gesondert erfolgen, womit das Gesamtrisiko auf verschiedene Teilgebiete aufgeteilt wird.

1.1 Rechtsquellen

Rechtsquellen der Kaskoversicherung sind:
- Bürgerliches Gesetzbuch (BGB),
- Versicherungsvertragsgesetz (VVG),
- Gesetz über die Allgemeinen Geschäftsbedingungen (AGBG),
- Allgemeine Bedingungen für die Kraftfahrtversicherung (AKB); das sind zwar private Geschäftsbedingungen, die aber ähnlich wie ein Gesetz behandelt und in der Revision vom Bundesgerichtshof (BGH) geprüft werden,
- Versicherungsaufsichtsgesetz (VAG).

Die Versicherungsunternehmen bedürfen zur Aufnahme der Geschäfte der Zulassung durch das Bundesaufsichtsamt für das Versicherungswesen (BAV) und unterstehen in ihrer Tätigkeit der Aufsicht durch diese Behörde.

Der Geschäftsplan der Versicherungsunternehmen muß vom BAV genehmigt werden. Die Versicherer geben im Rahmen dieses Verfahrens Erklärungen über ihr Vorgehen ab (geschäftsplanmäßige Erklärungen). Diese begründen Rechte Dritter, die verlangen können, daß sich die Versicherungsunternehmen entsprechend ihrer Erklärung verhalten.

005 Grundlage der Einzelversicherung ist der privatrechtliche Vertrag.

Partner des Versicherungsvertrages sind:
- Versicherungsunternehmen,
- Versicherungsnehmer (natürliche und juristische Personen, auch Personen-Mehrheiten, z.B. offene Handelsgesellschaften, Kommanditgesellschaften, nicht rechtsfähige Vereine).

Beim Massengeschäft sind die Vertragsinhalte standardisiert in Allgemeinen Versicherungsbedingungen; im Kraftfahrt-Geschäft sind dies die AKB, die nicht abdingbar sind (Amtsgenehmigung und Veröffentlichung im Bundesanzeiger). Sie sind so auszulegen, wie ein „verständiger Dritter" dies täte. Der spezifische juristisch-technische Gehalt der Begriffe ist nicht entscheidend (BHG 27.04.88, r + s 88, 215). Der Empfängerhorizont ist also – in den Grenzen der Regeln von Treu und Glauben – der Maßstab für die Interpretation der Bedingungen.

1.2 Vertrag

006 Die Kraftfahrtversicherung wird nur auf 1 Jahr geschlossen. Längere Bindungen, wie bei anderen Sparten, sind hier nicht zugelassen. Dokumentiert ein Versicherungsunternehmen aus internen (Abrechnungs-)Gründen die Versicherung für einen längeren Zeitraum (z.B. bei Abrechnung der Prämie für ein Kalenderjahr, ausgewiesener Versicherungszeitraum z.B. vom 01.03.1987 bis 31.12.1988, also für ein Jahr und 10 Monate), hat sich das Versicherungsunternehmen gemäß Tarifbestimmung 3 Abs. 1 verpflichtet, den Vertrag nach Kündigung durch den Versicherungsnehmer nach 12 Monaten, also zum 29.02.1988, freizugeben.

Der Vertrag über die Fahrzeugversicherung ist ein privatrechtlicher, der zwischen zwei oder mehreren Rechtssubjekten (dem/den Versicherungsnehmer und Versicherungsunternehmen) geschlossen wird. Bei Personengesellschaften sind alle Gesellschafter Mitversicherungsnehmer (OLG Düsseldorf 16.08.88 – 4 U 227/87). Voraussetzung ist eine vollständige Einigung über alle interessierenden Fragen (Annahme eines vollständig ausgefüllten Antrages auf Abschluß eines Versicherungsvertrages über die Fahrzeugversicherung durch das Versicherungsunternehmen). Das bedeutet nicht, daß der Versicherungsnehmer den gesamten Antrag inklusive Beitragshöhe ausgefüllt haben muß. Wenn im Antrag beispielsweise die Beitragshöhe offen blieb, kann davon ausgegangen werden, daß die Vertragspartner das Tarifwerk des Versicherungsunternehmens vereinbaren wollten, bei dem der Antrag auf Abschluß eines Vertrages einging. Auch geringe Rechenfehler bei den Prämienangaben im Antrag führen nicht zum Dissens (nicht deckungsgleiche Erklärungen der Parteien und als Folge keine/oder nur eine scheinbare Einigung der Beteiligten über den Vertragsabschluß – vgl. § 5 VVG: Hinweis auf Abweichungen vom Antrag im Versicherungsschein; Schweigen des Versicherungsnehmer gilt als Billigung des dokumentierten Vertrages).

Die Fahrzeugversicherung ist nicht der Regelung des § 5 Abs. 2 PflVG unterworfen, wo ein 14tägiges Schweigen des Versicherungsunternehmens ausreicht, die Vertragsannahme zu fingieren (anzunehmen) und ein Kontrahierungszwang (Verpflichtung des Versicherungsunternehmens zum Abschluß der ihm angetragenen Verträge) besteht. Eine solche Regelung gilt nur in der Kraftfahrthaftpflichtversicherung. Der Fahrzeugversicherungs-Antrag darf also – auch ohne Angabe von Gründen, selbst nach einem Schaden, der sich nach Eingang des Antragsformulars beim Versicherungsunternehmen ereignete – abgelehnt werden, ohne daß der Antragsteller irgendwelche Ansprüche aus dem angestrebten Vertrag erwirbt. Diese hätte er nur dann, wenn das Versicherungsunternehmen die Bearbeitung des Antrages über Gebühr verzögert oder sonst (z. B. durch Rückfragen, die aus der Sicht Dritter vom Bestehen des Vertrages ausgehen) den Anschein erweckt hätte, als habe es stillschweigend den Antrag akzeptiert (OLG Hamm 23.01.87, r + s 87, 241) oder ihn durch sein Verhalten davon abgehalten hat, sich um anderweitigen Versicherungsschutz zu bemühen (das OLG Karlsruhe 04.06.87, r + s 88, 5, lehnt das Verschulden des Versicherers ab, wenn der Agent mehrere Terminabsprachen innerhalb eines Zeitraumes von 4 Tagen nicht einhält). Das gilt auch, wenn der Antrag – eventuell auf dem Postweg – verlorengegangen war (OLG Hamm 09.02.88, r + s 88, 95).

007

Vertretung

Die Erklärungen der Beteiligten können von diesen selbst oder ihren Vertretern abgegeben werden. Wenn es auch üblich ist, daß Policen regelmäßig gedruckte Namen von Vorstandsmitgliedern der Versicherungsunternehmen als Unterschrift aufweisen, werden die Vorgänge bei den Unternehmen von Bevollmächtigten entschieden. Oft unterzeichnen Handlungs-(Unterschrifts-)Bevollmächtigte oder Prokuristen. Versicherungsvertreter (Agenten) bedürfen zum Abschluß eines Vertrages einer besonderen Vollmacht (vgl. §§ 43 ff. VVG). Sie kann auf einzelne Verträge oder Vertragstypen (z. B. Blockpolicen für Moped-Versicherungen) oder auf bestimmte Zusagen (z. B. Erteilung vorläufiger Deckung – etwa durch entsprechende Gestaltung des Antragsformulars, Überlassung von Deckungskarten u. ä. m.) begrenzt werden.

008

Eine Anscheinsvollmacht zu Lasten des Versicherungsunternehmens kann sich auch aus der Duldung des Versicherungsunternehmens hinsichtlich der Tätigkeit eines Vermittlers ergeben, der seine Befugnisse oft falsch einschätzt hat. Die Literatur nennt hier auch vollmundige, großspurige Titulaturen für Agenten, die vom Versicherungsunternehmen erteilt werden (*Prölss/Martin, VVG*, 24. Auflage 1988, § 45 Anm. 1). Ebenso erweckt die Überlassung von Blanko-Policen und die Duldung von Abschlüssen den Anschein einer Vollmacht für den Agenten. Zur Wirksamkeit der Zusage eines Agenten in Schadensachen bedarf es einer entsprechenden Vollmacht. Die Gesetzliche der §§ 43, 45 VVG reicht nicht hin (OLG Saarbrücken 15.04.87, r + s 88, 96).

009

Decken sich die Angaben auf dem Versicherungsantrag nicht mit der Wirklichkeit (z. B. Verschweigen von Fahrzeugdaten, Angaben falscher Fahrzeugstärken) und weiß der Vermittler, der nicht Abschlußagent ist, dies, ist das Unternehmen nicht gebunden. Eine Bindung wäre nur gegeben, wenn der Agent Abschlußvollmacht hatte (§ 44 VVG). Um von einem derartigen abgeschlossenen Vertrag herunterkommen zu können, muß entweder ein

010

Änderungsvertrag geschlossen oder der Vertrag vom Versicherungsunternehmen gekündigt werden.

Gibt der Vermittlungsagent aus seinen Unterlagen fehlerhafte Auskünfte, und bestätigt das Vorliegen einer Voll- statt der beantragten Teilkaskoversicherung, so haftet der Versicherer, für den er tätig war. Konnte der Versicherungsnehmer aus seinen Unterlagen die Fehlerhaftigkeit der Auskunft erkennen, trifft ihn ein Mitverschulden (OLG Düsseldorf 28.06.88 – 4 U 196/87).

011 Die Kenntnis von Tatsachen, die ein reiner Vermittlungsagent hat, geht nicht zu Lasten des Versicherungsunternehmens.

Der Versicherungsnehmer seinerseits muß nun nicht selbst unmittelbar den Vertrag schließen (z. B. den Antrag auf Abschluß einer Versicherung unterschreiben). Er darf sich insoweit vertreten lassen. Hier gelten die üblichen Regeln des BGB (§§ 164 ff. BGB). Diese Vollmacht kann mündlich erteilt werden. Der Vertragspartner – hier: der Versicherer oder sein Agent – müssen nicht vom Vollmachtgeber unterrichtet werden. Es reicht aus, wenn sie dem Bevollmächtigten glauben, er handele berechtigt im Namen eines Dritten. Jedoch trägt das Versicherungsunternehmen dann das Risiko, daß die Vollmacht nicht in Ordnung ist und der Prämienanspruch beim Versicherungsnehmer nicht realisiert werden kann. Daß der falsche „Bevollmächtigte" (falsus procurator) dann für die Erfüllung des Vertrages einzustehen hat, ist regelmäßig wirtschaftlich wenig wert. Der Versicherungsnehmer kann aber den Vertrag des nicht oder nicht ausreichend Bevollmächtigten billigen. Das geschieht zum Beispiel durch Bezahlung der Prämie, wenn er den Versicherungsschein

012 erhalten hat (stillschweigende Genehmigung).

Widerspricht der Versicherungsnehmer dem Dokument (Police) oder läßt es unbeachtet, kommt kein Vertrag zustande. In diesem Falle könnte sich der Versicherungsnehmer auch nicht darauf berufen, daß er nach Monaten das Rechtsgeschäft billigt, nachdem ein Schaden eingetreten ist, denn in der Übersendung der Prämienrechnung unter Fristsetzung (§ 1 AKB) ist die Aufforderung an den Versicherungsnehmer zu sehen, sich zur Gültigkeit des

013 Geschäftes binnen 2 Wochen zu erklären (§ 177 Abs. 2 BGB).

Der Vertreter handelt im Namen des Vertretenen, soweit seine Vollmacht in Ordnung ist. Füllt er einen Versicherungsantrag aus, muß er ordnungsgemäß und vollständig die geforderten Angaben machen. Dabei kommt es nicht nur auf sein eigenes, sondern auch auf das Wissen des Vertretenen und nicht nur seine Organe (z. B. Vorstand) an.

Soweit gesetzliche Vertreter eingesetzt sind (wie für Minderjährige, Gebrechliche) oder Organe für juristische Personen handeln, treten sie für den Versicherungsnehmer auf, ihr Wissen und das der gewillkürten Vertreter muß der Versicherungsnehmer sich zurechnen lassen.

Die Genehmigung ist entbehrlich, wenn der Jugendliche die einmalige Prämie (z. B. für sein Moped) von seinem Taschengeld bezahlt (vgl. § 110 BGB).

1.3 Vertragspflichten

Aus dem Vertrag erwachsen den Parteien Rechtspflichten, die einklagbar sind und Verhaltensnormen, die nicht erzwungen werden können, aber bei Nichtbefolgen die in den Bedingungen festgelegten Folgen (Nachteile wie Leistungsfreiheit) nach sich ziehen. **014**

Rechte und Pflichten aus dem Versicherungsvertrag werden begründet für

- Versicherungsnehmer: Beitragszahlung §§ 38/39 VVG
- Versicherungsnehmer: (a) Versicherungsschein (§ 3 VVG) auszufertigen und Versicherungsnehmer zu übergeben,
  (b) Entschädigungsleistung zu erbringen.

Als Verhaltensnormen werden vereinbart:

- die sog. Obliegenheiten. Sie sind in der Regel von den Versicherten wahrzunehmen, vgl. auch Abschnitt 7.2. Sie müssen im Vertrag genau bezeichnet sein. Ergeben sich Treuepflichten der Beteiligten gemäß §§ 157, 242 BGB bei der Vertragsabwicklung, ohne daß sie in den AVB bezeichnet sind, kann sich aus deren Verletzung nur eine Schadenersatzpflicht des Zuwiderhandelnden ergeben, die Folgen einer Obliegenheitsverletzung dagegen nicht (BGH 09.12.87, r + s 88, 155).
- Wichtigste Obliegenheiten sind:

  (a) Führerschein / Fahrerlaubnis des Fahrers bei der Benutzung des versicherten Fahrzeuges auf öffentlichen Straßen oder Plätzen,
  (b) Verwendungsklausel (Verwendung des Fahrzeuges nur zu den im Versicherungsvertrag festgelegten Zwecken wie Eigenverwendung, Taxi, Selbstfahrervermietwagen, Güternahverkehr usw.). Ein Verstoß (vertragswidrige Verwendung) ist unbeachtlich, wenn die Prämie auch bei Einhaltung der Klausel (für die andere Verwendung) gleich gewesen wäre oder auch geringer.

  Beispiel:

  Zulässig ist die Verwendung von Taxis zu Privatfahrten, unzulässig ist bei versicherten Eigenverwendung der Einsatz des Pkw als Taxis,

  (c) Wettfahrten (dafür muß eine Sonderversicherung abgeschlossen werden) nicht durchzuführen,
  (d) Stillegung: Garagenrisiko bleibt (Ruheversicherung vgl. Kapitel 6).

Hinweise für Sachverständige

- Datum der Stillegung ermitteln / erfragen,
- Datum gegebenenfalls im Gutachten angeben,
  (a) Anzeige- und Informationspflicht,
  (b) Weisungen einholen / nicht ohne weiteres,
- Versicherungsnehmer auf Weisungsrecht des Versicherungsunternehmens hinweisen,
- gegebenenfalls selbst beim Versicherungsunternehmen rückfragen.

Hinweise für Schadenbearbeiter

- Weisungen sofort geben,
- Polizeianzeige (bei Diebstahl, Haarwildkollision) prüfen (keine Selbstanzeige beim Fehlen von Fremdschäden erforderlich, wenn der Versicherungsnehmer sich dabei der Gefahr einer Bestrafung aussetzt),
- Veräußerungsanzeige gemäß § 71 VVG gegebenenfalls prüfen. Da der Versicherungsvertrag auf den Erwerber übergeht (§ 69 VVG), ist das Versicherungsunternehmen interessiert, zu wissen, wer bei ihm Kunde ist und wessen Gefahr es trägt. Deshalb sind Käufer und Verkäufer verpflichtet, binnen eines Monats das Versicherungsunternehmen vom Eigentumswechsel zu informieren;
- werden Pflichten verletzt, (Versicherungsnehmer, Repräsentanten, Wissensvertreter – vgl. Abschnitt 1.2) und ist die Verletzung kausal (mitkausal) für den Versicherungsfall, dann besteht kein Versicherungsschutz, wenn dem Versicherungsnehmer nachgewiesen wird (§ 6 VVG):
  (a) mindestens einfache Fahrlässigkeit bei Obliegenheitsverletzungen vor Eintritt des Versicherungsfalles; es muß eine Kündigung erfolgen,
  (b) grobe Fahrlässigkeit bei Obliegenheiten, die nach dem Versicherungsfall zu erfüllen sind.

Wurde vorsätzlich eine Obliegenheit verletzt, die nach dem Versicherungsfall zu erfüllen war, beispielsweise eine Information des Versicherungsunternehmens über den Schadenverlauf trotz Anfrage nicht gegeben, verliert der Versicherungsnehmer den Versicherungsschutz auch dann, wenn die Verletzung keine unmittelbare Auswirkung auf die Schadenregulierung hatte.

015 Der Versicherungsnehmer muß wie jeder andere Vertretene für die Fehler seiner Hilfskräfte einstehen, er darf sich nicht darauf berufen, daß nicht er, sondern eine Hilfskraft beim Abholen aus der Werkstatt übersah, nach den im Wagen zurückgelassenen Zweitschlüsseln zu fragen. Für diesen Fehler muß der Versicherungsnehmer einstehen, als hätte er ihn selbst gemacht (LG Saarbrücken 14.04.87, ZfS 87, 310).

016 Der Versicherer muß beweisen, daß

- die Obliegenheit verletzt wurde,
- Versicherungsnehmer, Repräsentant oder Wissensvertreter dies zu verantworten haben,
- die Verletzung verschuldet wurde (teils einfache, teils grobe Fahrlässigkeit oder Vorsatz).

Das gilt auch, wenn erst später der wahre Sachverhalt bekannt wurde und der Versicherer seine Leistung zurückfordert (OLG Köln 17.10.85, VersR 86, 1233 f.).

017 Behauptet der Versicherungsnehmer, die Obliegenheit beachtet zu haben (z. B. die Schadenanzeige abgegeben zu haben), muß er das beweisen. Es reicht nicht aus, daß bei Telefonaten ein Zeuge die Erklärungen des Versicherungsnehmers bestätigt. Der Zeuge weiß in

der Regel nichts über die Identität und die Äußerungen des Gesprächspartners (AG Düsseldorf 11.09.86, VersR 87, 63).

Will der Versicherer seine Leistung verweigern, muß er das klar – schriftlich – erklären. Bloßes Schweigen / Nichtzahlung reicht nicht aus (AG Köln 13.06.84, ZfS 85, 27). Auch bei ausländischen Versicherungsnehmern genügt es, die Schreiben in deutsch abzufassen (AG Essen 01.10.86, ZfS 88, 112).

018

Der Versicherer muß den Versicherungsnehmer belehren, daß eine Versagung des Versicherungsschutzes unanfechtbar wird, wenn nicht binnen 6 Monaten nach Zugang des Versagungsschreibens Klage gegen das Versicherungsunternehmen auf Gewährung des Versicherungsschutzes erhoben wurde (§ 12 VVG, § 8 AKB).

Für den Zugang des Versagungsschreibens ist das Versicherungsunternehmen beweispflichtig.

Hat der Versicherungsnehmer die Klage auf Gewährung von Versicherungsschutz – womit die Feststellung, daß die Versagung zu Unrecht erfolgte, verknüpft ist – verspätet erhoben, kann er sich nicht darauf berufen, daß er zwischenzeitlich mit dem Versicherungsunternehmen verhandelt hätte, wenn nach Schluß der Gespräche noch eine Überlegungsfrist für die Klageerhebung gewesen wäre (LG München I 19.04.84 – 25 O 23026/83).

020

Beispiel:

(a) Versagung zugegangen 01.02.,
(b) Gespräche mit dem Versicherungsunternehmen vom 01.06. – 15.07.,
(c) dann unmißverständliche Ablehnung des Versicherungsschutzes (Ende der Verhandlung),
(d) Klage am 15.08. rechtshängig,
(e) Klage verspätet.

Die Leistungspflicht der Vertragspartner ist begrenzt auf Versicherungsfälle, die nach Versicherungsbeginn eintreten.

Ist dies zweifelhaft, gelten folgende Regeln:

021

Versicherungsfall	vor Beginn eingetreten	kann nicht eintreten
Versicherungsnehmer weiß davon	keine Entschädigung Prämienpflicht	./. Prämienpflicht § 2 VVG
Versicherungsunternehmen weiß davon	keine Entschädigung keine Prämie	./. keine Prämie
beide wissen davon	keine Entschädigung keine Prämie	./. keine Prämie
beide wissen davon nicht	Entschädigung Prämie	Entschädigung Prämie

Vgl. *Sieg.*, a.a.O., S. 78.

1.4 Risikobegrenzung

022 Die Versicherung kann nicht für alles eintreten. Eine uferlose Versicherung ist nicht denkbar. Für sie wäre keine Prämie zu errechnen. Diese ist aber die Grundlage für die Verlagerung des Risikos (Schadenaufwand von einem auf eine Vielzahl von Gleichgefährdeten).

Um nun die Abgrenzung zu erhalten, werden Risikobegrenzungen in die Bedingungen aufgenommen. Sie beschreiben die Fälle, in denen der Versicherer überhaupt eintreten muß, also den Inhalt der Versicherung selbst.

Stichwortartig kann man das wie folgt formulieren:
- Übernahme von festbegrenzten Risiken in den Versicherungsvertrag = Festlegung der Ersatzleistung bei bestimmten Gefahren = primäre Risikobegrenzung,
- vertraglicher Ausschluß bestimmter besonderer Gefahren im Rahmen des übernommenen Risikos = Ausnahme vom allgemeinen Risiko = sekundäre Risikobegrenzung.

023 **Primäre Risikobegrenzungen** umfassen jene Tatbestände, für die die Versicherung abgeschlossen wurde, stecken also den groben Rahmen der Fälle der Ersatzleistung ab. Daraus ergibt sich, daß der Versicherungsnehmer das Vorliegen eines Schadenfalles überhaupt und die Erfüllung der entschädigungsbegründenden Tatbestände beweisen muß.

Da der Beweis der Umstände des Schadenfalles oft nicht einfach ist, hilft die Rechtsprechung damit, daß sie dem Versicherungsnehmer die Möglichkeit eröffnet, sich auf einen Anscheinsbeweis (prima facie Beweis) zu berufen. Dies setzt voraus, daß der Versicherungsnehmer Umstände vorträgt/nachweist, *„die nach den Erfahrungen des Lebens auf eine bestimmte Ursache hinweisen und in einer bestimmten Richtung zu verlaufen pflegen. Es muß sich dabei um einen typischen Geschehensablauf handeln, bei dem eine ohne weiteres naheliegende Erklärung nach der allgemeinen Lebenserfahrung zu finden ist und bei dem angesichts des typischen Charakters die konkreten Umstände des Einzelfalles für die tatsächliche Beurteilung ohne Belang sind."* (BGH 29.04.69, VersR 69, 751 und 10.03.70, VersR 70, 441). Beruft sich die andere Seite – hier: Versicherungsunternehmen – auf einen anderen Sachverhalt, muß sie dies zur Erschütterung des Anscheinsbeweises nachweisen (so OLG Köln 30.06.77 – 18 U 20/77).)

Neben den Umständen, bei denen eine Entschädigung für etwaige Schäden geleistet werden soll, bestimmen die Allgemeinen Bedingungen für die Kraftfahrversicherung (AKB) den örtlichen Geltungsbereich: Europa (geographischer Begriff). Deckung wird also im Normalfall nur für Schäden geleistet, die sich zwischen Gibraltar und dem Ural ereignet haben. So endet die Deckung auch am Bosporus. Für den asiatischen Teil der Türkei lehnt das LG Frankenthal (1.04.87, ZfS 88, 150) die Deckung selbst bei anders lautenden Erklärungen des Agenten ab, wenn der Versicherungsnehmer die AKB übersandt erhielt.

Natürlich kann durch Sondervereinbarung eine weitergehende Deckung (z. B. für den asiatischen Teil der Türkei oder bestimmte Mittelmeerländer) vereinbart werden. Hierzu bedarf es eines besonderen Vertrages und natürlich ist dann eine erhöhte Prämie fällig.

Nach der Empfehlung des HUK-Verbandes vom 22.02.66 (Rundschreiben K 15/66 M) sollen die staatsrechtlichen Grenzen der europäischen Länder, für die eine grüne Karte ausgestellt ist, auch dann mit in den Deckungsbereich der Kasko-Versicherung einbezogen werden, wenn sie nicht unbedingt zum engeren Begriff „Europa" gehören. Zum Beispiel sollen die kanarischen Inseln mit zu Spanien als „Europa" gezählt werden. Allerdings scheint die Empfehlung darauf hinzudeuten, daß nur angrenzende Gebiete der vorwiegend in Europa gelegenen Staaten von der Empfehlung – also nach dem Rat des HUK-Verbandes – erfaßt werden.

Einige Versicherer wenden sich bei Unfällen im asiatischen Teil der Türkei, auch wenn keine entsprechende Versicherung abgeschlossen wurde, nicht gegen die Regulierung, sondern setzen bei der Zahlung der Entschädigung nur die erhöhte Prämie ab. Sie erweitern damit automatisch das Deckungsgebiet für den Einzelfall; eine Entscheidung, die vielen Türken zugute kommt. Ihnen ist die Differenzierung zwischen europäischer und asiatischer Türkei ohnehin schwer verständlich.

Deshalb fordert auch das OLG Karlsruhe (18.03.87 NJW-RR 87, 922), daß das Versicherungsunternehmen den Versicherungsnehmer (Türken) über den Umfang des Deckungsgebietes belehrt, wenn bei Abschluß des Vertrages bekannt war, daß er in seine asiatische Heimat reisen wollte.

Auch die **sekundären Risikobegrenzungen** determinieren Tatbestände der Eintrittspflicht des Versicherungsunternehmen. Nur ist im Gegensatz zu den primären Risikobegrenzungen die Sachlage etwas anders. Hier liegt ein an sich entschädigungspflichtiger Sachverhalt vor. Nur ist seine Entstehung auf bestimmte Ursachen zurückzuführen oder unter besonderen Umständen erfolgt. **024**

Das sind
- **Aufruhr:** Hier darf es sich nicht um eine Zusammenrottung nur weniger oder „revolutionäre" Handlungen einzelner handeln. Das beste Beispiel sind die Bürgerkriegshandlungen von Terroristen, an denen sich nur eine sehr begrenzte Anzahl von Leuten beteiligt. Um den Begriff des Aufruhrs zur Anwendung zu bringen, muß es sich schon um eine irgendwie von Massen getragene – möglicherweise organisierte – Aktion handeln, bei der also eine größere Zahl von Menschen teilnimmt, was durchaus auf einige Städte oder Regionen begrenzt sein kann. Es sei darauf hingewiesen, daß hier unser Staat nach dem Tumultchancengesetz eine Entschädigung auf Antrag leisten kann.
- **Krieg:** Der Krieg selbst braucht nicht formell erklärt worden zu sein. Es reicht aus, wenn er tatsächlich stattfindet. Allerdings muß der Schadenfall durch die Kriegsereignisse oder deren unmittelbaren Folgen herbeigeführt sein. Es reicht nicht aus, daß in einem Gebiet Krieg herrscht, um die Ausschlußklausel zur Anwendung zu bringen.
  Beispiel:
  (a) Bei starker Veränderung der Frontlinie und Bewegung von Zivil- und Militärpersonen – besonders bei überstürztem Rückzug – wird ein Pkw im Rückzugsgebiet gestohlen: Ausschluß.
  (b) Bei starren Frontlinien und geringer Gefechtstätigkeit kommt es im Hinterland zu einem Kreuzungszusammenstoß: Keine Anwendung der Ausschlußklausel.
- **Verfügung von hoher Hand:** Das sind in der Regel Beschlagnahmen durch Grenzorgane, Zoll, Polizei, Gerichtsvollzieher usw. Pfändet also ein Gerichtsvollzieher einen

Personenkraftwagen, und kommt es in seinem Bereich zum Schaden, entfällt die Fahrzeugversicherungs-Entschädigung.

- **Rennen und Übungsfahrten dazu:** Hier entsteht eine beachtliche Gefahrenlage, die in der üblichen – auf die Verhältnisse des normalen Straßenverkehrs zugeschnittenen Versicherung – nicht abgedeckt werden können. Wollte man dies tun, müßten die „normalen" Kunden das hohe Risiko eines Rennens mit decken, und die Rennfahrer profitierten von den Geldleistungen der Unbeteiligten.

- **Schäden durch Kernenergie:** Hier treten besondere Gesetze über die Entschädigungsleistung in den Vordergrund. Auch wird der Begriff des „Schadens", wie er in der Fahrzeugversicherung gebraucht wird, wohl nicht ausreichen. Durch Schäden infolge von Kernreaktionen werden oft keine mechanischen Einwirkungen auf die versicherte Sache festzustellen sein.
  Für den Ausschlußtatbestand reicht beispielsweise nicht aus, daß ein Krankenwagen spaltbares Material, sicher verpackt, von einem Krankenhaus ins andere bringt und auf der Fahrt in einen Verkehrsunfall verwickelt wird, ohne daß das strahlende Material überhaupt tangiert wurde.

Nach den im Zivilprozeß üblichen Beweisregeln muß in den Fällen der sekundären Risikobegrenzungen das Versicherungsunternehmen das Vorliegen von Ausnahmetatbeständen beweisen. Wollte man dem Versicherungsnehmer die Beweislast aufbürden, wäre er überfordert. Er müßte beweisen, daß etwas nicht gegeben ist. Er müßte also ein „nullum" beweisen, und das ist sehr schwer, wenn nicht unmöglich. Deshalb obliegt die Beweislast dem Versicherungsunternehmen.

Hinweise für Schadenbearbeiter

- Schadenursache angeben, wenn bekannt; sonst schreiben: „Nach Angabe des ... ist der Schaden durch ... verursacht worden".
- Sicher bekannten Unfallort angeben; sonst schreiben: „Nach Angaben des ... Unfall in ...".

Hinweis für Schadenbearbeiter

- Schadenursache feststellen

---

025 Tabellarisch zusammengefaßt ergibt sich für die Risikobegrenzungen folgendes Bild:

Primäre	Sekundäre
Der Schaden muß enstanden sein durch – Brand, Explosion, Entwendung, unbefugten Gebrauch, – Hagel, Blitzschlag, Überschwemmung, Kollision mit Haarwild, Glasbruch, Kurzschluß (Verkabelung), – Unfall, mut- und böswillige Beschädigung, – innerhalb des Deckungsgebietes Europa.	Der Schaden darf nicht entstanden sein durch – Aufruhr, innere Unruhe, Krieg (auch nicht erklärter), Verfügung von hoher Hand, Rennen samt Übungsfahrt, Kernenergie, – Vorsatz oder grobe Fahrlässigkeit des Versicherungsnehmers oder seines Repräsentanten
Für obige Tatbestände ist beweispflichtig: – Versicherungsnehmer	– Versicherungsunternehmen

Daß der Schadenfall entstanden ist und unter vom Versicherungsunternehmen übernommene Risiken (in die primäre Risikobegrenzung) fällt, muß der Versicherungsnehmer beweisen. Daß durch besondere Ereignisse der Versicherungsschutz eingeengt wird (Vorliegen der sekundären Risikobegrenzung), hat das Versicherungsunternehmen zu beweisen.

Einer Belehrung über Versicherungsausschlüsse bedarf es nicht, da jeder mit solchen rechnen muß. Hat er Zweifel an deren Umfang, muß er nachfragen. Das gilt auch für die Begrenzung des Deckungsgebietes auf Europa sowie für die Wertgrenzen beim Kraftfahrzeug-Zubehör (LG Verden 29.04.87, ZfS 87, 247).

Anders liegt die Sache, wenn ein Agent mit dem Versprechen einer umfassenden Sicherung **026** des Versicherungsnehmer einen Vertrag abwirbt und nicht auf dessen territoriale Abgrenzung hinweist, obwohl ihm bekannt ist, daß die Familie des Versicherungsnehmers jährlich einmal nach Anatolien fährt. Hier wäre ein Hinweis notwendig gewesen (OLG Frankfurt 14.03.85, VersR 87, 579 f.).

2. Beginn der Versicherung

027 Voraussetzung ist das Bestehen eines Versicherungsvertrages. Eine Versicherungsleistung ohne entsprechenden Vertrag wäre eine unentgeltliche Versicherung, die allerdings nicht denkbar ist, es entfiele die wechselseitige Deckung des Bedarfs für die Schäden aus bestimmten Gefahren (vgl. *Sieg*, a. a. O., S. 19 ff.) Das wären nämlich Geschenke und keine Versicherungsleistungen.

Ein angenommener Antrag steht dem policierten Vertrag gleich.

Der Vertrag läuft in der Kraftfahrzeugversicherung für eine oder mehrere (selbständige) Sparten: gebündelte Versicherung (Kraftfahrthaftpflichtversicherung, Fahrzeugversicherung, Kraftfahrtunfallversicherung usw.).

Der Antrag wird regelmäßig auf einem Formular, das die Versicherungsunternehmen in der Kraftfahrtversicherung nur in der ihnen vom BAV genehmigten Form verwenden dürfen, gestellt.

028 Den Zugang des Antrages beim Versicherungsunternehmen hat der Versicherungsnehmer zu beweisen.

Hinweis für Sachverständige

Sicher bekanntes Schadendatum feststellen; sonst schreiben: „Nach Angaben des ... Schaden am ...".

Hinweise für Schadenbearbeiter

- Schadendatum genau ermitteln,
- Beweislast hat Versicherungsnehmer für Zugang des Antrages.

---

029 Die Geschäftsfähigkeit beider Seiten muß bei Vertragsabschluß bestehen. Beschränkt Geschäftsfähige können im Rahmen des Taschengeldparagraphen oder des Grundsatzes der Sorge für sich selbst (z. B. Minderjährige in bestimmten Lagen) Mopedversicherungen abschließen. Sonst sind die von ihnen geschlossenen Verträge schwebend unwirksam. Sie bedürfen zu ihrer vollen Wirkung des Einverständnisses der gesetzlichen Vertreter (§§ 104 ff. BGB).

030 Die Vertretungsbefugnis des Antragstellers muß der Vertreter beweisen, sonst haftet er selbst. Das gilt auch für Zusagen des Vermittlungsagenten während der Schadenregulierung. Die Vollmacht zur Abgabe von Auskünften kann nicht ohne weiteres angenommen werden, sie müßte nachgewiesen werden (OLG Koblenz 19.02.88 – 10 U 303/86).

031 Die Eintrittspflicht bei Schäden vor Beginn der Versicherung, also nach Abgabe des Antrages besteht nur bei vorläufiger Deckung, sonst muß der Vertrag geschlossen und der erste Beitrag binnen 2 Wochen nach Vertragsabschluß gezahlt sein (in der Kraftfahrtversicherung).

Es besteht kein Anscheinsbeweis, daß eine Fahrzeugvollversicherung (Vollkasko) abgeschlossen wurde, wenn schriftlich Fahrzeugteilversicherung (Teilkasko) angekreuzt war, aber der Bruder des Versicherungsnehmers behauptet, mündlich über Fahrzeugvollversicherung (Vollkasko) gesprochen zu haben (LG Fulda 01.11.85 – 4 O 306/84). Die Kaskodeckung muß besonders vereinbart werden (LG Köln 05.03.86, ZfS 86, 341 und LG Krefeld 27.05.86, ZfS 86, 373).

2.1 Vorläufige Deckung

Sie spielt in der Kraftfahrtversicherung eine beachtliche Rolle, weil kein Fahrzeug ohne Nachweis des Abschlusses einer Kraftfahrthaftpflichtversicherung zugelassen werden darf. Als Nachweis wird von den Zulassungsbehörden die Deckungskarte gemäß § 29 a StVZO angesehen. Da regelmäßig die Verträge erst nach der Erteilung des Kennzeichens für die Fahrzeuge abgeschlossen/dokumentiert werden, besteht für fast alle neu zugelassenen Kraftfahrzeuge die vorläufige Deckungszusage eines Versicherungsunternehmens – mindestens für die Haftpflichtversicherung: **032**

– Sie ist nicht nötig bei vorangegangenem Abschluß des Hauptvertrages, zum Beispiel bei Eigentumswechsel und Fortsetzung des alten Vertrages.
– Die vorläufige Deckung ist ein gesonderter Vertrag.
– Da die Kasko-Deckung nicht obligatorisch ist, reicht die Karte nach § 29 a StVZO – vgl. § 1 AKB – nicht aus, um auch für die Fahrzeugversicherung die vorläufige Deckung zu erhalten (LG Gießen 20.10.87, ZfS 88, 182). Dieser Vertrag muß gesondert vereinbart werden. Das kann auf dem gleichen Formular geschehen, dieses muß aber unmißverständlich auch für die Kasko-Sparte gelten.

Beispiele:
(a) Ankreuzung bestimmter Felder auf Antrag oder Deckungskarte durch den dazu berechtigten Vertreter des Versicherungsunternehmens,
(b) Gesonderter Vertrag/Bescheinigung des Versicherungsunternehmens.

– Der Antrag auf einem förmlichen Versicherungsvertrag stellt keine Voraussetzung für die Gewährung vorläufiger Deckung dar.
– Beitragspflicht besteht auch für den besonderen Vertrag, mit dem die vorläufige Deckung vereinbart wurde, selbst wenn die Verhandlungen über den Hauptvertrag scheitern oder ein Antrag auf diesen gar nicht gestellt wurde.
– Die Zusage ist formfrei, Schriftform ist aber üblich (Beweiszwecke).
– Es handelt sich um eine Sonderzusage: wer sich auf sie beruft, muß sie beweisen. In der Kraftfahrtversicherung ist allenfalls bei Flottenverträgen anderes üblich.
– Eine Vollmacht des Vertreters muß für den vorliegen, der die vorläufige Deckungszusage erteilt. Der Versicherungsnehmer ist auch dafür beweispflichtig, daß die Vollmacht in Ordnung war. Zu prüfen ist aber, ab eine Anscheins- oder Duldungsvollmacht vorliegt, vgl. dazu Abschnitt 1.2.

- Ankreuzformular: Indiz für vorläufige Deckung in der Fahrzeugversicherung ist gegeben, wenn die entsprechenden Spalten ausgefüllt sind und der Antrag dem Versicherungsunternehmen vorlag.
- Das Versicherungsunternehmen muß tätig werden. Es reicht nicht aus, wenn bei ihm ein Antrag eingeht und die Deckungskarte gemäß § 29 a StVZO allein für die Kraftfahrthaftpflichtversicherung ausgegeben wurde (LG Krefeld 27.05.86, r + s 87, 217), um auch die vorläufige Deckung für die Fahrzeugversicherung anzunehmen.

033 — Beginn der vorläufigen Deckung in der Fahrzeugversicherung:
  (a) Eine Zusage durch das Versicherungsunternehmen: Zusage ist durch Vertreter möglich, die Vollmacht dazu kann sich aber aus dem Zusammenhang (z. B. Antragsformulargestaltung) ergeben.
  Man sollte auf schriftlicher Bestätigung bestehen, die auf einem Briefbogen des Versicherungsunternehmens (Formular) geschrieben oder in entsprechenden Feldern des Antrages ausdrücklich vermerkt ist, wenn Zweifel bestehen, ob der Versicherungsunternehmens-Agent/Vertreter des Versicherungsunternehmens abschlußberechtigt ist.
  (b) Zulassung des Fahrzeugs, soweit sie auf der Deckungskarte als Voraussetzung für den Beginn der vorläufigen Deckung vermerkt ist.
  (c) Vereinbarter Beginn (soweit nicht Zulassung): angegebenes Datum.

034 — Ende der vorläufigen Deckung:
  (a) Übergang in den Hauptvertrag,
  (b) Kündigung, zum Beispiel bei Ablehnung des Hauptvertrages, 1 Woche Kündigungsfrist (für die Fahrzeugversicherung: Anzeige beim Straßenverkehrsamt nicht nötig. Man kann ja auch die Fahrzeugversicherung beidseitig kündigen, ohne die Kraftfahrthaftpflichtversicherung anzutasten).
  (c) Nichtzahlung der Prämie binnen 2 Wochen nach Übersendung der ordnungsgemäßen Rechnung. Es entfällt damit der Anspruch auf Deckung von Schäden auch während der Zeit, während der eine vorläufige Deckung zugesagt war (§ 1 AKB).
  (d) Bei Nichtzahlung der Prämie binnen 2 Wochen nach Übersendung des Versicherungsscheins (Prämienrechnung) entfällt der Anspruch aus der vorläufigen Deckung.
  (e) Den Beweis für den Zugang des Versicherungsscheines muß das Versicherungsunternehmen führen. Es reicht nicht aus, daß nur der Abgang des Scheines nachgewiesen wird, auch nicht, wenn er mit Einschreiben versandt wurde. Auf jeden Fall muß das Versicherungsunternehmen, wenn es sich auf Rechte aus dem Schein – z. B. auf die Folgen der Nichtzahlung des Erstbeitrages – berufen will, beweisen, daß der Versicherungsschein (Police) in den Machtbereich des Empfängers gekommen ist (z. B. es muß die Zustellung durch die Post bewiesen werden). Bestreitet der Versicherungsnehmer einen Zugang des Scheines hingegen nicht, und stellt nur den Zugangstag in Zweifel, ohne einen genauen Eingangstermin zu nennen, nimmt man allgemein an, daß der Schein am Tage nach der Absendung beim Versicherungsnehmer eingegangen sein dürfte (LG München I 15.05.86, ZfS 86, 340).

035 — Der Inhalt der vorläufigen Deckung ist frei, kann aber nur im Rahmen der AKB (Teil- oder Vollkasko) vereinbart werden. So könnte trotz beantragter Deckung in Vollkasko für die vorläufige Deckung nur Teilkasko vereinbart sein.

- Gefahr: nachträglicher Einschluß der Vollkasko nach Unfall: § 2 VVG beachten. Das ist regelmäßig nicht möglich (vgl. Tabelle in Abschnitt 1.3).
- Es besteht kein Annahme- oder Kontrahierungszwang für die Fahrzeugversicherung. Daher kann das Versicherungsunternehmen auch die vorläufige Deckung dafür verweigern, begrenzen oder später ohne Begründung kündigen.

036

Hinweise für Schadenbearbeiter

- Versicherungsakte/Antrag auf vorläufige Deckung prüfen,
- Beweislast hat der Versicherungsnehmer,
- Gegebenenfalls Agent befragen (schriftliche Stellungnahme beiziehen),
- Anscheinsvollmacht des Agenten beachten.

2.2 Materieller Beginn

Die Versicherung beginnt mit der Prämienzahlung, soweit die Allgemeinen Versicherungsbedingungen (AVB) nichts anderes angeben. Das gilt auch, wenn ein Versicherungsschein frühere Daten nennt (LG Mainz 04.03.86, VersR 86, 648 f.).

037

In der Kraftfahrtversicherung besteht eine 14tägige Zahlungsfrist nach Zugang der Police (§ 1 AKB). In der Verkehrsserviceversicherung gilt eine entsprechende Regelung (§ 9 Ziff. 3 Abs. 3 AVSB).

Der Beitrag ist eine Bringschuld (§§ 9 AVSB, 35 VVG). Um Deckung ab vereinbartem Versicherungsbeginn zu erhalten (frühestens ab Beginn der vorläufigen Deckung), muß bezahlt sein. Die Einzahlung/Abbuchung vom Konto des Zahlungspflichtigen reicht aus (§ 35 VVG).

Enthält der Versicherungsschein ein zurückliegendes Datum, ist damit keine Rückwärtsversicherung vereinbart. Es handelt sich hier allgemein nur um eine Festlegung des Beginns der Prämienberechnung (LG Krefeld 27.05.86, r + s 87, 217). Eine derartige Regelung erfolgt meist aus Gründen der Verbesserung der Rabattsituation des Versicherungsnehmers (frühere Einstufung in eine günstigere Rabattklasse).

Eine Rückdatierung der Versicherung, um einen Schaden mit unter den Vertrag fallen zu lassen, ist nicht möglich. Der Versicherer würde dann ja nicht ein Risiko decken, sondern einen Schaden bezahlen wollen/sollen, der sicher eingetreten ist. Damit wären die anderen Kunden des Versicherungsunternehmens zum Vorteile eines einzelnen benachteiligt.

038

Eine Ausnahme kennt die Regel: Wenn der Versicherungsnehmer den Schaden wirklich nicht kannte, schließt er subjektiv für ein Risiko einen Versicherungsvertrag, was als zulässig betrachtet wird.

§ 2 VVG regelt diese Fälle und bestimmt, daß der Versicherer den Prämienanspruch behält, obwohl er einen Schadenfall versicherte, wenn er selbst nichts vom schädigenden Ereignis wußte, die Leistung aber verweigern kann, wenn der Versicherungsnehmer die Kenntnis hatte. Das Versicherungsunternehmen muß diese Kenntnis beweisen, was in der Kraftfahrtversicherung nicht problematisch sein dürfte, da die Kenntnis auch der Wissensvertreter schädlich ist.

Die Kenntnis muß zum Zeitpunkt des Vertragsabschlusses bestehen. Wird also nachträglich etwas am Vertrag geändert, kommt es auf die Kenntnis zum Zeitpunkt der Vertragsänderung an.

Das OLG Karlsruhe (04.06.87, r + s 88, 5) nahm die Leistungsfreiheit in einem Falle an, in dem der Versicherungsnehmer zwar mündlich dem Agenten einen Vertrag über eine Vollkaskoversicherung annonciert hatte, aber deswegen später nochmals vorbeikommen wollte und dies erst tat, als der Unfall bereits geschehen war, wovon er Kenntnis hatte.

039 Bei vorläufiger Deckung hat das wenig Bedeutung, wenn der Versicherungsschein rechtzeitig eingelöst wird.

War – ohne daß ein Versicherungsantrag ausgefertigt worden ist – eine vorläufige Deckungskarte auch für eine Voll- oder Teilkaskoversicherung ausgegeben und die vorläufige Deckung für diese Sparten zugesagt worden, schadet es nichts, wenn sich ein Unfall, Diebstahl o. ä. m. nach Ausfüllen des Antrages ereignet hatte. Der Vertrag über die vorläufige Deckung des Risikos wirkt hier voll. Es liegt insoweit eigentlich keine rückwirkende Versicherung vor.

040 Die Gefahrtragung beginnt sonst, wenn die Erstprämie nicht rechtzeitig gezahlt wurde, ab Prämienzahlung (§ 35 VVG).

In der Kraftfahrtversicherung erlischt die Deckung rückwirkend, wenn nicht binnen 2 Wochen nach Zugang des Versicherungsscheines die Prämie gezahlt wurde. In der Kaskoversicherung bleibt die Leistungspflicht des Versicherungsunternehmens bestehen, wenn

- der Versicherungsnehmer den Schaden binnen der 14tägigen Zahlungsfrist anzeigt,
- der Ersatzanspruch höher als die Prämienzahlung ist und
- keine Anhaltspunkte bestehen, daß der Versicherungsnehmer zahlungsunfähig oder -unwillig ist (BGH vom 12.06.85 – IV a ZR 108/83, ZfS 85, 244).

Ist dagegen der Entschädigungsanspruch geringer als die Prämienschuld, hat der Versicherungsnehmer bei Zahlungsverzug wohl keinen Anspruch auf Entschädigung.

Das Versicherungsunternehmen kann den Kasko-Antrag – auch bei Vollkasko – allein mit Vorschlag auf Abschluß einer Teilkaskoversicherung – ablehnen; es besteht kein Kontrahierungszwang (so ist es auch in der Kraftfahrtunfall-, der Verkehrsservice- und der Rechtsschutzversicherung, während die Kraftfahrthaftpflichtversicherung nur innerhalb 2 Wochen und unter bestimmten Bedingungen abgelehnt werden darf.

Es besteht eine Bindung des Versicherungsnehmers von 4 Wochen (Geschäftsplanerklärung) an einem dem Versicherungsunternehmen zugeleiteten Antrag. Nimmt das Versicherungsunternehmen den Antrag später an (nach Ablauf dieser Frist) und übersendet dem Kunden eine entsprechende Police, ist dies ein Angebot an den Versicherungsnehmer auf Abschluß dieser neuen Versicherung. Dem Empfänger des Versicherungsscheins steht es frei, diesen anzunehmen. Zahlt er die Erstprämie, gilt dies regelmäßig als Annahme. Zahlt er aber – trotz antragsgemäßer Dokumentierung – die Prämie für eine Sparte nicht, genießt der Versicherungsnehmer für diesen Vertragsteil keine Deckung (AG Köln 08.11.85 – 267 C 222/85).

Arten des Beginns und deren Bedeutung: **041**
- materieller Beginn = Gefahrtragung,
- formeller Beginn = Datum des Versicherungsscheines, Prämienzahlung, Bedeutung für den Schadensfreiheitsrabatt, Rückdatierung möglich, Zustandekommen des Vertrages hat nichts mit der Deckung für Schäden zu tun (vgl. LG Mainz 04.03.86, VersR 86, 648 f.),
- technischer Beginn = prämienbelasteter Zeitraum.

	formeller	materieller	technischer Beginn
formeller Beginn vor Vertragsabschluß	./.	Einlösung	Vorwärtsversicherung
materieller Beginn vor versicherter Gefahrtragung	Rückwärtsversicherung	./.	selten in der Kraftfahrtversicherung
technischer Beginn vor Prämienvor Prämienzeitraum	Rückdatierung	verspätete Prämie, daher Leistung fraglich	./.

Vgl. *Möller, Versicherungsvertragsrecht*, 3. Auflage, Wiesbaden 1977, S. 85.

2.3 Modifizierte Annahme des Vertrages

Hierunter versteht man eine Dokumentierung (Ausfertigung des Versicherungsscheines) **042** abweichend vom Antrag. Eigentlich sind dabei die zum Vertragsabschluß notwendigen übereinstimmenden Erklärungen der Parteien nicht gegeben. Es liegt also ein Dissens vor (§ 154 BGB).

Das Versicherungsunternehmen macht mit der Übersendung des abweichenden Versicherungsscheines seinem Kunden einen neuen Antrag auf Abschluß eines Versicherungsvertrages. Voraussetzung für das Zustandekommen eines solchen Vertrages ist natürlich dessen Annahme in der vorgesehenen Frist (§ 145 BGB, vgl. oben Abschnitt 2.2). An die Sonderregelung des § 5 VVG sei erinnert, wonach auf die Abweichung vom Antrag deutlich hinzuweisen ist.

Wenn der Antrag unvollständig war und der Versicherungsschein nur die Lücken ausfüllt, ist anzunehmen, daß die Parteien mit dem Tarifwerk einverstanden waren und keine modifizierte Annahme des Antrages vorliegt.

Ein Antrag wird nicht wie gewollt angenommen in den Fällen:
- Der Selbstbehalt weicht im Versicherungsschein vom Antrag ab.
- Das Deckungsgebiet wird anders angegeben.

   Beispiel:
   Beantragt wird Weltdeckung, dokumentiert wird Europadeckung.
- Die Zahlungsart wird in der Police abweichend genannt.

   Beispiel:
   Versicherungsnehmer beantragt monatliche Zahlung, Versicherungsunternehmen dokumentiert Quartalszahlung.
- Eine Abrechnung nach Kurztarif durch das Versicherungsunternehmen erfolgt (Versicherungsnehmer meldete das Fahrzeug unfallbedingt ab, aber es lag kein entsprechender Antrag des Versicherungsnehmer vor – OLG Hamm 27.02.87, ZfS 87, 180).
- Die Sparten werden nicht oder verändert angenommen.

   Beispiel:
   Statt beantragter Kraftfahrthaftpflicht- und Fahrzeugversicherung wird nur Kraftfahrthaftpflicht-Deckung in der Police aufgeführt.
- Bei verspäteter Annahme ist in der Übersendung des Versicherungsscheines ein neues Angebot auf Abschluß eines Versicherungsvertrages zu sehen (wird z. B. durch Prämienzahlung und eventuell deren Annahme abgeschlossen). Zahlt der Versicherungsnehmer erst viel später, zum Beispiel nach einem Unfall, ist der Antrag des Versicherungsunternehmens (durch den geänderten Versicherungsschein) abgelehnt. Allenfalls in der nächsten Beitragszahlung kann nun ein weiterer Antrag des Versicherungsnehmers auf Vertragsabschluß gesehen werden. In der Kraftfahrthaftpflichtversicherung ist das durch den Kontrahierungszwang anders; es besteht die Fiktion auf Abschluß des Vertrages nach 2 Wochen (gerechnet vom Eingang des Antrages beim Versicherungsunternehmen) auf jeden Fall im Rahmen der Mindestdeckungssummen.

043 Auf Abweichungen der Police vom Antrag muß hingewiesen werden (§ 5 VVG) durch
- speziellen Brief,
- rote Unterstreichung (früher Vorschrift der Kenntlichmachung),
- deutliche Anmerkung zur Erläuterung der Abweichung.

Geschieht dies nicht, gilt der Antrag als unverändert angenommen. Es wird also dann unterstellt, daß der beantragte Vertrag vom Versicherungsunternehmen unverändert angenommen wurde.

Beispiel:
Versicherungsnehmer beantrag Vollkaskoversicherung für Afrika. Das Versicherungsunternehmen übersendet kommentarlos eine Police mit Europadeckung. Damit ist der Vertrag über die Afrikadeckung abgeschlossen worden.

Wurde auf eine Modifikation hingewiesen, ist der geänderte Vertrag zustande gekommen, wenn binnen 1 Monat kein Widerspruch erfolgt und beispielsweise die Prämie bezahlt wird.

Gedeckt sind alle Schäden nach Angaben im Antrag (OLG Hamm 19.09.86, r + s 87, 61).

Wird Kasko beantragt und vorläufige Deckung zugesagt, dann aber im Versicherungsschein nicht angenommen und darauf hingewiesen, ist die vorläufige Deckung beendet.

Spätestens 7 Tage nach Erhalt des Versicherungsscheins ist der Vertrag ohne Kasko abgeschlossen. Eine vorsorgliche Kündigung der vorläufigen Deckung in Kasko ist angeraten.

Hinweise für Schadenbearbeiter

- Gegebenenfalls Antrag und Versicherungsschein auf Deckung prüfen.
- Wird der Vertrag abweichend vom Antrag angenommen, sieht das LG Osnabrück (Urteil vom 20.11.86, r + s 87, 243) keine Möglichkeit des rückwirkenden Wegfalls der vorläufigen Deckung nach § 1 AKB auch dann, wenn die Prämie im Laufe der Widerspruchsfrist des § 5 VVG nicht gezahlt wurde, denn die modifizierte (veränderte) Annahme des Vertrages soll den Parteien die Möglichkeit offenhalten, über den Vertragsinhalt weiter zu verhandeln.
- Das Versicherungsunternehmen trägt die Beweislast für den Zugang der vom Antrag abweichenden Police.

2.4 Ende des Vertrages

Der Versicherungsvertrag endet durch   **044**
- Zeitablauf bei einem auf bestimmte kürzere Zeit abgeschlossenen Vertrag.
  Beispiel:
  (a) Vertrag für rote Nummer zur Überführung eines Kfz,
  (b) Einschluß der Vollkasko-Versicherung für die Urlaubsfahrt (z. B. einen Monat).
- Kündigung zum Ablauf des Versicherungsjahres.   **045**
  Frist: 3 Monate vor Ablauf des Versicherungsjahres muß die Kündigung dem Vertragspartner zugegangen sein. Der Vertrag verlängert sich automatisch um ein weiteres Jahr, wenn nicht rechtzeitig gekündigt wurde.
- Kündigung im Schadenfall.
  Frist: 1 Monat nach
  (a) Kenntnis von der Regulierung,
  (b) Zusage des Versicherungsschutzes (z. B. Regulierung durch das Versicherungsunternehmen) oder Ablehnung der Leistung (das Versicherungsunternehmen hat nur einen Anspruch auf die anteilige Prämie, soweit es selbst kündigt. Kündigt der Ver-

sicherungsnehmer, hat das Versicherungsunternehmen Anspruch auf volle Prämie).
- Kündigung bei Nichtzahlung des Folgebeitrages (vgl. Abschnitt 2.5).
- Kündigung bei Gefahrerhöhung (fristlos oder Monatsfrist).
Dies ist von der Frage des Verschuldens des Versicherungsnehmers abhängig (§ 24 VVG). Vgl. Abschnitt 7.3.
- Kündigung bei Obliegenheitsverletzung vor dem Versicherungsfall (fristlos – § 6 VVG). Vgl. Abschnitte 1.3 und 7.5. Sie ist obligatorisch bei Versagung des Versicherungsschutzes auch wenn der Vertrag ohnehin bald ausläuft.
- Kündigung bei Beitragsänderung.
Der Versicherungsnehmer darf die Kaskoversicherung kündigen oder die Voll- in eine Teilkaskoversicherung umwandeln, wenn sich die Beitragshöhe oder die Zuordnung seines Fahrzeuges zu einer Regional- oder Typenklasse (Zuordnung zu einer Beitragsstaffel) ändert, vgl. § 12 d AKB. Das heißt, daß der Versicherungsnehmer stets dann, wenn sein Beitrag sich – zu seinem Nachteil – infolge von Neukalkulationen ändert, kündigen kann. Dies wird zum Zeitpunkt der Prämienänderung – wohl gegebenenfalls auch rückwirkend, wenn der Versicherungsnehmer verspätet unterrichtet wurde – wirksam.

046 – Aufhebungsvertrag: beiderseitige Einigung, den Vertrag zu einem vereinbarten Zeitpunkt zu beenden.

047 Vereinbaren die Parteien eine Rücknahme der Kündigung, wird der alte Vertrag von diesem Zeitpunkt an „fortgesetzt" (AG Kassel 07.10.85 89 C 2203/85).

Beispiel:
Vertrag gekündigt zum 31.10.86. Fortsetzungsvereinbarung am 1.12.86. Keine Deckung in der Zeit vom 01.11. – 30.11.86.

Genau genommen einigen sich die Parteien auf den Abschluß eines neuen Vertrages mit dem Inhalt, gegebenenfalls unter Fortwirkung erworbener Rechte, aus dem alten Vertrag.

Schloß der Versicherungsnehmer für ein Jahr befristet eine Vollkaskoversicherung ab und ließ sie nach einem Jahr wegfallen, lebt damit nicht automatisch eine Teilkaskodeckung auf, die der Versicherungsnehmer früher unterhalten hatte (AG München 17.09.85, ZfS 88, 253). Das hätte im Wegfallantrag eindeutig erklärt werden müssen. Das gilt besonders, wenn der Versicherungsnehmer über Jahre nur die ordnungsgemäß ausgewiesene Haftpflichtprämie gezahlt hatte.

048 Der Verkauf des Kraftfahrzeugs läßt den Vertrag nicht enden. Er geht auf den Erwerber des Fahrzeuges über (§ 69 VVG). Jedoch muß der Verkauf binnen Monatsfrist angezeigt werden, weil das Versicherungsunternehmen und auch der neue Versicherungsnehmer ein befristetes Kündigungsrecht haben. Unterbleibt die Anzeige, ist das Versicherungsunternehmen leistungsfrei (§ 71 VVG). Eine Kündigung des alten Versicherungsnehmers nach Verkauf des Kraftfahrzeugs ist nicht wirksam.

049 Die Kündigung und deren Zugang muß der Versicherer im Streit mit dem Versicherungsnehmer beweisen, wenn er gekündigt hat. Hat der Versicherungsnehmer gekündigt, obliegt ihm die Beweislast.

Beruft sich ein am Versicherungsvertrag Beteiligter auf einen Aufhebungsvertrag oder eine Absprache über die Fortsetzung der Versicherung, trifft ihn die Beweislast dafür.

050 Kündigt das Versicherungsunternehmen, so wird diese per Einschreiben versandte Willenserklärung auch dann wirksam, wenn sie an die letzte dem Versicherungsunternehmen bekannte Adresse abgesandt wurde, dort aber dem Empfänger nicht ausgehändigt werden konnte, weil der Versicherungsnehmer eine Anschriftenänderung nicht angezeigt hatte (§ 10 VVG). Ein Verschulden für das Schweigen des Versicherungsnehmers ist dabei unbeachtlich.

> **Hinweis für den Sachbearbeiter**
>
> Rückbriefe mit Kündigungen wegen Unzustellbarkeit der Sendungen
>
> — auf die Richtigkeit der Anschrift des Versicherungsnehmers prüfen (Versicherungsakte, Beitragsbearbeitung, Schadenakten). Letzte bekannte Anschrift (nicht Urlaubsanschrift) muß die Briefadresse ausweisen,
> — Rückbrief incl. Umschlag zu den Akten nehmen (möglichst ungeöffnet).

2.5 Wirkung der ersten Prämie/Folgeprämie

051 Da die Versicherung eine Verlagerung von Risiken auf viele darstellt, muß gewöhnlich der Beitrag (Anteil des Versicherungsnehmers am Schadenaufwand usw.) entrichtet sein, ehe ein Anspruch auf eine Entschädigung entsteht (Einlösungsklausel). Vor der Prämienzahlung ist also keine Deckung gegeben (§ 38 VVG); in § 1 AKB wird abweichend vom VVG festgelegt, daß die Beitragszahlung binnen 14 Tagen nach Zugang der Police (vgl. Abschnitt 2.2) erfolgt sein muß.

Der Zugang des Versicherungsscheins wird am Tage nach der Aufgabe unterstellt, wenn der Versicherungsnehmer keinen genauen anderen Termin vorträgt, den Zugang aber nicht bestreitet. (LG München I 15.05.1986, ZfS 86, 340).

In der Kraftfahrtversicherung bewirkt der Zahlungsverzug bei der Erstprämie, daß rückwirkend Ansprüche, die sich auf eine vorläufige Deckungszusage gründen, entfallen (§ 1 AKB). Der Versicherungsnehmer muß über die Folgen der verspäteten Zahlung der Erstprämie ordnungsgemäß belehrt werden; sonst tritt die Wirkung des Zahlungsverzuges nicht ein. Die Fälligkeit der Prämie setzt jedoch grundsätzlich voraus, daß der Versicherungsnehmer die Police (Versicherungsschein) erhalten hat (§ 35 VVG).

052 Ist die Belehrung mißverständlich (schließt sie bei der Aufführung des zu zahlenden Betrags etwa Folgeprämien ein), bleibt sie wirkungslos, auch wenn ihre unklare Formulierung nicht Grund des Zahlungsverzuges ist (LG Hagen 30.04.87, ZfS 87, 276).

Wird der Vertrag verändert dokumentiert, beginnt die Zahlungsfrist eventuell nicht zu laufen (LG Osnabrück 20.11.86, r + s 87, 243). Es liegt in der Übersendung der Police genau genommen ein Antrag des Versicherungsunternehmens auf Abschluß einer anderen Versicherung, als beantragt wurde. – Erst- und Folgeprämien können gemeinsam gefordert werden, wenn sie gesondert ausgewiesen wurden und auf die Folgen des Verzugs bei der Erstprämie hingewiesen wird (OLG Hamm 10.02.88, r + s 88, 95).

053 Wenn keine vollständige Zahlung erfolgt, wird kein Versicherungsschutz gewährt.

054 Im Lastschriftverfahren muß die Erst- und eine inzwischen aufgelaufene Folgeprämie gesondert ausgewiesen werden. Geschieht das nicht, darf der Versicherungsnehmer der Abrechnung widersprechen. Er ist dabei nicht verpflichtet, von sich aus die Erstprämie zu überweisen, das gilt sogar dann, wenn die Prämien getrennt ausgewiesen sind, das Versicherungsunternehmen aber andere Fehler machte (OLG München 07.02.87, VersR 87, 554).

Übersendet der Versicherer trotz Vereinbarung des Abbuchungsverfahrens die Prämienrechnung dem Versicherungsnehmer, ist dieser der falsche Adressat. Er brauchte auch mit dieser Maßnahme nicht mehr zu rechnen. Er hat nur die Verpflichtung, sein Konto so aufzufüllen, daß die Erstprämie abgebucht werden kann (OLG Köln 30.12.86, r + s 88, 253).

055 Bei Hingabe eines Schecks ist die Erstprämie erst nach dessen Gutschrift bezahlt (LG Köln 05.06.85, ZfS 87, 77 und LG Köln 05.06.86, r + s 87, 3). Allerdings muß das Versicherungsunternehmen den Scheck zügig weiterleiten. Probleme können sich erst ergeben, wenn die belastete Bank mit der Gutschrift zögert.

056 Restbeträge (gering im Ausmaß) führen nicht zum Verlust des Versicherungsschutzes, beim Fehlen erheblicher Beträge (z. B. DM 37,80 bei Gesamtprämie von DM 737,80) dagegen sehr wohl (LG Limburg 13.06.86, ZfS 86, 242).

Bei der Erstprämie muß der Versicherer den Zugang der Rechnung und des Versicherungsscheines beweisen (meist Einheit; keine Zahlung vor Erhalt des Versicherungsscheins üblich), wobei die Zustellung an die letzte bekannte Adresse des Versicherungsnehmers ausreicht (§ 10 VVG).

057 Ersatzvertrag/Vertragsänderung: Wird das Ersatzfahrzeug in einem Vertrag mit dem Vorfahrzeug dokumentiert, ergibt sich folgendes:

– Die erste Prämie nach Änderung gilt als Folgeprämie. Der Vertrag wird also mit dem neuen Fahrzeug fortgesetzt. Die scharfen Wirkungen des Verzuges bei Erstprämie entfallen.

– Anders ist die Lage zu beurteilen, wenn dabei eine neue Sparte eingeschlossen wird. Hier kommt ein neuer Teilvertrag zustande. Die im Änderungsdokument für die neue Sparte (z. B. Vollkaskoversicherung für Teilkaskoversicherung) ausgewiesene Prämie ist dann als Erstbeitrag zu werten.

Wird für das Ersatzfahrzeug ein neuer Vertrag dokumentiert (formeller Neuantrag später als 6 Monate nach Ende des ersten Vertrages, neuer Versicherungsschein mit Belehrungen über Folgen der Nichtzahlung der Erstprämie: wobei eine Erstprämie für Kasko immer dann anzunehmen ist, wenn im zweiten Vertrag erstmals eine solche Versicherung oder für die Teil- eine Vollkaskoversicherung abgeschlossen wurde.), ist die Zahlung der ersten Prämie Voraussetzung für die Gewährung des Versicherungsschutzes (§ 38 VVG, Zahlungsfrist in der Kraftfahrtversicherung 2 Wochen).

Die Folgeprämie ist der zu den vertraglichen Fälligkeitsterminen zu zahlende Beitrag. **058**
Kommt der Versicherungsnehmer seiner Zahlungsverpflichtung nicht nach, besteht trotzdem zunächst Deckung bis eine schriftliche Mahnung erfolgt (Einschreibesendungen, bei zwischenzeitlichem Wohnungswechsel des Versicherungsnehmers, an die letzte dem Versicherungsunternehmen mitgeteilte Adresse § 10 VVG), in der die Folgen der Nichtzahlung mitgeteilt werden. Im übrigen ist folgendes zu beachten:

- Es kann eine Zahlungsfrist von mindestens 2 Wochen gesetzt werden (Mahnfrist).
- Die Prämie muß auf die einzelnen Sparten aufgeschlüsselt werden (BGH 09.10.85, VersR 86, 54 f.)
- Wird die Prämienschuld falsch berechnet (DM 3,— Abweichung), macht dies die Mahnung unwirksam (BGH 30.01.85, VersR 85, 447 ff.).
  In dieser Richtung ist zu entscheiden, wenn das Fahrzeug des Versicherungsnehmers vor Versendung der Police wegen eines Unfalles abgemeldet und das Versicherungsunternehmen davon unterrichtet wird, denn das Versicherungsunternehmen hat dann eine falsche Prämie berechnet (OLG Hamm 27.02.87, ZfS 87, 180).
- Eine vorsorgliche Kündigung des Vertrages kann (wird meist) in die Mahnung eingeschlossen werden, d. h., das Versicherungsunternehmen teilt mit, daß im Falle der Nichtzahlung der Prämienschuld innerhalb der Zahlungsfrist der Vertrag nach Ablauf eines Monats endet (§ 38 Abs. 3 VVG).
- Zahlt der Versicherungsnehmer innerhalb von einem Monat nach Ablauf der Mahnfrist (§ 38 Abs. 3 Satz 3 VVG), tritt eine Heilung des Vertrages ein, d.h., der alte Vertrag kommt samt der aus ihm erworbenen Rechte und Pflichten wieder in Wirkung.
  Wird nach Ablauf der Mahnfrist nicht gezahlt, ist das Versicherungsunternehmen leistungsfrei. Wird später gezahlt, besteht keine Deckung zwischen Ablauf der Mahnfrist und Geldeingang.
- Der Versicherungsnehmer muß Zahlung oder Erteilung einer Einziehungsermächtigung beweisen.
  Hat der Versicherungsnehmer dem Versicherungsunternehmen die Erlaubnis zur Abbuchung der Prämie vom Gehalt oder Konto gegeben, ist er nur dann zur Beachtung der Zahlungstermine verpflichtet, wenn die Abbuchung für ihn erkennbar unmöglich ist.

Beispiel:

(a) Arbeitsverhältnis beendet, Lohnabzug für Prämie vereinbart,

(b) Bankkonto aufgelöst.

Bei Fehlern des Versicherungsunternehmens im Abrechnungsverfahren darf der Versicherungsnehmer der Abrechnung widersprechen, ohne daß sich für ihn nachteilige Folgen ergeben (OLG München 27.02.86, VersR 87, 554).
- Das Versicherungsunternehmen muß Mahnung und Zugang beweisen, sofern der Eingang bestritten wird. Das gilt auch für Einschreibebriefe, denn es besteht kein Anscheinsbeweis dafür, daß diese Schreiben dem Empfänger zugegangen sind (OLG Köln 12.12.86, MDR 87, 405).

Allerdings läßt das AG Stuttgart (19.01.88, r + s 88, 216) als ausreichenden Beweis zu, daß bei vollautomatischem Versand der Versicherer den ordnungsgemäßen Geschäftsablauf und die Funktionstüchtigkeit seiner Anlage zum Zeitpunkt der Absendung nachweist.

059 Hat das Versicherungsunternehmen dem Versicherungsnehmer die Prämie gestundet, darf es trotz Nichtzahlung des Beitrages den Versicherungsschutz nicht versagen. Das gilt aber nur, wenn die Stundung vor einer möglichen Versagung des Versicherungsschutzes erfolgte. Lag diese bereits vor, bleibt die Leistungsfreiheit des Versicherungsunternehmens bestehen (vgl. *Prölss/Martin*, a.a.O., § 39 Anm. 4b).

Die Prämie ist entsprechend der Beitragsrechnung für das Versicherungsjahr zu entrichten, auch wenn ein Schaden eingetreten ist (AG Meschede 30.04.86 ZfS, 86, 376).

Eine Kürzung (auf Beitrag pro rata) bei Stillegung des Fahrzeuges vor der Prämienzahlung reicht also nicht, wenn das Versicherungsunternehmen nicht zustimmt.

060 Wurde eine jährliche einmalige Prämienzahlung vereinbart, zahlt der Versicherungsnehmer aber nur vierteljährliche Teilbeträge, muß ihn das Versicherungsunternehmen darauf hinweisen, daß er entweder die Jahresprämie voll zu entrichten hat oder eine andere Zahlungsweise vereinbaren muß, um seinen Versicherungsschutz zu erhalten (BGH 30.09.87, ZfS 88, 79).

> **Hinweis für Schadenbearbeiter**
>
> Im Zweifel Rechnung/Mahnung/Versicherungsschein prüfen, ob alles korrekt berechnet und angefordert wurde.

061 Das folgende Schaubild verdeutlicht die Deckungsschutzsituation bei Fälligkeit der Erstprämie*, wenn der Entschädigungsanspruch geringer als die Prämienschuld nach Erteilung ordnungsgemäßer Rechnung ist:

1. Prämie	Versicherungsschein/Rechnung ab	Ablauf der Frist (Zahlungsfrist 2 Wochen)	Zeitablauf
Zahlung d. Prämie	ja	ja	ja
keine Zahlung der Prämie	rückwirkend Schaden nicht gedeckt	rückwirkend Schaden nicht gedeckt	Schaden nicht gedeckt

War der Entschädigungsanspruch des Versicherungsnehmers gleich hoch oder höher als die Kaskoprämie, muß das Versicherungsunternehmen diese Beträge miteinander verrechnen (BGH 12.06.85, ZfS 85, 244; OLG Hamm 23.10.85, VersR 87, 35, vgl. Abschnitt 2.2). Das gilt aber nicht für Prämien aus anderen Sparten wie Kraftfahrthaftpflicht- oder Kraft-

---

* Bei Sicherungsschein: Anzeige an Bank, wenn Zahlungsverzug, vgl. Abschnitt 8.2.

fahrtunfallversicherung. Hier ist keine Verrechnung zulässig (AG Berlin-Charlottenburg 12.11.86, r + s 87, 61).

Hier nun die Situation bei einer Folgeprämie*: **062**

Aus alldem ergeben sich folgende Stichworte für die Deckungsprüfung

Erstprämie: Versicherungsschein zugegangen,
Rechnung exakt aufgeschlüsselt (Sparten, Fälligkeitszeitpunkt),
Rechnung zugegangen,
Prämie bezahlt (Lastschriftverfahren möglich),
Zahlung fristgerecht: Deckung,
Zahlung nicht fristgerecht; bis Zahlung kein Versicherungsschutz.

Folgeprämie: Mahnung zugegangen

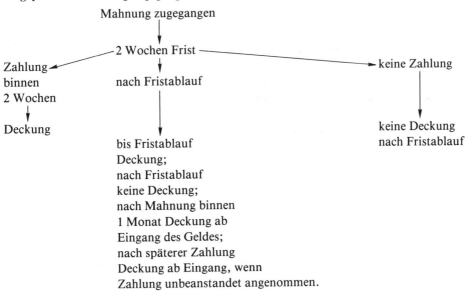

Bei späterem Einschluß von Vollkasko nach bestehender Teilkasko wird die neue Prämie **063** stets als Erstprämie gewertet (auch jede andere Sparte wird so behandelt).

In bezug auf Verrechnung der Prämie ist folgendes zu beachten: **064**

– Kraftfahrtversicherung = zusammengefaßte Versicherung; Kündigung jeder Sparte ist für sich allein möglich.

---
* Bei Sicherungsschein: Anzeige an Bank, wenn Zahlungsverzug, vgl. Abschnitt 8.2.

- Mehrere Sparten haben voneinander unabhängiges Schicksal.
- Bei nicht vollständiger Zahlung wird zunächst die lästigste Forderung (§ 366 BGB) getilgt:
  (a) wenn das Geld ausreicht, die Kraftfahrthaftpflicht,
  (b) sonst möglichst viele Sparten.

Beispiel:

		Versicherungsnehmer zahlt DM			
Prämienschuld		400	300	200	100
Kraftfahrthaftpflicht	= 300 DM	bezahlt	bezahlt	offen	offen
Kraftfahrthaftpflicht	= 200 DM	offen	offen	bezahlt	offen
Kraftfahrtunfall	= 50 DM	bezahlt	offen	offen	bezahlt
Verkehrsservice	= 50 DM	bezahlt	offen	offen	bezahlt
Summe	600 DM				

- Zahlt ein Versicherungsnehmer nur den genauen Betrag für die Kraftfahrthaftpflichtversicherung obwohl er auch eine Kaskoversicherung beantragt hatte, ist die Kraftfahrtversicherung trotz Dokumentation in der Police nicht zustande gekommen (AG Köln 08.11.85 – 267 C 222/85)

Hinweise für Schadenbearbeiter

- Im Zweifelsfall Einzahlungsdatum prüfen, Beleg des Versicherungsnehmers,
- bei Scheck/Überweisung: Deckung des Kontos für Prämienbetrag gegebenenfalls nachweisen lassen,
- Zugang der Mahnung gegebenenfalls feststellen (Beiweislast beim Versicherungsunternehmen).

2.6 Wirkung der Bedingungsänderungen

065 Grundsätzlich hat der abgeschlossene Vertrag weiter Gültigkeit. Änderungen bedürfen der Zustimmung aller Beteiligten.

Beispiel:

Hausratversicherung 1936 abgeschlossen und seitdem nicht geändert: Alte Bedingungen könnten heute noch gelten.

Eine Ausnahmeregelung wird wirksam, wenn die Prämie den jeweiligen Verhältnissen (z. B. Schadenbedarf) angepaßt werden muß. Das geschieht regelmäßig und wirkt auf die bestehenden Verträge ein (Prämiengleitklausel). Die Parteien vereinbaren, eine jeweils sachgerecht kalkulierte Prämie zu zahlen (meist stellt ein unabhängiger Wirtschaftsprüfer den Schadenbedarf des Versicherungsunternehmens fest und prüft dessen Kalkulation) – §§ 12 a, b, AKB für die Fahrzeugversicherung und Regionalklassen (Beitragsklassen). Ein Kündigungsrecht oder Anspruch auf Umwandlung einer Vollkasko in Teilkasko ist bedingungsgemäß vorgesehen, wenn eine Prämienänderung (Berechnungsart der Prämie) erfolgt (§ 12 d AKB).

Eine Vereinbarung der sofortigen Wirkung jeder Änderung galt früher für alle Kraftfahrt-Sparten. Durch behördliche Entscheidung wurden die Bedingungen für alle bindend ab einem bestimmten Zeitpunkt festgelegt. Das wirkte auf sämtliche bestehende Verträge ein. (§ 9 a AKB, alte Fassung). Noch heute (neue Fassung des § 9 a AKB) gilt die AKB am Schadentag für nicht freigegebene Sparten (jetzt nur noch in der Kraftfahrthaftpflichtversicherung). Für den Versicherungsnehmer günstigere Lösungen können die Versicherungsunternehmen stets zulassen, auch wenn die Verträge dies nicht ausdrücklich vorsehen. Das ist aber nicht erzwingbar. Man könnte lediglich einwenden, daß der Gleichbehandlungsgrundsatz die Unternehmen zwingt, alle Versicherungsnehmer einheitlich zu behandeln.

Die so bewirkten Vertragsänderungen (z. B. früher ein Selbstbehalt in Teilkasko) widersprechen § 18 AGBG nicht (AG München 15.06.84, VersR 84, 1142 f.). Die Kaskoversicherung ist „frei", d. h. es gilt die Bedingungsformulierung, die am Tage des Vertragsabschlusses der letzten Vertragsänderung galt.

Beruft sich ein Vertragspartner auf die Wirksamkeit/Unwirksamkeit einer Änderung, muß er diese Absprache beweisen (OLG Celle 14.12.84, ZfS 85/56).

Die AKB sind vom BAV jeweils genehmigt und im Bundesanzeiger veröffentlicht; Versicherungen dürfen nur im Rahmen dieser AVB abgeschlossen werden.

Mit Freigabe der Bedingungen (teilweise) hat der Staat auf behördliche Einwirkungen verzichtet: so bei Kraftfahrtunfall, Voll- und Teilkasko.

Im Massengeschäft der Kraftfahrtversicherungen erfolgt regelmäßig die Umstellung aller Verträge bei jeder Änderung des Einzelvertrages auf die jeweils gültigen Bedingungen.

Die Aufsichtsbehörde hat noch ein Einwirkungsrecht auf die laufenden Verträge. In der Verordnung vom 29.11.1940, RGBl I 1584/40, ist ihr die Befugnis gegeben worden, Versicherungsbedingungen – samt Anlagen wie Zubehörlisten – für verbindlich zu erklären (Verbindlichkeitserklärung). Natürlich müssen dann die neuen – und auch auf die bestehenden Verträge wirkenden – Bedingungen im Bundesanzeiger veröffentlicht werden und es ist auf ihre Allgemeinverbindlichkeiten hinzuweisen.

066

Tritt dieser Fall ein, werden sämtliche Schäden vom Tage der Wirkung der Verbindlichkeitserklärung an automatisch nach den neuen Bedingungen reguliert. Es entfällt dann die allmähliche Anpassung der Verträge auf die neuen Bedingungen vom Tage der Vertragsänderung an.

Des weiteren besteht natürlich noch der Weg, daß der Gesetztgeber oder die Regierung im Verordnungswege in das Bedingungswerk eingreift. Dann sind – entsprechend dem Wortlaut des Gesetzgebers/der Rechtsverordnung – die Verträge gegebenenfalls automatisch geändert. Erinnert sei in diesem Zusammenhang an die AKB-Änderung zum 01.07.88 hinsichtlich der §§ 12a – d der AKB. Ob durch eine solche Maßnahme Rechte eines oder mehrerer Versicherungsnehmer beeinträchtigt werden dürfen, also eine enteignungsgleiche Maßnahme vorliegt, soll hier nicht behandelt werden.

067 Die Freigabe der Teilkaskoversicherung ist zum 01.04.1985 wirksam geworden und hat Auswirkungen auf die Schadenregulierung. Seitdem gelten für alte Verträge die beim Vertragsabschluß in Kraft befindlichen Bedingungen. Ausnahme: Eine neue Bedingungsänderung würde von der Aufsichtsbehörde – dem Bundesaufsichtsamt für das Versicherungswesen – für verbindlich erklärt.

Bis zum 31.01.1985 galten aber noch die alten Regeln vor der Freigabe der Sparten. War also die Jahresfälligkeit des fraglichen Vertrages in der Zeit vom 01.01. – 31.03.85, wirken auf diesen Vertrag die AKB in der Fassung vom 01.01.85; für die anderen Verträge aus dem Jahr 1984 und früher sind diese Bedingungsänderungen nicht anzuwenden.

Bestand eine Vollkaskoversicherung in den alten Verträgen, galten insoweit – da diese Sparte schon länger „frei" war – die noch älteren AKB.

Also alte Bedingungen/Teilelisten/Selbstbehalte gelten in Kasko, wenn seitdem nicht umgestellt (Änderungsvertrag beachten) wurde. Die Prämien sind aber auf das neue Risiko berechnet.

Für die Kraftfahrthaftpflichtversicherung ist keine Änderung geplant. Es gelten die AKB zum Zeitpunkt des Schadens.

Zusammenfassend veranschaulichen die nachfolgenden Schaubilder die Wirksamkeit der jeweiligen AKB-Fassungen:

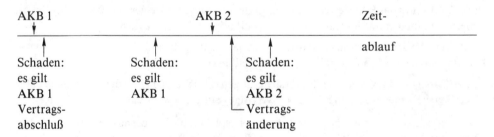

Für Verträge, deren Jahres- oder Hauptfälligkeiten des Beitrages vor dem 01.04.1985 lagen und die seitdem nicht umgestellt worden sind, gilt folgendes Bild:

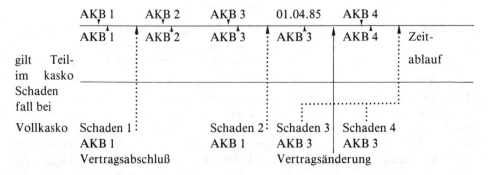

Die Bedingungsänderungen per 01.07.88 bringen hier eine Vereinfachung. Nunmehr nimmt die Präambel der Teileliste auf § 9 a Abs. 3 AKB Bezug. Danach gilt – sofern die Bedingungsänderung verbindlich erklärt wird – ab der nächsten Haupt-/Jahresfälligkeit des Beitrages – also vom nächsten Vertragsjahr an – die Neufassung der AKB-Teileliste. Die Vereinbarung derartiger Gleit- oder Änderungsklauseln, die nicht nur zu Gunsten der Versicherungsnehmer wirken, ist zulässig. Sie gelten seit Jahren unangefochten im Bereich der Beitragsfestsetzung. Hinsichtlich der Teileliste wäre damit ein Unsicherheit in der Regulierung beseitigt. Doch muß diese Neuregelung erst vertraglich mit den Versicherungsnehmern vereinbart werden. Das geschieht – wie bisher – anläßlich von Vertragsänderungen und im Neugeschäft. Die Liste zugunsten der Versicherungsnehmer in der jeweiligen Neufassung anzuwenden, sind die Versicherungsunternehmen natürlich nicht gehindert.

Hinsichtlich der mitversicherten Teile gilt, nachdem die Neuregelung per 01.07.88 voll wirksam geworden ist, der Text der Teileliste, der am Tag des Schadens wirksam war.

Der Versicherungsnehmer hat nach der neuen Formulierung der Präambel der Teileliste – im Falle der Verbesserung für ihn – einen Anspruch auf Regulierung nach der Neufassung, denn in ihr ist eine Leistungszusage des Versicherungsunternehmens zu erblicken.

3. Umfang der Kaskoversicherung

068 Grundsatz der Kaskoversicherung ist der Schutz des Wertbegriffes „Fahrzeug" gegen im Vertrag festgelegte Gefahren. Das sind die Folgen der mit mechanischer Gewalt plötzlich von außen auf die versicherte Sache einwirkender Kräfte, nicht also chemische Umwandlungen, elektrische Einwirkungen usw.

Versichert ist somit das Kraftfahrzeug an sich, d. h., der Inbegriff der Teile, die zu einem Kraftfahrzeug zusammengefügt worden sind. Natürlich sind damit auch die Teile, die zum Fahrzeug gehören, versichert. Erleiden sie oder das gesamte Fahrzeug einen Schaden, der unter die Tatbestände der Versicherung fällt, ist damit ein die Entschädigung auslösender Sachverhalt gegeben.

Auch kann durch den Einbau von Zusatzteilen und Zubehör der Wert des Wagens über den eines serienmäßigen hinaus gesteigert werden. Das gilt zum Beispiel auch bei werterhöhenden Speziallackierungen oder der besonderen Behandlung von Teilen des Fahrzeuges. Das ist so, weil in der Kaskoversicherung – anders als zum Beispiel in der Hausratversicherung – nicht ein besonderer Wert des Wagens, sondern der Wertbegriff des Fahrzeuges versichert ist. Daß die Prämie nach einem Schlüssel über die Fahrzeugstärken usw. (also nach einem in etwa ähnlichen Preis der Fahrzeuge) kalkuliert ist, berührt das Problem nicht, denn für die einzelnen versicherten Sachen werden je nach ihrem Alter und Erhaltungszustand oder nach ihrer Privilegierung – trotz des gleichen Beitrages – unterschiedliche Entschädigungen gezahlt. Also wird für ein besonders ausgestattetes Fahrzeug eben mehr zu zahlen sein.

Bei einem bestimmten Umfang des Zubehörs muß eine höhere Prämie gezahlt werden (Beispiel: Teile aus Liste 2) des Anhanges der AKB haben einen Wert von mehr als DM 1.000,—). Eine Grenze findet diese Regelung, wenn der Wert des Fahrzeuges hinter dem Wert der Sonderausstattung, die mit dem Wesen des Fahrzeuges als Beförderungsmittel nicht zusammenhängt, vollständig zurücktritt.

Beispiel:

Der Versicherungsnehmer läßt von einem bedeutenden Künstler ein Gemälde auf der Kühlerhaube anbringen, das einen beachtlichen Wert hat. Das ist dann nicht mehr als „Lackierung" in der Kaskoversicherung erfaßt.

Die Teile müssen (§ 12 Abs. 1 AKB) mit dem Fahrzeug fest verbunden oder unter Verschluß verwahrt werden. Die Verbindung mit dem Fahrzeug ist immer dann gegeben, wenn die Teile mit dem Rest der anderen, die zum Sachbegriff des versicherten Fahrzeuges gehören, verschraubt oder verschweißt sind.

Sofern die Teile unter Verschluß verwahrt werden, ist eine unmittelbare Verbindung mit der versicherten Sache nicht unbedingt erforderlich. Es reicht aus, wenn sie – wie die Winterreifen im Sommer, zur Reparatur ausgebauter Motor – verschlossen, aber getrennt vom Fahrzeug verwahrt werden.

069 Grenze für die Zugehörigkeit zum Fahrzeug ist die Tatsache, daß die versicherten Teile auch tatsächlich am Fahrzeug angebaut oder bei seinem Betrieb verwendet werden. Die auf Vorrat gekauften Teile gehören nicht dazu (OLG Hamm 20.03.87, VersR 87, 1184) wie auch die nicht, die sich nur ein Liebhaber oder Spezialist hält, wie eine nahezu komplette Werkstattausrüstung.

Es ist nicht erforderlich, daß alle Teile serienmäßig mit dem Wagen gekauft oder mitgeliefert worden sind. Es können vom Versicherungsnehmer auch andere – sonst bei dem Kraftfahrzeug-Typ nicht übliche Teile – mitversichert sein, wenn sie in den Wagen oder das Krad eingebaut wurden. Als Beispiele seien genannt: Sonderausstattungen wie beheizte Heckscheibe, Antennen, Nebelscheinwerfer, Drehzahlmesser, zusätzliche Uhr, spezielle Tachometer. **070**

Nicht zu den Teilen des Fahrzeuges gehören Sachen, die nach der allgemeinen Verkehrsauffassung nicht zum Fahrzeug gehören. Da könnte man das Autotelefon heute noch als nicht zugehörig betrachten. Allerdings wird sich hier eine Wandlung der Anschauung ergeben, wenn solche Telefone allgemein üblich geworden sind. Es ist die gleiche Entwicklung wie beim Autoradio anzunehmen, das heute üblich ist und früher vom OLG Hamburg (JR 38, 206) nicht als Fahrzeugteil angesehen wurde.

Nicht zu den Teilen des Fahrzeuges gehören die Privatsachen der Insassen, wie Aktentasche, Koffer, Landkarten u. ä. m. Außer den Teilen des Fahrzeuges sind auch noch Zubehörgegenstände im Rahmen der Kaskoversicherung gedeckt. Die AKB haben hier durch die Listen der mitversicherten Teile im Anhang Klarheit geschaffen, was versichert ist.

Da nennt die Liste 1) die prämienfrei versicherten zusätzlichen Fahrzeugteile und des- **071** zubehörs (vgl. Anhang). Man kann sagen, daß es sich bei diesen Teilen um die heute üblichen Zusatzeinbauten handelt, die häufig anzutreffen sind und nach der Anschauung der Beteiligten für mehr oder weniger erforderlich gehalten werden.

In Liste 2) werden schon etwas „exotischere" Teile genannt (vgl. Anhang), die nur bei einer Zusatzversicherung gedeckt sind, wenn ihr Wert insgesamt DM 1.000,– übersteigt.

Die in Liste 3) genannten Sachen sind nicht mitversichert und in der Kaskoversicherung auch nicht abdeckbar. Für sie müßte eine gesonderte Versicherung (z. B. eine Reisegepäck- oder Transportversicherung) abgeschlossen werden. Eventuell träte unter besonderen Voraussetzungen auch die Hausratversicherung ein. Hinsichtlich der Einzelheiten wird auf Kapitel 16, unten, verwiesen.

Alle Schäden im Rahmen des vertraglich vereinbarten Risikos werden reguliert. Schäden **072** sind

– plötzlich auftretende (nicht allmählich, z. B. chemische Zersetzung, Rost, Korrosion),
– durch mechanische Gewalt (nicht z. B. infolge Elektrizität),
– von außen einwirkende (nicht Explosion beim Betrieb des Motors).

Ereignisse, nicht aber solche durch **073**

– Einwirkung elektrischer oder sonstiger Energie durch Einflüsse von außen,
– chemische Umwandlungen durch Einflüsse von außen.

Die Teilkaskoversicherung stellt das Grundrisiko dar, auf das die Vollkasko aufbaut. Es gibt keine Vollkasko- ohne Teilkaskoversicherung.

Die Kaskoversicherung ist folgendermaßen aufgebaut:

- Grundversicherung = Teilkasko: Schutz gegen Schäden durch Brand, Explosion, Naturgewalten, Entwendung u.ä.m.,
- darauf baut auf = Vollkasko: Schutz gegen alle Teilkaskorisiken und zusätzlich gegen Kollisionsschäden und Sachbeschädigung.

Die Autoversicherung wird also in zwei Typen von Risikobündeln angeboten, von denen das eine (Vollkasko) und das andere (Teilkasko) ergänzt. Es sind keine Gründe ersichtlich, dies immer beizubehalten. Der Versicherungsschutz könnte auch für jedes Einzelrisiko (z.B. Brand oder Diebstahl) auf den Markt gebracht werden.

Hinweise für Sachverständige

- Vorsicht bei Gutachten: Nur bekannte Fakten angeben,
- ergeben sich Zweifel bei der Deckungsprüfung, sollten die Versicherungs-Akten vom Sachbearbeiter beigezogen und überprüft werden,
- Prüfung der Deckung sollte dem Sachbearbeiter überlassen werden. Im Gutachten nur Fahrzeug beschreiben und Daten aus dem Fahrzeugbrief / Zulassung angeben. Das gilt besonders für Namen des Eigentümers / Halters.

---

074 Neben der üblichen Kaskoversicherung gibt es die:

- **Dienstreisekaskoversicherung / Sportfahrtenversicherung.** Versichert sind hier alle Fahrzeuge, die zu Dienstreisen, Sportfahrten usw. im Rahmen der Bestimmungen des Versicherungsvertrages genutzt werden. In der Regel wird eine Vollkaskoversicherung mit Selbstbehalt vorliegen. Schließt der Arbeitgeber oder der Sportverein den Vertrag ab, so
  (a) gilt er für alle eingesetzten Fahrzeuge (zu Dienstreisen oder Sportveranstaltungen),
  (b) wird die Prämie oft nach Einsatzmeldungen der Fahrzeuge berechnet (Deklarationspflicht des Versicherungsnehmers: Rechtspflicht – einklagbar; Einsichtsrecht des Versicherungsunternehmens ins Belegwerk des Versicherungsnehmers). Diese Sparte begründet einen Versicherungsvertrag zugunsten Dritter (Versicherung für Rechnung Dritter),
  (c) wird ein Schaden wie normal in Kasko abgewickelt, wobei regelmäßig Selbstbehalte (DM 650,— üblich in der Vollkaskoversicherung, DM 300,— üblich bei Teilkaskorisiken) vereinbart werden.
  Schloß ein Beschäftigter den Vertrag selbst, dann besteht für ihn im Rahmen des Sonderrisikos eine normale Kaskoversicherung, aber nur für Dienstreisen usw.
  (a) Ein Selbstbehalt ist auch da üblich.
  (b) Es handelt sich um unübliche Versicherung.
- **Dienstfahrtkaskoversicherung.** Versichert sind hier Dienstfahrten (von und zum Dienst, Dienstreisen). Ein Selbstbehalt ist üblich (meist DM 650,— in der Vollkasko-

versicherung). Teilkaskorisiken werden üblicherweise mit einem Selbstbehalt von DM 300,— vereinbart. Voraussetzungen sind:
(a) Vertrag des Beschäftigten mit dem Versicherungsunternehmen,
(b) regelmäßig vorangehender Rahmenvertrag zwischen Dienstherrn (Arbeitgeber) und Versicherungsunternehmen.
Wichtig ist die Vertragsprüfung (es kann zum Teil nicht nur das Fahrzeug des Versicherungsnehmers, sondern auch das von ihm benutzte versichert sein. Beispiel: Fahrzeug der Tochter, das der Versicherungsnehmer für Dienstfahrt benutzt).
Doppeldeckung ist möglich, wenn zwischen dem Fahrzeugeigner und etwa verschiedenen Versicherungsunternehmen
(a) Kaskoversicherung (Teil- oder Voll-),
(b) Dienstfahrtkasko,
(c) Dienstreisekasko
bestand.
Der Sinn der besonderen Versicherungen besteht darin, das Unfallrisiko (Reparaturkosten für Unfallreparaturen) so zu begrenzen, daß es im Rahmen des km-Geldes vom Versicherungsnehmer abgedeckt werden kann.

— **Caravan-Universal-Versicherung (CUV).** Diese Versicherung betrifft nur **nicht** zugelassene Fahrzeuge. Doppeldeckung mit Teilkasko-Versicherungen ist denkbar (Ruheversicherung ist kaum möglich).

Es handelt sich um eine besondere Sachversicherung für Fahrzeug und Inhalt, denn in Kasko ist nur die mitversicherte Ausstattung gemäß AKB Liste 1 (falls in Vertrag eingeschlossen, auch Teile der Liste 2) abgedeckt. Leistungsgrenze in der CUV ist die versicherte Summe.
Da der Caravan im Prinzip ein Fahrzeuganhänger ist, wird bei einem Einbruch der Schaden nicht durch die Hausratversicherung abgedeckt (§ 3 B Ziff. 5 VHB, so AG Bad Oeynhausen 27.05.87, ZfS 87, 225).

— **Handel-, Handwerk-, Parkhaus-Versicherung.** Der Versicherungsvertrag dient der   075
Versicherung des Risikos von Fahrzeugen, die sich in der Obhut eines Händlers oder Reparateurs befinden; stehen diesen Wagen nicht in dessen Eigentum, liegt eine Versicherung zugunsten Dritter vor (BGH 11.03.87, r + s 87, 155).
Doppelversicherung ist möglich (z. B. Teilkaskoversicherung des Fahrzeugeigners), muß aber dem leistenden Versicherungsunternehmen angezeigt werden.
Bei diesen Versicherungen wird zum Teil vereinbart, daß sie nur zum Zuge kommen, wenn nicht anderweitig für die Schäden Versicherungsschutz besteht (z. B. durch die Kaskoversicherung des Halters). Es handelt sich dann um eine subsidiäre Versicherung.
Bei Reparateuren und Betreibern von Parkeinrichtungen ist diese Versicherungsart nicht unüblich, d. h., der Versicherungsnehmer erhält nur etwas, wenn er keine eigene Sachversicherung hat.
Leistet die Handel-, Handwerks- usw. -versicherung und liegt eine weitere Versicherung für diese Risiken (z. B. für Diebstahl) vor, besteht eine Doppelversicherung. Meist reguliert der Versicherer des Reparateurs vor, weil der Gewerbetreibende seinen Kunden nicht belasten will. Nimmt dann das zahlende Versicherungsunternehmen beim anderen Regreß (§ 59 VVG), wird durch die Beteiligung des eigenen Kaskoversicherers

43

eine Belastung des Vertrages (Schadenfreiheitsrabatt) bewirkt, denn der Versicherer erbringt eine Leistung. Die Wirkung entfällt nur, wen die Kaskoversicherung nach Teilungsabkommen an die Parkhaus- oder Handel-, Handwerk-Versicherung zahlt.
Die Parkhausversicherung umfaßt nur berechtigt im Parkhaus abgestellte Fahrzeuge.
- **Verkehrsservice-Versicherung (AVSB).** Die Versicherung deckt Pannenhilfe, Abschlepp- und Bergungskosten sowie persönlichen Aufwand bei Schäden, Pannen, Diebstahl, Krankheit u. ä. m. Deckungsgebiet ist Europa und die Anrainerstaaten des Mittelmeeres.

- **Einstellraumversicherung.**

076 Schließt der Versicherungsnehmer neben einer deutschen eine weitere (ausländische) Kaskoversicherung ab,

Beispiel:

(a) Auslandsaufenthalt,
(b) Fahrten im Ausland,

ist das zulässig und in einzelnen Branchen des Transportgewerbes sowie in grenznahen Gebieten nicht unüblich. Nun wird hier das gleiche Risiko mehrfach versichert, wenn auch die einzelnen AVB nicht deckungsgleich sein werden. Es ist in diesen Fällen auf die Regelung der Doppelversicherung zu achten, auch wenn der Schaden sich im Ausland ereignet. Das deutsche Versicherungsunternehmen leistet nur nach den Regeln des Versicherungsvertragsgesetzes (Teilung des Aufwandes zwischen den einzelnen Versicherern, soweit gleichartige Leistungen erbracht werden müßten). Diese Doppelversicherung ist dem leistenden deutschen Versicherungsunternehmen anzuzeigen.

077 Laufen verschiedene Versicherungen nebeneinander, die das Fahrzeug als Teil des Vermögens des Versicherungsnehmers gegen Schäden schützen sollen, besteht eine Mehrfachdeckung (§ 58 VVG). Es gilt hier ein Bereicherungsverbot für den Versicherungsnehmer (§ 59 Abs. 1 VVG). Der Versicherungsnehmer kann wählen, welchen Versicherer er in Anspruch nimmt (auch mehrere). Er darf aber die Gesamtleistung nur einmal verlangen und muß die Mehrfachdeckung anzeigen. Die in Anspruch genommene Versicherung zahlt im Rahmen des von ihr übernommenen Risikos bedingungsgemäß voll und nimmt Ausgleich bei den anderen Versicherungsunternehmen.

Jedes Versicherungsunternehmen zahlt letztlich Bruchteile, d. h. ein Versicherungsunternehmen entschädigt, die anderen beteiligen sich. Zu beachten sind folgende Besonderheiten:

- Bei unterschiedlichen Selbstbehalten zahlt das Versicherungsunternehmen mit den geringsten die Differenz zu den höheren allein.

Beispiel:

Für einen Personenkraftwagen bestehen zwei Vollkaskoversicherungen bei den Versicherungsunternehmen A und B. Die bei A hat einen Selbstbehalt von DM 1.000,— und die bei B von DM 650,—. Bei einer Kaskoentschädigung von DM 5.000,— wird wie folgt geteilt: A müßte DM 4.000,— DM zahlen, B müßte DM 4.350,— zahlen.
Da beide mindestens DM 4.000,— schulden, wird dieser Betrag zwischen a und b ge-

teilt. Jeder trägt DM 2.000,—. Da b einen geringeren Selbstbehalt hat, muß es die letzten DM 350,— selbst bezahlen und kann insoweit nicht teilen.

– Es besteht eine Anzeigepflicht des Versicherungsnehmers (§ 59 I VVG) hinsichtlich der Mehrfachdeckung, sonst verliert er alle Ansprüche auf die Leistung des Versicherers, da der Verdacht des Betruges naheliegt.

078 Schließt der Versicherungsnehmer beim Kauf des versicherten Fahrzeuges eine neue Versicherung ab, ohne die alte zu kündigen, unterhält er zwei Versicherungen:
– die alte, die gemäß § 69 VVG mit der Übernahme der versicherten Sache auf ihn übergeht,
– die neu abgeschlossene Versicherung.

Das Problem wird zwischen den Mitgliedern des HUK-Verbandes durch das Doppelversicherungsabkommen gelöst, und zwar nach folgenden Grundsätzen:
– Bei Neuwerwerb des Kraftfahrzeuges gehen neue Verträge (vom Erwerber geschlossene) den alten vor. Der alte Versicherer gibt den Vertrag frei.
– Sonst gehen ältere Rechte den jüngeren vor. Das neue Versicherungsunternehmen gibt den Vertrag frei.
– Nach Ende des Ruhens (Wiederanmeldung eines zeitweise stillgelegten Kraftfahrzeuges: § 5 Absatz 6 AKB) muß sich das alte Versicherungsunternehmen auf seine Rechte innerhalb der Jahresfrist berufen, um seine älteren zu bewahren. Die Erklärung kann dem Versicherungsnehmer oder dem neuen Versicherungsunternehmen gegenüber abgegeben werden.

079 Schließt bei der Bankfinanzierung eines Autokaufes der Versicherungsnehmer eine Kaskoversicherung ab und die Bank eine andere Versicherung für den Fall des Untergangs ihrer Kreditsicherheit (des Autos), liegt meist keine Doppeldeckung vor. Die von den verschiedenen Verträgen erfaßten Risiken sind regelmäßig nicht gleich:
– Die Bank sichert ihren Darlehensvertrag und die Darlehensvaluta.
– Der Autobesitzer sichert seinen Vermögenswert, das Fahrzeug.

Im übrigen leisten die Versicherer der Banken meist nur, wenn der Darlehensbetrag nicht abgedeckt wird, und das ist bei Eintritt der Kaskoversicherung (Sicherungsschein) selten der Fall.

Hinweis für Sachverständige

Bei Mehrfachversicherung den Versicherungsnehmer auf günstigste Versicherung hinweisen.

Hinweis für Schadenbearbeiter

Doppel- oder andere entsprechende Versicherung klären, gegebenenfalls Regresse anmelden.

4. Teilkaskoversicherung

080 Versichert sind nur bestimmte, in § 12 AKB (vgl. Anhang) erschöpfend aufgezählte Risiken. Diese werden in den Abschnitten 4.2 bis 4.6 eingehend behandelt. Einige wichtige Einzelfragen seien vorab dargestellt.

Wird durch einen Schadenfall ein Teilkasko-Tatbestand als erfüllt behauptet, aber nicht bewiesen (z. B. dubioser Diebstahl) und liegt die Erfüllung eines weiteren Teilkasko-Tatbestandes (z. B. Brand) oder eines Vollkasko-Tatbestandes (z. B. Kollision) vor, ist die Entschädigung unter Berücksichtigung des im zweiten Tatbestand gegebenen Selbstbehaltes zu zahlen (OLG Hamm 29.11.85, VersR 87, 605).

Wurde das Fahrzeug gestohlen und brannte dann ab, ist bereits mit der Entwendung der Versicherungsfall eingetreten. Der Brand hat nur noch Einfluß auf die Höhe der Entschädigung (LG München I 13.12.85, VersR 87, 658). Hat der Versicherungsnehmer den Diebstahl nicht bewiesen und wurde der Anscheinsbeweis für eine Entwendung erschüttert, muß der Versicherungsnehmer auch das Vorliegen eines Brandes voll beweisen und kann sich nicht auf den Anscheinsbeweis berufen (OLG Bamberg 07.11.80, ZfS 81, 151; LG München I 13.12.85, VersR 87, 658). Die Beweislast kehrt sich zu Lasten des Versicherungsnehmers um (OLG Frankfurt 30.06.82, ZfS 83, 87).

Die Teilkaskoversicherung bezieht sich nur auf das im Versicherungsschein aufgeführte Fahrzeug. Ausnahme: Verschiedene Dienstreise-/Sportfahrten-Kaskoverträge (alle zur Dienstreise oder Sportfahrten eingesetzten Fahrzeuge). Für den Einsatz sind dann jedoch Belege vorzuweisen (Reiseauftrag, Teilnahmebestätigung usw.).

081 Die Teilkaskoversicherung ist in aller Regel eine Versicherung für eigene Rechnung (anders die Kraftfahrthaftpflichtversicherung: Versicherung auch für Rechnung Dritter = Fahrer, Schaffner usw.). Ausnahme: Leasingfahrzeuge.

Liegt ein Sicherungsschein vor, wird die Teilkaskoversicherung auch zur Versicherung für Dritte (Sicherungsscheininhaber).

4.1 Selbstbehalte in der Teilkaskoversicherung

082 Vereinbarungen über die Berücksichtigung eines Selbstbehaltes in der Teilkaskoversicherung sind im Rahmen der Bedingungen möglich. Sie dienen dem Zweck, die Bearbeitung von verwaltungsteuren Kleinschäden zu vermeiden, um damit den Schaden- und Verwaltungsaufwand zu begrenzen.

Frühere Selbstbehalte gelten dabei für nicht umgestellte Versicherungen, die bis 31.12.1984 abgeschlossen wurden und seitdem unverändert weiter bestehen:

- DM 250,— bei Haarwildkollision,
- 20% oder mindestens DM 50,— bei Glasbruch,
- 20% oder mindestens DM 50,— bei Kurzschlußschäden an der Verkabelung.

Der neue Selbstbehalt beträgt einheitlich DM 300,—.

Das Teilkasko-Risiko verlief über Jahre schlecht. Betrugsfälle nahmen deutlich zu (z. B. bei Zweiradfahrzeugen: Sie wurden demontiert und als Teile verkauft, daher wird dort eine relativ hohe Prämie erhoben).

Dies gilt auch für die Vollkaskoversicherung, die eine Teilkaskoversicherung umschließt, so daß unabhängig vom Selbstbehalt in der Vollkaskoversicherung Teilkaskoschäden mit einem Selbstbehalt von DM 300,— reguliert werden.

Der Selbstbehalt in Teilkasko, bei Vollkaskoversicherungen mit Selbstbehalt, kann aber abbedungen werden, so daß folgende Varianten der Versicherungsverträge möglich sind:

- Teilkasko mit DM 300,— Selbstbehalt,
- Teilkasko ohne Selbstbehalt,
- Vollkasko mit Selbstbehalt (je nach Vertrag) inklusive Teilkasko mit Selbstbehalt von DM 300,—,
- Vollkasko mit Selbstbehalt (je nach Vertrag) inklusive Teilkasko ohne Selbstbehalt,
- Vollkasko ohne Selbstbehalt inklusive Teilkasko ohne Selbstbehalt.

Bei Wegfall des Selbstbehaltes in der Teilkaskoversicherung wird natürlich ein höherer Betrag fällig.

Fast in allen Neuverträgen wird die Teilkaskoversicherung ohne Selbstbehalt abgeschlossen.

Prämiensteigerungen sind zu erwarten, weil der Aufwand größer wird, zum Beispiel Massen kleiner Glasschäden, Radiodiebstähle.

Der Selbstbehalt ist bei der Regulierung jedes Schadenfalles abzusetzen. Werden mehrere Schadenfälle gleichzeitig abgewickelt (Reparatur verschiedener Diebstahlsschäden usw.) muß der Selbstbehalt für jeden Fall einzeln abgesetzt werden. Das gilt nur bedingt, wenn durch mehrere Schadenfälle dasselbe Teil beschädigt wurde (Beispiel: Das Auto wurde an derselben Tür etwa an gleicher Stelle mehrfach aufgebrochen. Die Reparatur der Tür war für jeden Fall nötig, darum wird der Selbstbehalt nur einmal abgezogen, wenn die Tür endgültig repariert wird).

Hinweise für Schadenbearbeiter
- Prüfen, ob im Gutachten/Rechnung Selbstbehalt abgesetzt ist,
- Vertragsbild zum Schadentag prüfen.

Hinweise für Sachverständige:
- Selbstbehalte nicht ohne weiteres absetzen; das geschieht nur, wenn sie sicher bekannt sind (Vorlage der letzten Police). Die Prüfung des Umfanges der Versicherung ist Sache vom Schadenbearbeiter,
- im Gutachten auf Selbstbehalte hinweisen, wenn damit zu rechnen ist,

> – das Gutachten kann man aber erst nach Prüfung des Versicherungsumfanges abfassen, wenn der Selbstbehalt abgesetzt werden soll.
>
> Eine Rückfrage beim Versicherer dürfte erforderlich sein. Das gilt besonders für zusätzlich zu versichernde Teile (vgl. Anlage zur AKB Liste 2), soweit diese mitbewertet werden müssen.

4.2 Entwendungsschäden

083 Üblich ist, von „Diebstahlschäden" zu sprechen, doch sieht § 12 Abs. 1 I b AKB nicht die Erfüllung des Tatbestandes des § 242 StGB vor (Diebstahl: Bruch fremden Gewahrsams durch den Dieb). Der Entwendungsbegriff geht weiter (praktisch jede Wegnahme, beispielsweise durch Raub).

Die Unterschlagung ist ebenfalls abgedeckt, aber nicht durch Personen, die beim Betrieb beschäftigt sind. Dabei ist auf den Betrieb des Autos an sich abzustellen, zum Beispiel Wagenwäscher hat Schlüssel und fährt davon (OLG Köln 26.05.86, ZfS 87, 22).

Das gilt auch für den Trickdieb, der Kaufabsichten vortäuschte und bei der „Probefahrt" verschwand (OLG Hamm 02.3.84, VersR 85, 490 f.). Hier war das Auto dem Täter anvertraut. Aber nicht jeder, der einen Zweitschlüssel hat (z. B. ehemalige Lebenskameradin), ist beim Betrieb beschäftigt (OLG Schleswig 3.10.84, VersR 86, 30). Zu prüfen wäre hier, ob der Versicherungsnehmer nicht grob fahrlässig handelte, als er die Schlüssel der Ehemaligen überließ, ohne die Schlösser zu wechseln.

Bei Veruntreuung (Unterschlagung durch eine Person, der das Kraftfahrzeug zu einem besonderen Treueverhältnis anvertraut war) tritt die Kaskoversicherung nicht ein.

Die Gebrauchsentwendung reicht aus, um den Entschädigungsanspruch auszulösen.

Beispiel:

Der „Dieb" will das Fahrzeug nur kurzfristig nutzen und dann zurückgeben. Auf dieser Schwarzfahrt erleidet er einen Schaden, der von der Teilkaskoversicherung gedeckt ist.

Der Versuch der Entwendung, auch wenn er nicht strafbar ist, reicht ebenfalls aus.

Beispiel:

Täter versuchen, einen Wagen aufzubrechen. Damit ist ein Tatbestand der Teilkaskoversicherung erfüllt.

> **Hinweise für Sachverständige**
> - Hinweise auf Einbruchspuren oder deren Fehlen im Gutachten angeben,
> - Abnutzungs- usw. Schäden als solche bezeichnen und den Zustand des Fahrzeuges ausführlich darstellen (z. B. Abgrenzung von Vor-, Alt-, Abnutzungs- und Diebstahlschäden),
> - Schilderung des Schadenbildes (am besten Foto) zusätzlich beifügen.

Wichtiges Tatbestandsmerkmal ist, daß betriebsfremde Personen den Versicherungsgegenstand stehlen, rauben, unterschlagen oder unbefugt gebrauchen, um den Versicherungstatbestand zu erfüllen. Zur Abgrenzung sollen hier die genannt werden, die nicht als Betriebsfremde angesehen werden können:

- Fahrer,
- Repräsentant/Prokurist/Vertreter hinsichtlich Dienstwagen, Angestellte/Sachverständige mit Firmen-Fahrzeugen. Auch der Ehegatte, der das Fahrzeug überwiegend nutzt und auch den Schaden abwickelt (OLG Köln 17.10.85, VersR 86, 1233 f.) – bestritten –
- Schlosser, der repariert,
- Wagenpfleger.

Betriebsfremde im vorgenannten Sinne sind jedoch Hofarbeiter und sonstige Angestellte, die nichts mit Fahrzeugen zu tun haben, wie Ladearbeiter.

Dahinter steht der Grundgedanke der Vermeidung von Manipulationen wegen der Halterhaftung bei Schwarzfahrt, denn die Erleichterung des Zugriffes zum Fahrzeug für die beim Betrieb Beschäftigten birgt ein sehr hohes Risiko.

084 Da in aller Regel der Versicherungsnehmer nicht weiß, wer sein Fahrzeug gestohlen hat und wann dies geschah, hat die Rechtsprechung zugelassen, sich auf den Anscheinsbeweis zu berufen. Das OLG Hamm (09.03.88, r + s 88, 161) meint, es bedürfe des Anscheinsbeweises nicht, weil hier eine materiellrechtliche Risikozuweisung vorliege, die allerdings dann nicht mehr zum Tragen komme, wenn Besonderheiten hinzukämen.

Der Versicherungsnehmer muß aber beweisen, daß er zu einem bestimmten Zeitpunkt sein Fahrzeug gesichert abgestellt hatte, daß es später nicht mehr dort war und daß es entweder seitdem verschwunden oder später aufgebrochen vorgefunden wurde. Darauf darf sich der Versicherungsnehmer aber nur berufen, wenn zuverlässige Erfahrungsgrundsätze vorliegen, die schon nach dem äußeren Bild den Schluß zulassen, daß das Fahrzeug gestohlen wurde (vgl. LG Köln 28.01.87, r + s 88,4).

Das Versicherungsunternehmen hat seine Zweifel am Vortrag des Versicherungsnehmers zu beweisen (BGH 30.10.84, r + s 85, 1). So kann es darlegen, daß deutliche Bedenken gegen die Richtigkeit der Behauptungen des Versicherungsnehmers vorliegen, und er schon früher unredliches Verhalten an den Tag legte (so in BGH 18.11.86, VersR 87, 61), zum Beispiel vorangegangene Betrügereien, einen schlechten Ruf hatte, widersprüchliche Angaben machte, zahlreiche, undurchsichtige Vorschäden hatte, falsche Angaben zum Baujahr, km-Leistung usw. des gestohlenen Objektes vorlegte (LG Berlin 06.11.86 – 7 O 11/86), oder Bedenken gegen das Vorliegen eines Diebstahls bestünden, weil alle Schlösser unbeschädigt gewesen seien (LG Lübeck 19.11.87, r + s 88, 160).

Zusammengefaßt hat das OLG München diese Regeln der Beweisführung (16.12.87, ZfS 88, 51) wie folgt:

- für den Versicherungsnehmer spricht grundsätzlich der Anscheinsbeweis
- dieser wird dadurch erschüttert, daß
   (a) Umstände gegen den Diebstahl sprechen oder
   (b) die persönlichen Verhältnisse des Versicherungsnehmers für ihn ein negatives, ungünstiges Bild ergeben.

Weist der Versicherer eine erhebliche Wahrscheinlichkeit nach, daß ein unredliches Verhalten des Versicherungsnehmer gegeben ist, hat der Versicherungsnehmer den vollen Beweis für den Diebstahl zu führen. Weitere Beispiele für Fälle, in denen der Anscheinsbeweis zu Gunsten des Versicherungsnehmer als erschüttert angesehen werden kann, sind das Fahren des gestohlenen Wagens mit Originalschlüssel (OLG Hamm 24.09.86, r+s 87, 36), Diebstahl des Kraftfahrzeugs kurz vor Besichtigung durch einen Gerichtsgutachter im Prozeß wegen eines mysteriösen Unfalles, Lenken der Polizei auf eine falsche Spur, Vorlage falscher/gefälschter Rechnungen, Nachweis der hohen Wahrscheinlichkeit, daß der Versicherungsnehmer (Bastler), das Krad zerlegt und die Teile verkauft hat, oder er im Prozeß den Vortrag wechselte. Das gilt auch bei Merkwürdigkeiten im Sachvortrag (LG Frankfurt 13.01.86, r+s 87, 95 f.).

Ist der Anscheinsbeweis erschüttert, muß der Versicherungsnehmer dann den Diebstahl im einzelnen beweisen, was regelmäßig mißlingt (so BGH 19.12.84, ZfS 85, 182 und 11.1.84, r + s 84, 69 f., OLG Hamm 24.10.84, VersR 85, 728; OLG München 15.04.83, VersR 85, 277; LG Köln 06.02.85 – 240491/83; Urteil vom 17.04.84 – 240133/84 sowie vom 29.05.85 – 240662/82; LG Kassel 09.07.85 – 7081/85; OLG Köln 06.12.84, r + s 85, 186 und OLG Frankfurt 21.09.83, ZfS 85, 153).

So ist es auch, wenn die Zeugen, die der Versicherungsnehmer benennt, nichts zu dem Zustand des Fahrzeuges vor dem angeblichen Abstellen zum Abschließen oder zur Tatsache des Benutzens sagen können, wenn am verunfallt aufgefundenen Wagen keine Einbruchspuren zu finden sind und das Fahrzeug auf der Strecke liegt, die der Versicherungsnehmer üblicherweise benutzt hätte (AG Hamburg 03.04.87 – 4 C 400/86). Liegt die Möglichkeit vor, daß auch ein unversicherter Vorgang den Schaden am Fahrzeug verursacht haben kann, und ist der Vortrag des Versicherungsnehmers widersprüchlich, kommt ihm der Vorteil des Anscheinsbeweises nicht zugute (OLG Köln 19.03.87, r+s 87, 244 f.).

Beispiel:

Das Fahrzeug des Versicherungsnehmers stand um 1.30 Uhr beschädigt am Abstellplatz. Diebstahlspuren wurden nicht gefunden. Der Schaden kann durch eine Schwarzfahrt, durch Diebe oder durch eine Vertrauensperson erfolgt sein.

085 Der Anscheinsbeweis versagt auch, wenn die Tatsache des Diebstahls unwahrscheinlich ist und das Diebesgut praktisch keine Verwendung für den Täter übrig läßt (LG Düsseldorf 18.12.87, r+s 88, 126; LG Köln 13.01.88, r+s 88, 127).

Beispiele:

(a) Aus dem Wohnwagen einer Person mit häufig wechselndem Wohnsitz wurden die Holzverkleidung des Wagens und einige Polster gestohlen. In ihrem Umkreis wurden bereits mehrfach solche Schäden behauptet, aber nicht bewiesen. Entsprechende Wohnwagen zum Einbau des Diebesgutes sind praktisch nicht zu haben. Andere Wohnwagen waren für die Diebe leichter aufzubrechen. Der Anscheinsbeweis für einen Diebstahl versagt.

(b) Oder wenn es unwahrscheinlich ist, daß der Versicherungsnehmer, der wegen Betruges vorbestraft ist und schon auffällig viele Diebstähle gemeldet hat, in Holland war, wo sein sein Krad angeblich gestohlen wurde und er auch keine Rückfahrkarte von Holland vorlegen konnte (OLG Düsseldorf 20.10.87, ZfS 88, 52).

(c) So ist auch zu entscheiden, wenn ein nicht fahrbereiter Personenkraftwagen angeblich entwendet und auf einen Parkplatz gegenüber der Wohnung des Versicherungsnehmers nach einigen Tagen von den Dieben, ohne daß Spuren eines Aufbrechens am Fahrzeug zu finden gewesen wären, wieder abgestellt worden ist (LG Berlin 12.01.87 – 17 O 250/86).

Legt also der Versicherer dar, daß der Verdacht auf Unredlichkeiten naheliegt und weist dies nach, versagt der Anscheinsbeweis (LG Kaiserslautern 16.12.87 – 3 O 257/87). Gelingt dies, muß der Versicherungsnehmer den vollen Beweis für alle Fakten führen. Mißlingt dem Versicherungsunternehmen der Nachweis, darf sich der Versicherungsnehmer auf den prima-facie-Beweis stützen. Das gilt besonders, wenn Einbruchspuren (Aufbrechen des Fahrzeuges) nachgewiesen werden konnten und sich auch sonst der Vortrag des Versicherungsnehmers bei allen Begleitumständen erweisen ließ.

Auf falschen Behauptungen über die Schadenhöhe kann nicht ohne weiteres auf das Vortäuschen des Unfallgeschehens geschlossen werden (BGH 18.11.86, VersR 87, 61 f.). Das gilt nicht bei verspäteter Anzeige mit widersprüchlichen Angaben (OLG Hamm 31.05.85, VersR 87, 352 f.). Auch das LG Berlin (Urteil vom 02.11.87, ZfS 88, 53) nimmt den vollen Verlust des Versicherungsschutzes an, wenn der Versicherungsnehmer zum Wert der gestohlenen Sachen – in diesem Fall eines Autoradios und der Reifen – falsche Angaben machte: Dem Versicherer gegenüber machte er geltend, daß die Sachen wertvoll seien, während er bei der Polizei angab, es handele sich um ein einfaches Radio und abgefahrene Reifen. **086**

Fehlen am wiedergefundenen Fahrzeug Diebstahlspuren, so entfällt oft der Anscheinsbeweis zu Gunsten des Versicherungsnehmers (LG Oldenburg 02.09.85 – 4 O 1092/85; LG Berlin 04.05.85 – 17 O 329/84, OLG Hamm 23.10.85, VersR 87, 400, LG Berlin 12.01.87 – 17 O 250/86). **087**

Anders OLG Karlsruhe vom 07.07.83 bei Kraddiebstahl (es konnte auf einen LKW verladen worden sein) und OLG Köln vom 28.06.84 (es bestand kein wirtschaftliches Interesse des Versicherungsnehmers am Diebstahl/Entschädigung).

Muß der Versicherungsnehmer den Diebstahl exakt beweisen, reicht ein wirtschaftlich interessierter Zeuge für den Beweis des Diebstahls nicht aus (BGH 03.04.85, VersR 85, 559). Bedenken bestehen auch bei einem extrem guten Erinnerungsvermögen des Zeugen (Sohn des Versicherungsnehmers), AG München 04.07.86, VersR 87, 66. **088**

In allen Zweifelsfällen muß der Versicherungsnehmer Beweise für das Abstellen des Fahrzeuges und die Entdeckung des Diebstahls anbieten (OLG Hamm 13.10.87, r+s 88, 100).

Objekt der Entwendung ist das Fahrzeug und/oder seine Teile. Letztere müssen **089**
– mit dem Fahrzeug fest verbunden (geschraubt, geschweißt) sein,
– oder sich unter Verschluß verwahrt im Fahrzeug oder zum Beispiel in der verschlossenen Garage (Winterreifen) befinden.

Schäden am Fahrzeug, wenn es nicht Angriffsziel ist (z. B. Gepäckdiebstahl) sind durch Kasko ungedeckt. Grenze: Schäden beim Abtransport der Beute, wenn beispielsweise beim Entwenden eines Koffers vom Dachgepäckträger die Motorhaube eingedellt wird.

090 Im einzelnen ist die Deckung wie folgt begrenzt:

- Die Entwendung des Fahrzeuges oder seiner Teile sowie des Zubehörs muß gewollt gewesen sein.
- Vandalismus ist nicht eingeschlossen.
- Die Abgrenzung von einer Sachbeschädigung wird schwierig, wenn eine wirtschaftlich unverwendbare Sache (z. B. abgebrochene Antenne) beschädigt wird; meist liegt dort eine Sachbeschädigung vor; ist die Verwendung der Antenne als Zeigestab möglich, läge eventuell doch eine Entwendung – versuchte – vor; bei Schnitten im Verdeck eines Cabrios, ohne daß der Täter versucht, ins Fahrzeuginnere einzudringen, liegt im Zweifel eine Sachbeschädigung vor (AG Ingolstadt 07.11.85, ZfS 87, 183), es gibt also keine Entschädigung.
- Ersatzschlösser werden nicht ersetzt, wenn nur Schlüssel gestohlen wurden. Teilweise hat sich die Regulierungspraxis herausgebildet, sie als vorsorgliche Rettungskosten zu zahlen; anders AG Stuttgart 02.05.85, VersR 85/1031 (Nichtauswechseln des Schlosses; eventuell Gefahrerhöhung: OLG Stuttgart 30.07.86, r+s 87, 62; auch LG Frankfurt 22.09.87, r+s 88, 159 mit gleicher Tendenz).
  Jedoch darf nicht vergessen werden, daß es sich bei der Beschaffung des Ersatzschlosses um Rettungskosten handelt, die vor dem Versicherungsfall aufgewandt wurden. Diese werden aber nach den Regeln des VVG (§§ 62 ff.) nicht ersetzt. Der Versicherungsnehmer erhält sie erst dann bezahlt, wenn ein Schaden eingetreten ist. Vor diesem muß er selbst dafür sorgen, daß die versicherte Sache nicht über Gebühr gefährdet wird.

091 Zusammenfassend sind damit alle Schäden versichert, die

- bei einer Entwendung oder deren Versuch entstehen,
- vom Dieb verursacht wurden (inklusive Abnutzung, Verschleiß, Bruch- oder Bremsschäden bei der Benutzung des Fahrzeuges durch ihn). Es sind also alle der Entwendung nachfolgenden Schäden, die der Dieb verursacht, im Interesse des Versicherungsnehmers von der Kaskoversicherung erfaßt (BGH, VersR 75, 225 f.; LG Berlin 12.01.87 – 17 O 250/86; *Stiefel-Hofmann, Kraftfahrtversicherung,* 13. Auflage, München 1986, § 12 RZ 37).

Bei den Sonderbedingungen für Wohnwagen (CUV) ist eine Deckung nur auf bewachten Abstellplätzen gegeben, nicht aber für Schäden, wenn der Wohnwagen bei einem Reparateur stand (LG Freiburg 30.08.84, VersR 85, 1079 f.).

Ein Beweis des Diebstahls ist oft nur schwer möglich. Daher genügt regelmäßig der Anscheinsbeweis (Schlösser geknackt, Fahrzeug kurzgeschlossen usw.).

Die Aussage des Versicherungsnehmers reicht regelmäßig zum Beweis aus, darzutun ist der äußere Sachverhalt, der mit hoher Wahrscheinlichkeit auf den Versicherungsfall schließen läßt – OLG Köln vom 25.04. und 19.09.85, r+s 86, 115 ff.; OLG Karlsruhe 08.10.86, r+s 86, 302 f.

Das ist aber nicht der Fall, wenn zum Beispiel nur feststeht, daß der Versicherungsnehmer morgens mit seinem Krad abfuhr und abends einen Diebstahl am Zielort ohne nähere Erklärung anzeigt (OLG Hamm 29.01.86, VersR 86, 1201).

Der Anscheinsbeweis reicht nicht aus, wenn der Vortrag des Versicherungsnehmers unglaubwürdig oder widerspruchsvoll ist. Dann ist der volle Beweis des Diebstahls erforderlich (OLG Hamm 29.05.85, VersR 87, 149 f.).

Eine unverzügliche Anzeigepflicht bei Polizei besteht ab DM 300,— vermutlicher Schadenhöhe.

Die Wartefristen für die Regulierung betragen regelmäßig 1 Monat nach Eingang der **092** Schadenanzeige beim Versicherer. Grund: Der Versicherungsnehmer muß in dieser Zeit Wiedergefundenes zurücknehmen. Die Monatsfrist wird in der Regulierung oft nicht eingehalten, wenn die Auffindung der abhanden gekommenen Sachen oder durch problematische Unterscheidung von Gleichartigen kaum möglich ist (z. B. Radkappen).

Hinweise für Schadenbearbeiter

- Im geeigneten Fall aufklären,
- bei Verdacht (z. B. Widersprüchen, Ungereimtheiten, zu glatten Darstellung bei komplizierten Sachverhalten, zahlreichen ähnlichen Vorschäden) stets genau aufklären.

4.3 Wildschäden

Ersetzt werden nach diesem Tatbestand der AKB (§ 12 Absatz 1 I d) Schäden, die entstehen **093** durch

- einen Zusammenstoß
- des in Bewegung befindlichen Fahrzeuges
- mit lebendem Haarwild (§ 2 Absatz 1 des BJG).

Die Kollision ist notwendig, Spuren müssen zu finden sein.

Sie ist beispielsweise dann heftig gewesen, wenn ein mit 2 Personen besetzter PKW sich überschlägt (OLG Hamburg 14.03.86, r + s 86, 115).

Nur Schäden durch Kollision mit lebendem Wild sind gedeckt. Das Überollen eines bereits getöteten Wildes stellt lediglich einen Zusammenstoß mit einem Hindernis dar (OLG München – 10 U 4630/85).

Schäden durch Ausweichen vor dem Wild sind nicht gedeckt, selbst wenn es im Verlauf des Geschehens zur Berührung mit diesem kommt (LG Limburg 21.11.86, r + s 87, 273 f. bei Kollision mit Hasen und anschließender Lenk- und Ausweichbewegung, die zum Schaden führte). Ausweichen und anschließende Kollision mit Wild beim Schleudern ist nicht versichert, wohl aber Kollision mit Wild mit Schleudern als Folgewirkung (AG Hannover 18.03.86 r + s 87, 93; AG Wuppertal 05.02.87 – 31 C 654/86). Der Schleudervorgang darf also nicht auf einem Fahrfehler beruhen.

Beispiele:

(a) Aus der Teilkaskoversicherung gedeckter Schaden: Personenkraftwagen schleuderte auf Lastkraftwagen und verbrannte. Ursache des Schleuderns war ein Reh, das in den Personenkraftwagen sprang.

(b) Nicht gedeckt ist folgender Vorgang: Der Personenkraftwagen wollte einem Wildschwein ausweichen und kam dabei ins Schleudern, wobei er gegen ein Brückengeländer stieß; unbeachtlich bleibt, ob er später das Wild noch erfaßte (LG Limburg 21.11.86, r + s 87, 273 f.)

Rechtsirrtümlich sah das LG Münster (24.02.88, r + s 88, 159) im Ausweichen vor dem Wild einen Rettungsversuch, übersah aber bei seiner Entscheidung, daß die Rettungskosten vom Versicherer erst nach dem Schadenfall oder in seiner Entwicklung übernommen werden. Die vorher anfallenden Kosten treffen den Versicherungsnehmer (§ 62 VVG).

Gedeckt sind hingegen Schäden, die dadurch entstehen, daß nach der Kollision mit dem Wild der erschreckte Fahrer von der Fahrbahn abkommt und eine Böschung hinabfährt (OLG Karlsruhe 20.11.86, r + s 87, 156).

Gedeckt sind nur Schäden mit Haarwild nach dem Bundesjagdgesetz (auch mit einem Seehund an der Nordsee). Hierzu gehören keine Zootiere oder solche aus einem Safaripark. Man kann davon ausgehen, daß die AKB auf mitteleuropäische Verhältnisse abstellen. Bei Fahrten in entferntere Gebiete dürften auch Schäden mit dort üblicherweise freilebendem Haarwild gedeckt sein (z.B. Elefanten in Ostafrika, wild lebendes Rentier in Nordfinnland). Die Aufzählung der Tiere im Gesetz sollte wohl nach den Gegebenheiten des Unfallortes ergänzt werden.

Verschweigt der Versicherungsnehmer der Polizei gegenüber die Kollision mit Wild, kann das zur Leistungsfreiheit des Kaskoversicherers führen (LG München I 29.07.86, ZfS 87, 21).

Das Vorhandensein von Warnschildern (z.B. Wildwechsel) ändert nichts ohne weiteres an der Leistungspflicht des Versicherungsunternehmens. Gegebenenfalls liegt grobe Fahrlässigkeit des Versicherungsnehmers vor, wenn er bei Warnungen zu sorglos weiterfährt.

094 Deckung ist nicht gegeben bei Schäden durch Vögel (Möwen, Fasanen usw.), auch wenn diese jagdbar sind; sie sind kein Haarwild.

095 Die Entschädigung wird jedoch geleistet, wenn durch den Vogel zum Beispiel Glasschäden verursacht werden. Dann erfolgt aber nur für diese Schäden eine Leistung (Glasbruchentschädigung).

Beschädigungen, die sonst Tiere am Kraftfahrzeug (zum Beispiel am geparkten) anrichten, sind keine Kollisionsschäden. So sind Schäden durch Marderbisse nicht von der Teilkaskoversicherung erfaßt. Wohl gewähren aber verschiedene Automobilclubs für Fälle, in denen Tiere – speziell Marder, die eine Vorliebe für Kunststoffleitungen entwickelt zu haben scheinen – Schäden am Fahrzeug verursacht haben, für einen Teil des Reparaturaufwandes Ersatz.

Eine unverzügliche Meldung bei der Polizei, Jagdbehörde oder Jagdpächter ist bei Schäden ab DM 300,— vorgeschrieben. (§ 7 I Abs. 3 AKB).

096 Der Versicherungsnehmer muß nun auch den Zusammenstoß mit dem Haarwild beweisen. Es reicht in Ausnahmefällen aus, wenn durch Spuren am Fahrzeug eine Kollision mit dem Tier nachgewiesen ist. Wäscht der Versicherungsnehmer das Fahrzeug nach einem Wildschaden so gründlich, daß alle möglichen Spuren beseitigt werden, ehe eine Besichtigung des Wagens durch einen Sachverständigen erfolgte, verletzt er mindestens grob fahrlässig das Aufklärungsinteresse des Versicherungsunternehmens, das dann leistungsfrei wird (LG Frankfurt 08.04.86, r + s 87, 276).

Vorsicht bei der Regulierung ist geboten, wenn der Jagdhüter mitteilt, er habe das Wild nicht gefunden.

097 Neben der Kasko-Entschädigung zahlen Automobilclubs regelmäßig bei Wildschäden DM 250,— bis DM 500,— an ihre Mitglieder. Auch dort ist keine Bereicherung der Mitglieder gewollt, deshalb erfolgt dann keine Zahlung, wenn Teilkaskoversicherungen ohne Selbstbehalt bestehen.

Die Automobilclubs zahlen nach ihren Satzungen oft ohne Anspruch auf Entschädigung (Kannleistung). Versicherer zahlen nach Bedingungen: Daher besteht dort immer ein Klageanspruch auf Entschädigung.

Hinweise für Schadenbearbeiter

- Bei Verdacht auf Unkorrektheit genau aufklären, Bescheinigung fordern, Zeugen befragen,
- Ermittlungsakten beiziehen usw.,
- Gutachten auf Kollisionsspuren prüfen / nachfragen.

Hinweise für Sachverständige

- Schadenbild schildern (Spuren angeben); Zustand des Wagens darstellen (gewaschen, verregnet usw.),
- Fehlen von Spuren im Gutachten unbedingt vermerken,
- Sollten Blutspuren, angeklebte Haare usw. am Fahrzeug gefunden werden, ist dies im Gutachten anzuführen. Die Haare usw. sollten gesichert und bei – auch geringen Zweifeln – im Gutachten darauf hingewiesen werden. Der Verbleib der Beweismittel ist im Gutachten zu nennen. Verwahrt sie der Sachverständige, sollte er dies einige Zeit tun, bis er glaubt, daß keine Rückfragen mehr kommen werden.

4.4 Schäden durch Naturgewalten

098 Die in der Überschrift gebrauchte Terminologie ist zwar gebräuchlich, aber sachlich falsch; gedeckt sind nur in den AKB erschöpfend aufgezählte Naturgewalten. Das sind:

099 — **Sturm** (mehr als 8 Beaufort, Wetterbericht prüfen). Als Schäden gelten nur Ereignisse, die durch unmittelbare Einwirkung des Sturmes, nicht also durch Fahrfehler entstanden sind, wofür der Versicherungsnehmer beweispflichtig ist, beispielsweise, daß er nicht in der Lage war, rechtzeitig anzuhalten (LG Deggendorf 19.05.87 und OLG München 13.11.87, ZfS 88, 118). Bei Versteuern nach einer Brücke bei Sturm besteht kein Ersatzanspruch, auch nicht beim Aufklappen der Motorhaube bei Sturmfahrt (OLG Hamburg 18.04.86, ZfS 86, 375; anders LG Mönchengladbach 18.08.87, r + s 88, 35); aber gezahlt werden muß, wenn ein Baum infolge starker Böen vom Sturm umgeworfen wird und auf das Auto fällt (das gilt nicht, wenn der Versicherungsnehmer auf einen bereits vom Sturm umgestürzten Baum fährt, (OLG Hamburg 29.06.71, VersR 72, 241 ff.);

100 — **Hagel** (mehr oder weniger große Eiskörner). Für das Vorliegen eines Hagelschadens wirkt der Anscheinsbeweis, wenn auf der Außenhaut des Fahrzeuges — oben oder seitlich — entsprechende Eindellungen zu finden sind. An den Gegenbeweis der Versicherungsunternehmen sind strenge Anforderungen zu stellen. Im Zweifel sollte zu Gunsten des Versicherungsnehmers entschieden werden (LG Köln 27.03.85, ZfS 85, 214). Reine Lawinenschäden sind nicht gedeckt (BGH 19.10.83, r + s 84, 5 ff.);

101 — **Blitzschlag** (nicht künstlicher Blitz im Spannungsfeld);

102 — **Überschwemmung** (das Wasser verläßt seinen bestimmungsmäßigen Lauf). Es muß sich nicht nowendig um Süßwasser handeln. Auch Überschwemmungsschäden an der Küste mit See- oder Brackwasser sind gedeckt, das gilt auch für Folgeschäden, zum Beispiel Schäden infolge Verschlammung, Wegtreiben, Zerquetschen usw. Nicht gedeckt sind Schäden durch chemische Veränderungen infolge von Überschwemmungen (z. B. durch Einwirkung von See- oder Brackwasser auf den Lack des Fahrzeuges, der im Laufe der Zeit seine Farbe ändert).

103 Andere Arten der Schäden durch Naturgewalten sind nicht mitgedeckt, etwa durch

- Dachlawinen (durch Abtauen ausgelöst),
- Steinlawinen (nach Frost oder durch Erosion),
- Lawinen im Gebirge (vgl. BGH 19.10.83, VersR 84, 28 f.),
- Hitze / Kälte.

Wasserschlag im Motor bei Weiterfahrt in Überschwemmungsgebieten ist ein Betriebsschaden, meist wird er auch grob fahrlässig herbeigeführt (so AG Neustadt/W. 26.07.85, VersR 87, 301). Also gibt es hier auch keine Kaskoentschädigung.

Hinweise für Schadenbearbeiter und Sachverständige
- Schadenbild prüfen (Wetterbericht, Zeitungsnotizen usw.),
- Gutachten / Rechnungen auf Zusammenhang mit Schadenursache sowie Alter der Schäden prüfen.
- Schadenbild, -ursachen — soweit klar — darstellen. Keine Vermutungen im Gutachten wiedergeben. Sollte der Bezug auf Angaben Dritter oder Vermutungen im Gutachten unumgänglich sein, sind diese Punkte deutlich als dem Sachverständigen nicht selbst Bekanntes zu bezeichnen.

- Bei Zweifeln, ob es sich um Hagelschäden handelt, im Gutachten darauf hinweisen (z. B. Schäden am Fahrzeugboden usw.).
- Fotos fertigen und dem Gutachten beigeben, genaues Schadenbild darstellen,
- Hinweis auf Alter der Schäden (Rost usw.).

4.5 Brand-, Schmor- und Explosionsschäden

Brandschäden sind Schäden, die durch ein Feuer, das seinen Herd verlassen kann (offene Flamme) entstehen. Hält der Versicherungsnehmer bei Brandgeruch im Wagen nicht sofort an, kann ihm das nicht ohne weiteres vorgeworfen werden, wenn die Möglichkeit nicht auszuschließen ist, daß der Brand sich zu diesem Zeitpunkt selbständig ausbreiten konnte (OLG Hamm 01.07.87, r + s 87, 333 ff.). Es ist dann nur zu prüfen, ob er bei sofortigem Halt seiner Rettungspflicht nicht hätte besser nachkommen können.

Beim Vergaserbrand liegt kein Teilkaskoschaden vor (Betriebsschaden). Es hätte, um den Brand zu löschen, nur das Benzin abgestellt werden müssen, sofern die Möglichkeit bestand (LG Hamburg 26.06.85, r + s 85, 262 f.).

Wendet der Vericherer ein, es handele sich um Brandstiftung, muß er dies beweisen. Der Verdacht reicht nicht hin, selbst wenn manches gegen den Versicherungsnehmer spricht, wie etwa die Tatsache, daß der versicherte Wagen 5 Tage vor Ablauf der 2-Jahresfrist, innerhalb derer ein Neuwagen bezahlt wird, unter mysteriösen Umständen in Flammen aufging (OLG Hamm 20.11.87 – 20 U 135/87).

Der Schaden muß durch das Brandereignis verursacht worden sein. Die Brandursache braucht nicht im Fahrzeug selbst zu liegen (z. B. Schweißen an oder neben dem Kraftfahrzeug ist oft grob fahrlässig).

Unmittelbarkeit der Flammeneinwirkung für den Schaden spielt keine Rolle.

Beispiel:

Eine Mauer stürzt beim Brand eines Hauses auf das Auto.

Eine mechanische Einwirkung – nicht chemische oder elektrische – muß den Schaden bewirken.

Beispiel:

Ein Kranwagen kommt nahe an eine Elektroleitung, es entsteht dadurch ein Lichtbogen und das Fahrzeug kommt zum Glühen = kein Brand.

Schmor- und Sengschäden sind keine Brandschäden im Sinne der AKB. Denn es fehlt die Möglichkeit, daß das Feuer seinen Herd verläßt. Kommt es doch noch zur Flammeneinwirkung, geht der Seng- in einen Brandschaden über.

Beispiel:

Durch Masseschluß erwärmen sich die Kabel und bringen einen Lappen zum Glimmen = Sengschaden.

Durch den Fahrwind flammt dieser Lappen auf = Brandschaden.

106 Den Beweis für das Schadenereignis muß der Versicherungsnehmer führen. Mißlingt dies, geht er leer aus (z. B. der Sachverständige kann den Brand nicht bestätigen – so AG Saarbrücken vom 16.12.86 – 5 C 382/85).

107 Daß ein Schmorschaden am Kabel ein Auto abbrennen läßt, ist nicht ohne weiteres anzunehmen (scharfe Beweisanforderungen an den Versicherungsnehmer zum Nachweis der Schadenursache – LG Bochum 10.09.85 – 4 O 69/85). Das gilt besonders, wenn der Wagen kurz vor der Besichtigung durch den Gerichtssachverständigen abbrennt.

Als Schmorschäden (§ 12 Abs. 2 AKB) gelten nur Schäden an der Verkabelung durch Kurzschluß (nicht Schäden an den Aggregaten, hier ist nur im Zusammenhang mit einem Brand eine Entschädigung möglich).

Beispiele:

(a) Kurzschluß in der Verkabelung beschädigt die Lichtmaschine und führt unter dem Armaturenbrett zum Brand.
Die Lichtmaschine wird nicht ersetzt, hier liegt kein Brandschaden vor.
(b) Eine glimmende Zigarette erzeugt einen Brand im Fahrzeug. Dadurch Kurzschluß, der die Lichtmaschine zerstört.
Die Lichtmaschine wird als Brandfolgeschaden ersetzt.

Sind nur Spuren von Schmorschäden (wie Ruß, Anschweißungen des Kabels) zu erkennen und bestätigt niemand das Feuer, fehlt es am Beweis des Brandes (AG Karlsruhe 17.01.85 – 10 C 263/84).

108 Verbrennt ein Fahrzeug, dessen Diebstahl vorgetäuscht war, muß der Versicherungsnehmer nicht beweisen, daß keine Brandstiftung vorlag (BGH 19.12.84 VersR 85, 330 f.).

109 Bei Explosionen dehnen sich Gase schlagartig aus und verpuffen – keine langsame Verbrennung (nicht dagegen bei Implosion, dieser Tatbestand ist nicht von der Kaskoversicherung gedeckt). Der Explosionsherd muß nicht das Fahrzeug selbst sein.

Beispiele für derartige Schäden sind:

(a) Bombe eines Terroristen – Abgrenzung zu inneren Unruhen muß beachtet werden, dann ist nur eine billige Entschädigung nach dem Tumultschadengesetz vom Staat möglich,
(b) Explosion eines Dampfkessels der Zentralheizung,
(c) Detonation von Chemikalien,
(d) Verpuffung von Gasgemisch aus undichten Gasleitungen, wodurch ein Auto geschädigt wird.

Der Schaden muß nicht durch den Brand (Flammeneinwirkung oder durch die Explosion selbst (Druck- oder Schallwirkung) ausgelöst werden. Es reicht eine mittelbare Einwirkung auf die Schadenentstehung.

Beispiele:

(a) Durch den Brand eines Hauses stürzt eine seiner Mauern ein und fällt auf das Auto.
(b) Durch eine Explosion eines Kesselwagens wird ein Rad gegen das geparkte Auto geschleudert.

Nicht versichert ist dagegen eine Explosion im Motor beim Betrieb des Wagens.
Maschinenbrüche im Auto selbst, die dann eine Art Explosion auslösen, sind ebenfalls nicht gedeckt (Bruch- oder Betriebsschaden). **110**

Hinweise für Sachverständige
- Schadenbild schildern, ein oder mehrere zusätzliche Fotos sind wünschenswert,
- Darstellung der Schadenursache (z. B. Rußspuren, Anschweißstellen usw.) im Gutachten nennen.

4.6 Glasbruch, Reifenschäden

Schäden durch Glasbruch werden (unabhängig vom Bestehen einer Vollkaskoversicherung durch die Teilkaskoversicherung bei Verwirklichung des Tatbestandes (Bruch des Glases) reguliert (OLG München 25.06.87 – 24 U 556/86). Es muß ein Bruch des Glases vorliegen. Für Kratzer gibt es keine Entschädigung. **111**

Bei Glasbruch sind auch Bezahlung der Dichtung, eventuell der Leisten und des Lohnes beim Einbau einer neuen Scheibe üblich. Bei Totalschäden wird nur der Wert des Glases bezahlt, nicht aber die fiktiven Kosten für die Montage und das Dichtmaterial.

Der Versicherungsnehmer muß den Glasbruch beweisen. Anzeichen für einen Schaden sind die Reparatur, Einbau einer neuen Scheibe, neuer Gummi usw. Die Rate der vorgetäuschten Schäden ist hoch.

Die Reparatur von Verbundglasschäden ist vom Technischen Überwachungsverein (TÜV) in Grenzen anerkannt. Es gibt verschiedene neue Verfahren (z. B. die sog. Novus-Methode), bei der die Bruchstellen des Glases mit Kunststoffmasse ausgefüllt werden, um die Bruchspuren zu beseitigen.

Hinweise für Sachverständige
- Darstellung der Berechnungsart im Gutachten vermeidet Nachfragen,
- gegebenenfalls Alter der Dichtung (Gummi) angeben. Alte Aufkleber auf Scheiben prüfen,
- Selbstbehalte nur dann absetzen, wenn das Vertragsverhältnis völlig klar ist (Vorlage der letzten Police), sonst Schadentag und -ort im Gutachten nennen und darauf hinweisen, daß kein Selbstbehalt bei der Berechnung angesetzt wurde.

> **Hinweise für Schadenbearbeiter**
> – Behauptete Entstehungsursache mit Schäden vergleichen,
> – Beweise (Rechnungen, Zeugen, Besichtigung, Ermittlungsakten) erheben,
> – Vorverglasung prüfen / Verbundglas / Colorglas,
> – Vorschäden prüfen (Reparatur erfolgt?).

112 Die Kosten der Reinigung der Polster usw. gehören nicht zum Aufwand für die Beseitigung von Glasschäden und sind somit kein entschädigungspflichtiger Aufwand in der Kaskoversicherung (AG Saarbrücken 24.09.85, r + s 87, 187).

113 Bei Totalschäden ist folgendes zu beachten:

– Das Glas wird nicht montiert, daher erfolgt die Regulierung ohne Kosten für den Einbau (Gummi und Lohn), das entspricht der AKB, die nur vom Ersatz des Glases spricht (LG München II 21.05.86, r + s 87, 125); dagegen *Johannsen* in *Bruck-Möller-Sieg-Johannsen, Versicherungsvertragsgesetz,* 8. Auflage, Berlin 1985, Anm. J 61.

– Der Glaswert ist anteilig vom Fahrzeugwert zu errechnen, wenn nicht repariert wird. Das gilt auf jeden Fall für Fahrzeuge mit einer Teilkaskoversicherung. Sonst verschöbe sich der Wert zwischen Voll- und Teilkaskoversicherung, der sich im Prämienansatz niederschlägt (AG Nordhorn 01.09.87, ZfS 87, 374).

– Wird das Glas vom Versicherungsnehmer nachträglich zerschlagen, so besteht Vorsatz und damit keine Entschädigungspflicht.

– Probleme ergeben sich, wenn der Preis der neuen Verglasung in der Nähe des Wiederbeschaffungswertes des Wagens oder sogar darüber kommt. Dann würde der Versicherungsnehmer beim Glasschaden, da der Wiederbeschaffungswert des Fahrzeuges die Entschädigungsgrenze bildet, abzüglich der Restwerte des Wracks, eine volle Entschädigung für seinen Wagen bekommen, obwohl auch das Glas selbst abgenutzt war (z. B. durch Splitteinwirkung, Zerkratzen beim Enteisen usw.) und der eigentliche Glaswert nur einen geringen Teil des Fahrzeugwertes (meist ca. 5 %) ausmacht. Man könnte diese Fälle nach folgenden Beispielen abrechnen:

Alter Wagen, Wert DM 300,—, neues Glas kostet DM 1.000,—.

(a) Fahrzeugwert = Grenze der Entschädigung, bis dahin alles zahlen (*Bruck-Möller-Sieg-Johannsen,* a.a.O.).

(b) Scheiben: Abzug neu für alt möglich, Wiederbeschaffungswert des alten Glases ersetzen (Preis der Gebrauchtteile).

(c) Anteil vom Glas am Neuwagen errechnen und diesen Prozentsatz vom Wiederbeschaffungswert nehmen:

Beispiel:

Neupreis DM 35.000,—, davon Glas DM 2.000,— = 5,714 %. Wiederbeschaffungswert des Kraftfahrzeuges DM 550,—, davon 5,714 % = DM 28,57.

(d) Das AG Worms (17.12.87, r + s 88, 34) rechnet das Verhältnis des Fahrzeugneupreises zum Wert der Gegenwart und nimmt vom Neupreis des Glases diesen Prozentsatz als Entschädigung.

Beispiel:

Neupreis des Wagens DM 30.000,—, Wiederbeschaffungswert DM 10.000,— = 33 1/3%, Neupreis der Windschutzscheibe DM 900,—, Entschädigung für die Windschutzscheibe wäre danach 900,— × 0,3333 = DM 300,—.

(e) *Jungs* bringt in VersR 83,7 eine gerechtere Berechnung, die wohl allen Seiten Rechnung trägt:

$$\frac{\text{Kraftfahrzeuge Neu}}{\text{Wiederbeschaffungswert}} = \frac{\text{Ersatz}}{\text{Glas-Wiederbeschaffungswert}}$$

$$\text{Glas-Wiederbeschaffungswert} = \frac{\text{Kraftfahrzeug-Wiederbeschaffungsw. x Ersatzteil/Neupreis}}{\text{Kraftfahrzeug-Neupreis}}$$

(f) Da Glas sich nicht abnutzt, sollte der Glasneupreis bis zum Wiederbeschaffungspreises des Kraftfahrzeugs gezahlt werden (LG Frankfurt 14.01.87, ZfS 87, 117). Diese Entscheidung ist wirklichkeitsfremd. Eher kommt das LG München II (21.05.85, r + s 87, 125) zu einem brauchbaren Ergebnis, wo Abzüge vom Glasneupreis gemacht werden. Dem folgen mehrere Gerichte wie das AG Bad Kreuznach (Urteil vom 16.10.87, ZfS 88, 52 und Urteil vom 16.10.86, r + s 88, 128 sowie AG Augsburg, Urteile vom 2.3.88 r + s 88, 218). Bereits wirtschaftliche Betrachtungen (wie Beitragskalkulation) müßten zu dem Ergebnis führen, daß nur der Wiederbeschaffungswert der Teile ersetzt wird, wenn dies auch für das Fahrzeug vorgesehen ist.

(g) Den Preis der Scheibe auf dem Altteilmarkt gewährt das AG Ahlen im Urteil vom 24.09.87, ZfS 87, 374.

Eine vergleichsweise Regulierung ist bis zu einer Neufassung der AKB angebracht:

— *Johannsen* (siehe oben) geht weit, die zweite Lösung ist zu eng,

— Bezahlung des Wertes des Glases ohne Montage wäre wohl gerecht, Höchstgrenze Fahrzeugwert (siehe auch *Stiefel-Hofmann*, a.a.O., § 13 Rz 24) und in Grenzen *Jungs*, VersR 83, 7.

Der Glasselbstbehalt zu alten Kaskoverträgen gilt nicht bei Entwendungsschäden. **114**

Zum gegenwärtigen Zeitpunkt läßt sich folgende Zusammenfassung der Entscheidungen **115**
und der Literatur geben:

— Für einen Ersatz im wesentlichen in Höhe der Neupreise haben sich ausgesprochen: AG Köln 22.03.73 – 143 C 388/72 und 30.01.87, ZfS 87, 118; LG Frankfurt 14.01.87, Vers.R 87, 878; LG Regensburg 13.10.87, ZfS 88, 148, soweit zum Beispiel kein Gebrauchtteilemarkt besteht (z. B. für Frontscheiben eines Omnibusses).

— Für Abrechnung zum Wiederbeschaffungswert entschieden sich LG Ansbach 27.04.84, ZfS 87, 217; AG Köln 25.02.83, VersR 83, 1022 f.; LG München II 21.05.86, ZfS 87, 150; AG Wiesbaden 08.10.86, VersR 88, 153 f.; AG Aschaffenburg 26.08.87, ZfS 87, 339 f.; AG Nordhorn 01.09.87, ZfS 87, 374 – nicht rechtskräftig –; AG Mannheim 09.10.87, r + s 88, 160; AG Ahlen 24.09.87 – 3 C 133/87; LG Osnabrück 19.11.87, ZfS 88, 148; AG Montabaur 02.12.87 – 5 C 401/87 – nicht rechtskräftig;

AG Worms 17.12.87, r + s 88, 34; AG Mainz 18.12.87 – 10 C 1038, 87 sowie *Stelzer* in Versicherungswirtschaft 65, 756; *Jungs* in VersR 83, 7 ff.; *Theda* in Versicherungsvermittler 12/87, 616.

Alles in allem sollte man konsequent nur den Wiederbeschaffungswert nehmen, denn die AKB gehen allgemein davon aus.

116 Reifenschäden – ausschließliche – werden nicht ersetzt (soweit kein Diebstahl) – § 12 Abs. 3 AKB. Dies ist ein seltener Fall. Regelmäßig liegt Sachbeschädigung vor, daher ist eine Entschädigung aus der Teilkaskoversicherung nicht gegeben.

117 Auch bei einer Vollkasko gibt es keinen Ersatz, wenn nur die Reifen durchstochen werden. Im einzelnen gilt:

– Bei Reifenbrand wird oft das gesamte Fahrzeug oder seine Teile mit in den Brand einbezogen. Dann liegt ein Brandschaden vor.
– Wenn neben den Reifen sonstiges beschädigt war, gibt es auch Ersatz für die Reifen.

Der Sinn der Bestimmung besteht darin, daß chemische Umwandlungen im Reifen und Gefahren des Gummis an sich in Kasko nicht reguliert werden sollen.

5. Vollkaskoversicherung

Die Vollkaskoversicherung ist eine selbständige – von der Teilkasko unabhängige – Versicherung, deshalb stellt auch der Übergang von der Teilkasko- zur Vollkaskoversicherung den Abschluß eines neuen Vertrages dar, für den eine Erstprämie fällig wird. Es ist also nicht so, daß für die Teilkaskorisiken die Versicherung weiterläuft und nur eine zusätzliche Prämie erhoben wird.

118

Kalkulatorisch werden allerdings die Teilkasko-Prämie zugrunde gelegt und Zuschläge für weitere Tatbestände berechnet. Die Prämien sind von den Versicherungsunternehmen frei unter Berücksichtigung statistischer Vorgaben und Unterlagen kalkulierbar.

Es gelten die Bedingungen zum Zeitpunkt des Abschlusses, eventuell also noch die alten Selbstbehalte bei Teilkaskotatbeständen für Verträge, die unverändert spätestens seit dem 31.12.1982 bestehen. Da die Prämie jeweils für ein Jahr kalkuliert und nach jedem Jahr überprüft wird (§ 12b AKB) können sich erhebliche Steigerungen ergeben, die den Versicherungsnehmer im Einzelfall finanziell zu sehr belasten würde. Deshalb hat er in diesen Fällen die Möglichkeit, bei jeder Prämienmehrforderung zu kündigen (§ 12b AKB).

Die Versicherung ist als Dauervertrag (für ein Jahr mit automatischer Verlängerung, sofern nicht gekündigt wurde) üblich, sie kann aber kurzfristig (mindestens für einen Monat) abgeschlossen werden. Wird für ein Kraftfahrzeug, für das eine Teilkaskoversicherung besteht, kurzfristig eine Vollkaskoversicherung eingeschlossen, wäre der Beitrag wie folgt abzurechnen:

– Erstattung der Teilkaskoprämie für diese Zeit,
– Entrichtung der Vollkaskoprämie für die Vertragszeit,
– Wegfall der Teilkaskoversicherung ohne Selbstbehalt (siehe unten),
– Vollkaskoversicherung mit Selbstbehalt (Zeitvertrag wird üblicherweise mit Selbstbehalt verkauft).

Die Vollkaskoversicherung wird angeboten

– ohne Selbstbehalt (auch für Teilkaskoschäden),
– mit Selbstbehalt von DM 300,—,
– mit Selbstbehalt von DM 650,—,
– mit Selbstbehalt von DM 1.000,—,
– mit Selbstbehalt von DM 2.000,—,
– mit Selbstbehalt von DM 5.000,—.

Bei der Vereinbarung eines Selbstbehaltes in der Vollkaskoversicherung gilt – sofern nicht gesondert abbedungen – für Schäden zu Teilkaskotatbeständen ein Selbstbehalt von DM 300,—.

Die Vollkasko- besteht neben der Teilkaskoversicherung. Wird durch ein Ereignis ein Tatbestand sowohl der einen als auch der anderen Versicherung erfüllt, ist jeder Tatbestand gesondert zu prüfen (OLG Hamm 29.11.85, VersR 87, 605 ff.). Wird beispielsweise der Diebstahl eines Kraftfahrzeuges nicht nachgewiesen, liegt aber ein klarer Kollisionsschaden vor, muß die Entschädigung hiernach bezahlt werden. Der Deckungsumfang wird im folgenden dargestellt.

119

5.1 Kollisionsschäden

120 Jeder Kollisionsschaden (Zusammenstoß mit einem anderen Fahrzeug oder anderen Sachen) ist gedeckt, wobei gleichgültig ist, wo sich der Schaden ereignet und wem die andere Sache gehörte. So sind gedeckt Kollision
- auf Privatgelände,
- auf öffentlichen Straßen usw.,
- mit eigenen Fahrzeugen
    (a) zum Beispiel in großen Fuhrparks, wo besondere Regreßversicherung der eigenen Leute zwar möglich, die Regreßnahme aber sehr begrenzt ist und so bei Eigenschäden größere Verluste eintreten können,
    (b) in der Kraftfahrthaftpflichtversicherung ist der Schadenersatz beim Zusammenstoß eigener Fahrzeuge nicht eingeschlossen, da keiner einen Anspruch gegen sich selbst erwirbt und dort nur gesetzliche Haftpflichtansprüche gedeckt sind.

Die Grenze der groben Fahrlässigkeit ist zu beachten, denn Vollkasko soll kein Freibrief für Sorglosigkeit sein. Schäden werden demnach insbesondere nicht übernommen bei
- Vorsatz,
- grober Fahrlässigkeit (§ 61 VVG)
    (a) unsinniges Tempo und unvernünftiges Fahrmanöver, zum Beispiel trotz Warnung falsche Fahrbahn eingehalten, LG Kassel 25.11.86 – 3 O 100/86.
    (b) Überfahren der roten Ampel – regelmäßig –,
    (c) Alkohol ab ca. 1,00‰,
    (d) vgl. auch die Abschnitte 7.2, 7.8.

Schäden durch Ausweichen oder Schleudern infolge von Steuerfehlern sind gedeckt, wenn das Fahrzeug gegen eine Mauer fuhr oder sich überschlug.

Auch die Folgen einer Kollision sind gedeckt, etwa durch
- Aufschlagen auf ein anderes Fahrzeug,
- Blockieren vom Motor usw. infolge Kollision,
- mißlingt dem Versicherungsnehmer der Diebstahlsnachweis, darf er sich später, wenn ein Karambolageschaden vorgelegen hatte, diesen regulieren lassen (BGH 11.01.84, r+s 84, 69 f.).

Hinweise für Sachverständige

- Schäden darstellen und möglichst Fotos beifügen. Auf den Fotos sollte das Kennzeichen des begutachteten Wagens erkennbar sein.
- Vor- und Altschäden sowie Fahrzeugzustand prüfen und im Gutachten schildern, zum Beispiel sehr gepflegtes Garagenfahrzeug oder Roststellen am rechten vorderen Kotflügel.

Hinweise für Schadenbearbeiter
- Unfallablauf prüfen (Zeugen, Polizei, Parallelakte der Kraftfahrthaftpflichtversicherung beiziehen, gegebenfalls anderes Fahrzeug besichtigen lassen),
- Vorunfälle abklären, bei mehreren Schäden jeweils Selbstbehalt berücksichtigen.

5.2 Sachbeschädigung

In der Vollkaskoversicherung sind alle Schäden durch Sachbeschädigung (Beschädigung des Fahrzeuges), insbesondere durch

- spielende Kinder,
- betrunkene Passanten,
- Vandalismus enttäuschter Diebe,
- herabfallende Gegenstände,
- umstürzende Bäume

gedeckt, wobei es nur darauf ankommt, daß das versicherte Fahrzeug durch Dritte (Personen oder Tiere) oder andere Sachen Schäden erleidet. Die Erfüllung des Tatbestandes der Sachbeschädigung (§ 303 StGB) ist nicht erforderlich.

Das Abbrechen von Antennen erfüllt regelmäßig den Tatbestand der Sachbeschädigung. Deshalb sind derartige Schäden in der Teilkaskoversicherung grundsätzlich nicht gedeckt. Etwas anderes gilt nur, wenn das abgebrochene Antennenstück auch entwendet wird.

Die Abgrenzung vom Diebstahl ist zuweilen schwer, wird aber das Türschloß nicht beschädigt und ist auch sonst – abgesehen von Kratzschäden an der Tür – nicht ersichtlich, daß der Täter in den Wagen eindringen wollte, liegt eine Sachbeschädigung vor (AG Köln 21.12.87 – 262 C 596/87). Das ist auch der Fall, wenn beim Diebstahl eines Autoradios die Täter die Fahrzeugsitze zerschlitzen hinsichtlich der Schäden an diesen Sitzen (AG Stuttgart 20.04.88, ZfS 88, 290).

Sachbeschädigung durch Angehörige, auch selbst verursachte Schäden usw. werden ersetzt (Vorsatz und grobe Fahrlässigkeit des Versicherungsnehmers, Repräsentant und dergleichen sind natürlich nicht gedeckt, vgl. Abschnitte 7.2, 7.8).

Ersatz gibt es immer nur für den Fahrzeugzustand, wie er vor dem Schaden war (soweit kein privilegiertes Fahrzeug geschädigt wurde). Wird zum Beispiel ein Wrack demoliert, ergibt sich regelmäßig keine Ersatzleistung (Schrottpresse).

Hinweis für Sachverständige
Vor- und Altschäden beachten und im Gutachten schildern.

6. Ruheversicherung

122 Diese Versicherung ist grundsätzlich für Fahrzeuge gedacht, die nicht genutzt werden. Die Ruhevesicherung ist eine Sonderversicherung.

Wird ein Fahrzeug vorübergehend stillgelegt, mindestens aber für 14 Tage, besteht die Möglichkeit, daß cinc bcitragsfrcic Ruheversicherung beginnt. Voraussetzung dafür sind:
- Das Fahrzeug muß beim Straßenverkehrsamt abgemeldet sein.
- Die Abmeldebescheinigung muß dem Versicherungsunternehmen vorgelegt werden.
- Ein Antrag auf Ruheversicherung muß gestellt werden.

Die laufende Prämie wird bis zur Abmeldung (dem Beginn der Ruheversicherung) pro rata berechnet.

Der Versicherungsschutz bleibt dann beitragsfrei für 12 Monate erhalten in der
- Kraftfahrthaftpflichtversicherung:
für Gebrauch innerhalb des Einstellraumes oder umfriedeten Abstellplatzes sowie Fahrt zur Zulassungsstelle, wenn das Fahrzeug wieder zugelassen werden soll. Die beitragspflichtige Versicherung lebt im Falle der Zulassung, für die Anzeigepflicht besteht, wieder auf (vgl. aber Kapitel 3).
- Fahrzeugversicherung:
zur Weitergeltung – auch bei Vollkaskoversicherung – im Rahmen des § 12 Abs. 1 I und Abs. 2, 3 also Teilkaskoversicherung (vgl. § 5 Abs. 2 AKB und die bei der Kraftfahrthaftpflichtversicherung genannten Verwendungsarten des Fahrzeuges), d. h.
　(a) Teilkasko (Brand, Entwendung, Naturgewalten, Haarwild),
　(b) Glasbruch,
　(c) Kurzschlußschäden an der Verkabelung,
　(d) keine reinen Reifenschäden.

123 Außerdem kann eine Ruheversicherung für ein vorher noch nicht kaskoversichertes Fahrzeug abgeschlossen werden. Dazu bedarf es eines formellen Antrages. Die Prämie für diese Versicherung beträgt 50 % des entsprechenden Teilkaskobetrages (Tarifbestimmung 10 für Fahrzeug- und Unfallversicherung).

124 Läuft die beitragsfreie Ruheversicherung ab, kann eine weitere Ruheversicherung abgeschlossen werden. Hierzu bedarf es eines Antrages. Die Prämie für diese Versicherung beträgt 50 % des Teilkaskobetrages (vgl. Tarifbestimmung 10 für Fahrzeug- und Unfallversicherung).

125 Für Fahrzeuge mit Versicherungskennzeichen und Wohnanhänger ist eine Ruheversicherung in den Tarifbestimmungen nicht vorgesehen.

126 Ein Antrag auf Ruheversicherung muß vorliegen, ehe die Eintrittspflicht des Versicherers gegeben ist. Es reicht aus, wenn der Versicherungsnehmer bei Vorlage der Abmeldebescheinigung oder durch Vorlage der Bescheinigung mündlich oder schriftlich wegen der Ruheversicherung nachfragt und sie damit praktisch beantragt. Nur muß er diese Rückfrage im Streitfall beweisen können. Daher ist es empfehlenswert, den Antrag schriftlich zu stellen.

Eine gesonderte Police wird für die beitragsfreie Versicherung meist nicht ausgestellt. Dokumentiert ein Versicherungsunternehmen die Folgeverträge eines Versicherungsnehmers stets unter der gleichen Versicherungsscheinnummer, kann es vorkommen, daß unter einer Versicherungsnummer eine Reihe von Fahrzeugen versichert sind.

Beispiel:

(a) das zugelassene Fahrzeug des Versicherungsnehmers,
(b) das/die abgemeldete(n) Fahrzeug(e).

Deshalb sollte bei der Deckungsprüfung im Zweifelsfall nicht nur die letzte Police (auf dem Bildschirm gezeigten Vertragsdaten), sondern auch die Historie (alte Bilder) und der Antrag auf Ruheversicherung (Bildschirm/Versicherungsakte) geprüft werden.

Wird das Fahrzeug außerhalb der Garage oder des umfriedeten Einstellplatzes beschädigt **127**
(Ausnahme: nach Entwendung):

- ist dies eine Obliegenheitsverletzung vor dem Versicherungsfall,
- es besteht Leistungsfreiheit,
- das Versicherungsunternehmen kann, um leistungsfrei zu werden, kündigen, wenn
    (a) der Versicherungsnehmer fuhr oder fahren ließ,
    (b) der Ruheversicherungsvertrag noch nicht endgültig abgelaufen war.

Beispiele für entschädigungspflichtige Schäden sind:

- Fahrzeug wird aus Garage gestohlen,
- Fahrzeug brennt mit Garage ab,
- Tiere, spielende Kinder (Pfeile) beschädigen das Glas des Wagens.

Nicht entschädigungspflichtig, auch nicht bei vorangegangener Vollkaskoversicherung, sind:

- Sachbeschädigung,
- Kollisionsschäden bei versehentlichem Abrollen des Fahrzeuges auf die Straße,
- Schäden an dem vor dem Haus abgestellten Fahrzeug (nicht eingezäunter Vorgarten), auch wenn es nur zum Waschen dorthin geschoben wurde.

Will der Versicherungsnehmer trotz Versagung des Versicherungsschutzes wegen Oblie- **128**
genheitsverletzung eine Versicherungsentschädigung, ist die Beweislast umgekehrt:

- Der Versicherungsnehmer muß die Schwarzfahrt beweisen,
- der Versicherungsnehmer muß beweisen, daß ihn keine grobe Fahrlässigkeit trifft (*Stiefel-Hofmann,* a.a.O., § 5 Rz 21),
- Haftung besteht auch für die Repräsentanten (Eheleute sind nicht immer Repräsentanten, vgl. Abschnitte 7.2, 7.8).

Hinweis für Sachverständige

Schadentag und -ort nur dann als gegeben im Gutachten nennen, wenn diese dem Sachverständigen sicher bekannt sind, sonst schreiben: „Nach Mitteilung des ... Schaden am ... in ...".

Hinweise für Schadenbearbeiter
- Voraussetzungen für Ruheversicherung feststellen,
- genauen Schadentag ermitteln,
- gegebenenfalls Sachverhalt prüfen.

7. Grenzen der Leistung / Ausschlüsse

Wenn der Schadenfall innerhalb der Risikobegrenzungen (primäre Risikobegrenzungen) liegt, hat der Versicherungsnehmer grundsätzlich einen Anspruch auf Leistung.

129

Daß ein Schaden eingetreten ist und in den Rahmen der vom Versicherungsunternehmen übernommenen Risiken fällt,

Beispiel:

(a) Diebstahl eines kaskoversicherten PKW
(b) Sachbeschädigung am vollkaskoversicherten PKW

muß der Versicherungsnehmer beweisen. Ihm hilft oft der Anscheinsbeweis. Dieser ist gegeben, *„wenn nach den Erfahrungen des Lebens eine bestimmte Ursache vorliegt und die Geschehnisse in typischer Weise in eine bestimmte Richtung verlaufen, so daß, ohne Wert auf die Einzelheiten legen zu müssen, für das Schadenereignis eine naheliegende Erklärung gegeben ist"* (BGH 29.04.69, VersR 69, 1011 und vom 10.03.70, VersR 70, 441).

Beispiel:

Auto verschlossen abgestellt. Einige Zeit später ist es weg. Daß es gestohlen wurde, liegt nahe.

Weist das Versicherungsunternehmen nach, daß der Schaden ohne weiteres auch anders entstanden sein kann, ist der Anscheinsbeweis erschüttert. Der Anspruchsteller muß dann seinen Vortrag voll beweisen. Die Ausnahme von der Regel bilden die Versicherungsausschlüsse (sekundäre Risikobegrenzungen). Das sind Tatbestände, die in Einzelfällen die Leistungspflicht des Versicherungsunternehmens einschränken oder entfallen lassen. Sie sind meist in § 2 Abs. 3 AKB erfaßt.

Diese Risikobegrenzungen (vgl. Abschnitt 1.4) sind von den Fällen der Leistungsfreiheit zu unterscheiden, wo für ein Verhalten oder Unterlassen des Versicherungsnehmers, das regelmäßig dem Interesse der Versichertengemeinschaft – und damit auch dem des Versicherungsunternehmens – zuwider läuft, ein Nachteil für den Versicherungsnehmer entsteht (vgl. Abschnitt 7.2). Die sekundären Risikobegrenzungen beinhalten Tatbestände, die in der Regel vom Einfuß der Beteiligten unabhängig sind wie

– Aufruhr,
– innere Unruhe,
– Krieg,
– Verfügungen von hoher Hand,
– Erdbeben

oder bei denen ein besonderes Risiko ausgelöst wird wie

– Rennsportveranstaltungen und die Übungsfahrten dazu,
– Kernenergieschäden.

Die Ausschlüsse muß regelmäßig das Versicherungsunternehmen beweisen, soweit sie das von ihm übernommene Risiko einschränken.

Beispiel:

(a) Schaden infolge Kriegseinwirkung,
(b) Schaden infolge grober Fahrlässigkeit des Versicherungsnehmers.

7.1 Versagung der Leistung

130 Will sich das Versicherungsunternehmen auf Leistungsfreiheit berufen, muß es dies dem Versicherungsnehmer schriftlich mitteilen. Die Gründe, die für die Entscheidung sprechen, brauchen nicht angegeben zu werden.

Der Versicherungsnehmer soll wissen, wie er steht und was er zu erwarten hat. Dies ergibt sich aus den beiderseitigen Treuepflichten. Entsprechend ist auch der Einfluß der Aufsichtsbehörde auf die Versicherungsunternehmen.

Der Versicherungsnehmer darf innerhalb der Verjährungsfrist von 2 Jahren, gerechnet vom Ende des Jahres, in dem die Leistung verlangt werden kann, seine ihm angeblich zustehenden Ansprüche einklagen (§ 12 VVG). Will das Versicherungsunternehmen diese Frist abkürzen, muß es dem Versicherungsnehmer in unmißverständlicher Weise schriftlich die Leistungsverweigerung mitteilen und ihn belehren (§ 12 Abs. 3 VVG, § 8 AKB), daß er binnen 6 Monaten nach Erhalt des Ablehnungsschreibens auf Leistung der Entschädigung klagen muß, wenn er nicht seine Ansprüche verlieren will. Die Belehrung kann wie folgt gefaßt werden:

„Wir nehmen an, daß Sie die Berechtigung unserer Entscheidung einsehen. Sollten Sie wider Erwarten dem nicht folgen, müssen Sie binnen 6 Monaten nach Erhalt dieses Schreibens beim ordentlichen Gericht Klage gegen uns erheben. Sonst gehen Sie Ihrer Rechte verlustig (§ 8 AKB)."

Höfliche – zum Beispiel auf einen Ausgleich zielende – Formulierungen darf das Schreiben nicht enthalten, es könnte sonst beim Versicherungsnehmer der Eindruct erweckt werden, es sei alles nicht so ernst gemeint, und er unterläßt deswegen die Klage. Da eine Begründung für die Entscheidung nicht nötig ist (BGH, VersR 61, 651), können später neu bekanntgewordene Versagungsgründe wirksam ins Treffen geführt werden, selbst wenn – wie üblich – das Versagungsschreiben Gründe enthielt. Verhandelt das Versicherungsunternehmen mit dem Versicherungsnehmer während des Laufes der Klagefrist (§ 8 AKB oder § 12 VVG), darf es sich nicht auf den Fristablauf berufen, wenn der Versicherungsnehmer nicht nach endgültiger Zurückweisung seines Vorbringens eine angemessene Überlegungsfristen zur Klageerhebung (ein bis zwei Monate) hatte.

Der Hinweis auf die Klagefrist ist auch nötig, wenn der Versicherungsnehmer glauben konnte, daß die Versagung hinfällig geworden sei (hier: bei Übersendung einer neuen Beitragsrechnung, nach Differenzen über die Berechnung, der neu errechnete Beitrag aber auch nicht bezahlt wurde – OLG Köln 17.09.87, r+s 87, 301 f.).

Die Frist läuft wieder neu ab, wenn das Versicherungsunternehmen bei Bekanntwerden eines neuen Versagungsgrundes oder bei der Ablehnung von Gegendarstellungen des Versicherungsnehmers diesen komplett neu belehrt (siehe oben). Deshalb sollte in einem derartigen Schreiben, wenn vorsorglich auf die Klagefrist hingewiesen werden soll, etwa wie folgt formuliert werden:

„Hinsichtlich der Belehrung über die Rechtswirkungen der Versagung des Versicherungsschutzes verweisen wir auf die Ausführungen in unserem Schreiben vom ... Die dort genannte Frist läuft seit Zugang des vorgenannten Schreibens."

Soll die 6monatige Klagefrist nicht gesetzt werden, muß die entsprechende Belehrung unterbleiben. Das Gericht müßte den Ablauf der Ausschlußfrist prüfen, sofern das Versicherungsunternehmen nicht ausdrücklich darauf verzichtet.

Der Ablauf der Ausschlußfrist stellt übrigens einen selbständigen Grund für die Leistungsverweigerung gegenüber dem Versicherungsnehmer dar, wenn dieser später die Leistungen fordert. Meldet sich das Versicherungsunternehmen – pflichtwidrig – nicht, behält der Versicherungsnehmer seinen Anspruch auf Entschädigung, dem das Versicherungsunternehmen allenfalls die Einrede der Verjährung entgegenhalten kann (vgl. Kapitel 22).

Versagungsschreiben gelten – wie andere eingeschrieben versandten Willenserklärungen des Versicherungsunternehmens – als dem Versicherungsnehmer zugegangen, wenn sie an die letzte dem Versicherungsunternehmen mitgeteilte Adresse gerichtet waren, dort aber wegen einer zwischenzeitlichen Wohnungsänderung nicht zugestellt werden konnten (§ 10 VVG).

Hinweise für Schadenbeareiter

- Adresse bei Rückbriefen nochmals prüfen. Gingen sie wirklich an die letzte angezeigte Adresse des Versicherungsnehmers? Versicherungsakte, Beitragsunterlagen, Schadenakten und sonstige Adreßdateien vergleichen,
- Rückbriefe zu den Akten nehmen (inklusive Briefumschlag, möglichst ungeöffnet).

7.2 Obliegenheiten

Bei der Durchführung des Versicherungsvertrages, insbesondere zur Vermeidung eines Schadens oder zur Begrenzung der Schadenhöhe, hat der Versicherungsnehmer bestimmte Verhaltensnormen zu erfüllen (Obliegenheiten); diese sind teils im Gesetz geregelt (gesetzliche Obliegenheiten, wie Gefahrerhöhung, Anzeige der Veräußerung/des Erwerbs der versicherten Sache) oder in den AKB aufgeführt (vertragliche Obliegenheiten wie Führerscheinklausel, Einhaltung des Verwendungszweckes, Anzeige-, Aufklärungspflicht usw.).

Die Einhaltung der Obliegenheiten durch den Versicherungsnehmer kann seitens des Versicherungsunternehmens nicht erzwungen (eingeklagt) werden. Die Vernachlässigung der

Verhaltensnormen führt auch nicht zu Schadenersatz, wohl aber − soweit Gesetz oder AVB dies vorschreiben − zum Verlust des Versicherungsschutzes (ganz oder teilweise).

Regelmäßig treffen die Obliegenheiten den Versicherungsnehmer. Sind mehrere Personen in bezug auf ein Risiko in einem Vertrag versichert, (nicht rechtsfähige Vereine usw.), ist jeder der Versicherten verpflichtet, die in den Obliegenheiten aufgestellten Regeln zu beachten.

132 Der oder die Versicherungsnehmer müssen sich das Tun oder Unterlassen der anderen Versicherten oder ihrer gesetzlichen sowie satzungsgemäßen Vertreter zurechnen lassen.

Beispiel:

(a) minderjährige Kinder = Verhalten der Eltern,
(b) Aktiengesellschaften = Verhalten ihrer Vorstandsmitglieder.

Dasselbe gilt für das Verhalten der gewillkürten Vertreter (Bevollmächtigte, Prokuristen usw.). Dem Versicherungsnehmer muß auch das Wissen seiner Vertreter zugerechnet werden. Darüber hinaus belastet ihn − besonders bei größeren Unternehmen − auch das Wissen seiner Mitarbeiter, die in nicht ganz untergeordneter Stellung damit beauftragt sind, Tatsachen zur Kenntnis zu nehmen (vgl. *Bauer, Die Kraftfahrtversicherung*, 2. Auflage, München 1983, Textziffer 150 ff. mit dortigen Zitaten) und diese weiterzumelden oder entsprechendes zu veranlassen haben (Wissensvertreter). Der Repräsentant muß aber maßgeblich die Haltung und Wartung des Fahrzeuges übernommen haben.

Beispiel:

Bezirksleiter übernimmt durch Vertrag die Aufgabe, die Rechte und Pflichten des Halters wahrzunehmen (OLG Saarbrücken 10.07.87, ZfS 87, 278).

In der Literatur werden als Beispiele für die Repräsentanz genannt:

Prokuristen, Filialleiter, Gutsinspektoren, Verwalter, Geschäftsführer, Handelsvertreter für ihre Firmenkraftfahrzeuge, Brüder, die ein Kraftfahrzeug gemeinsam benutzen.

Nicht als Repräsentanten werden angesehen:

Ehegatten und Kinder, die ein Fahrzeug mitbenutzen, Ehegatten als Angestellte des anderen, Fahrer, Hofmeister (diese sind eventuell Wissensvertreter), Ladenangestellte.

Ist dagegen eine Ehefrau damit betraut, dauerhaft anstelle des Versicherungsnehmers das Fahrzeug zu sichern und zu betreuen, muß sie als Repräsentantin betrachtet werden (LG Berlin 11.12.80, ZfS 81, 155).

Die bloße Genehmigung zur Benutzung einer versicherten Sache reicht aber nicht aus, um die Repräsentanteneigenschaft zum Beispiel bei Familienangehörigen anzunehmen. Es muß vielmehr die Verpflichtung hinzutreten, für den Versicherungsnehmer im nicht unbedeutenden Umfang zu handeln. Der Repräsentant ist damit nicht der Benutzer eines Kraftfahrzeugs, selbst, wenn er anteilig Betriebskosten mit dem Haushaltsgeld zahlt, sondern der, der auch für den Versicherungsnehmer Rechte und Pflichten wahrnimmt, also die Sache in Obhut hat (LG Kleve 08.11.87, r+s 88, 129 mit zahlreichen weiteren Entscheidungshinweisen).

Die Repräsentanteneigenschaft für Schäden eines abgestellten Fahrzeuges braucht nicht beachtet zu werden, wenn der Repräsentant nur das Fahrzeug fuhr (OLG Karlsruhe 02.04.87, r + s 87, 153 f.).

Die Folgen des Verstoßes gegen die Obliegenheiten sind im Gesetz geregelt (§§ 6, 23 VVG oder in den AKB festgelegt §§ 2, 7 AKB). Faustregeln sind: 133

– Obliegenheiten, die vor dem Versicherungsfall zu erfüllen sind = Verlust des Versicherungsschutzes bei jeder Fahrlässigkeit (Kündigung beachten),
– Obliegenheiten, die nach dem Versicherungsfall zu erfüllen sind = voller Verlust des Versicherungsschutzes nur bei Vorsatz; bei grober Fahrlässigkeit nur, soweit dadurch höhere Aufwendungen entstehen.

Es muß jedoch berücksichtigt werden, daß ein Versicherungsnehmer, der andere mit irgendwelchen Arbeiten (Abholen des Wagens von der Werkstatt – LG Saarbrücken 14.04.87, ZfS 87, 310) betraut, für deren Fehler einstehen muß. Er kann nicht besser gestellt werden als der, der selbst handelt.

Da der Versicherungsnehmer das Versicherungsunternehmen nicht dadurch schlechter 134
stellen darf, daß er die versicherte Sache in die Obhut anderer gibt, muß er für den haften, der sie verwaltet (so BGH, NJW 69, 1388). Das ist auf jeden Fall gegeben, wenn der Versicherungsnehmer das Fahrzeug für mehr als 3 Monate an einen anderen zum Gebrauch gegeben hat (AG Frankfurt 03.01.85, r + s 88, 66 f.). Das sind beispielsweise Hofmeister, Fahrbereitschaftsleiter, Schichtleiter, kaufmännische Angestellte, die bestimmte Verträge aushandeln und überwachen müssen; nicht aber normale Kraftfahrer oder Hofarbeiter.

Das Wissen der oben genannten Vertreter muß sich der Versicherungsnehmer auch zurechnen lassen, wenn er oder seine gesetzlichen Vertreter die belastenden Tatbestände nicht kannten (OLG Hamm, r + s 87, 32 und 35 f.).

Beispiel:

(a) Der Kraftfahrer meldet dem Einsatzleiter, daß die Bremsen seines Lastkraftwagens schadhaft sind.
Der Einsatzleiter hatte die Weitermeldung dieser Mitteilung und die Anordnung der Reparatur versäumt, den Lastkraftwagen aber weiter eingesetzt. Später kam es zum Schaden, weil das Kraftfahrzeug nicht richtig gebremst werden konnte.
(b) Der im Geschäft des Sohnes tätige Vater wickelt für seinen Sohn einen Schadenfall allein mit dem Versicherungsunternehmen ab und korrespondiert längere Zeit unter stillschweigender Billigung des Sohnes mit ihm. Dabei behauptet er Falsches. Die falschen Angaben des Vaters gehen auch zu Lasten des Sohnes.

War ein Angestellter damit betraut, Meldungen, Anzeigen oder Auskünfte an das Versicherungsunternehmen weiterzuleiten (Wissenserklärungsvertreter), belasten den Versicherungsnehmer alle Verstöße dieses Mitarbeiters.

Beispiel:

Der Fahrdienstleister eines Unternehmens hat unter anderem Kraftfahrzeug-Schadenfälle dem Versicherungsunternehmen anzuzeigen und die Formulare für die Schadenmeldung auszufüllen sowie weiterzuleiten. Er verschweigt in einem Fall, daß bei der Fahrt ein Verstoß gegen die Verwendungsklausel vorlag (Einsatz im Fernverkehr statt Nahverkehr). Die falsche Angabe belastete den persönlich unbeteiligten Versicherungsnehmer.

Betraut der Versicherungsnehmer eine Person, an seiner Stelle die notwendige Betreuung der versicherten Sache vorzunehmen und in gewissen Grenzen wie der Versicherungsnehmer zu handeln, wirkt die Tätigkeit dieser Person (Repräsentant) für und gegen den Versicherungsnehmer. Einer rechtsgeschäftlichen Vertetungsbefugnis bedarf es hierzu nicht (BGH, VersR 71, 538 ff. und 69, 1086 ff.).

135 Die Beschreibung der Obliegenheiten wird oft mit den Worten „der Versicherer wird von der Leistung frei" eingeleitet. Das schließt aber die Leistung nicht automatisch aus. Der Versicherer braucht sich auf sie nicht zu berufen.

Manche Obliegenheiten sind als Versicherungsausschlüsse formuliert („Versicherungsschutz wird nicht gewährt, wenn ..."). In Wirklichkeit wird hier eine Handlung des Versicherungsnehmers „bestraft". Es handelt sich um verhülte Obliegenheiten. Ihre Formulierung ändert nichts an der rechtlichen Zuordnung.

7.3 Gesetzliche Obliegenheiten

136 Das VVG schreibt in den §§ 23 ff. vor, daß der Versicherer nur im Rahmen der vertraglich übernommenen Gefahr einzustehen hat. Das heißt für die Kraftfahrtversicherung, daß er nur für die von einem verkehrssicheren, TÜV-abgenommenen Kraftfahrzeug ausgehenden Gefahren einzutreten hat.

Ändert sich der Zustand,
- muß der Versicherungsnehmer das dem Versicherungsunternehmen unverzüglich anzeigen (§ 23 Abs. 2 VVG),
- darf das Versicherungsunternehmen den Vertrag kündigen,
    (a) mit Monatsfrist, wenn der Versicherungsnehmer die Gefahrerhöhung nicht verschuldete,
    (b) fristlos bei durch Versicherungsnehmer verschuldeter Gefahrerhöhung.

Kündigt das Versicherungsunternehmen nicht innerhalb eines Monats nach Kenntnis der Gefahrerhöhung, gilt das erhöhte Risiko als gebilligt. Das Kündigungsrecht erlischt (§ 24 Abs. 2 VVG).

Das Versicherungsunternehmen ist von der Leistung frei, wenn
- der Versicherungsnehmer oder sein Repräsentant die Gefahrerhöhung verschuldete (d.h. mindestens fahrlässig die Gefahrerhöhung duldete oder herbeiführte. Fahrlässigkeit ist das Außerachtlassen der im Verkehr erforderlichen Sorgfalt, § 276 BGB): Die Rechtsprechung verlangt vom Versicherungsunternehmen oft den Beweis der Schuld des Versicherungsnehmers,
- der Versicherungsnehmer die Gefahrerhöhung nicht fristgemäß gemeldet hat und der Schaden dann eintrat.

Das Versicherungsunternehmen muß die Kenntnis des Versicherungsnehmers vom Zustand des Fahrzeuges beweisen; da dies sehr schwer ist, helfen meist Indizien. Sie müssen aber zum Nachweis dahingehend ausreichen, daß sich der Versicherungsnehmer mindestens arglistig der Kenntnis von der Gefahrerhöhung verschloß (BGH 22.01.71, VersR 71, 407 ff.).

Beispiel:

Die Reifen des Fahrzeuges wiesen keine Profile mehr auf. Das kam nicht plötzlich. Der Versicherungsnehmer kannte das Datum der Neuanschaffung (Montage) der Reifen. Wenn er nicht auf die Profile achtete, wollte er wohl deren Zustand nicht zur Kenntnis nehmen.

Die Leistungspflicht des Versicherungsunternehmens bleibt bestehen, wenn

— der Schaden nicht durch den gefahrerhöhenden Zustand verursacht wurde und der Versicherungsnehmer dies beweist,

Beispiel:

(a) Abgefahrene Reifen bei Regen am Fahrzeug des Versicherungsnehmers, Dritter fuhr auf.
(b) Der Einfluß der Gefahrerhöhung auf die Entstehung des Schadens muß durch einen Vergleich vom Geschehnisablauf unter dem gefährlichen mit dem, der noch unter den Schutzbereich fällt, verglichen werden (LG Kleve 17.12.85, r + s 87, 303 f.).

— die Gefahrerhöhung geringfügig ist (§ 29 VVG).

Beispiel:

Scheinwerferspiegel leicht angelaufen.

Beispiele für die Gefahrerhöhung sind:

— Reifen mit weniger als 1 mm Profil und nasse Straße,
— nicht zugelassene Fahrwerks- oder Aggregateveränderungen,
— nicht funktionstüchtige Bremsen,
— unterschiedliche Reifenarten am Fahrzeug (teils Sommer-, teils Winterreifen stellen keine Gefahrerhöhung dar, da beide Reifensorten zugelassen sind. Auf jeden Fall fehlt die Kenntnis vom gefahrerhöhenden Zustand beim Versicherungsnehmer, OLG Nürnberg 15.01.87, ZfS 87, 180).

Die Gefahrerhöhung darf nicht nur vorübergehend sein.

Beispiel:

Im PKW sitzt für 5 km eine Person mehr als zugelassen.

Sie muß eine gewisse Dauer haben (zum Beispiel wenn längere Fahrt ohne Bremsen vom Unfallort nach Hause beabsichtigt ist, um dort erst nach einigen Tagen die Reparaturen durchzuführen).

So ist nicht zu beanstanden, daß der Versicherungsnehmer mit einem abgefahrenen Ersatzreifen nur eine kürzere Strecke (zum Beispiel zur nächsten Werkstatt oder nach Hause) fährt (OLG Hamm 12.02.88, r + s 88, 156).

> **Hinweis für Schadenbearbeiter**
> - Schadenanzeige genau auf Mängelangaben durchsehen,
> - Verkehrssicherheit des Fahrzeuges in den Unterlagen prüfen,
> - bei Zweifeln über Mängel Instandsetzung binnen der Monatsfrist von Kenntnis des Versicherungsunternehmens an gerechnet fordern, gegebenenfalls Vertrag kündigen,
> - bei Schweigen des Sachverständigen auf Nachfragen oder Angaben zum Fahrzeugzustand: Sicherheit aufklären,
> - im Gutachten Zustand der Reifen, Profiltiefe, Bremsen usw. nachsehen,
> - in Zweifelsfällen Fahrzeugzustand überprüfen lassen.

7.4 Vorvertragliche Anzeigepflicht

140 Da ein Versicherer nicht jeden Vertrag annehmen kann, wenn er die Risiken im Griff behalten will, muß er sich von seinem zukünftigen Versicherungsnehmer Informationen über die bisherige Entwicklung der im Vertrag zu übernehmenden Gefahren Kenntnisse verschaffen. Da eine Überprüfung der Angaben nur in seltenen Fällen möglich ist (zum Beispiel ärztliche Untersuchungen bei Lebensversicherungen) hat der Gesetzgeber Regelungen geschaffen, die – auch im Interesse der Gesamtheit der Versicherten – gegebenenfalls einen Vertragsrücktritt des Versicherungsunternehmens ermöglichen (§§ 16 ff. VVG). Die Regelungen beziehen sich auf fehlerhafte Angaben des Versicherungsnehmers im Rahmen seiner vorvertraglichen Anzeigepflicht, also in der Kraftfahrversicherung werden beispielsweise die Beitragsstaffel, die Vorunfälle, der Wohnort oder die Fahrzeugstücke falsch angegeben.

Grundsätzlich darf das Versicherungsunternehmen den Vertrag anfechten, wenn die vorvertragliche Anzeigepflicht verletzt ist. Damit würde der Versicherungsvertrag von Anfang an unwirksam, denn das Versicherungsunternehmen wurde bei Abschluß des Vertrages getäuscht (§§ 16, 17, 21 VVG). Das typische Beispiel wäre ein Verschweigen von zahlreichen – bereits vom Vorversicherer regulierten – Schäden (vgl. LG Duisburg, 10.12.86, r + s 87, 181 f.; LG München I 15.07.87, ZfS 88, 182), das in der Angabe einer falschen Schadenfreiheitsrabatt-Klasse gesehen werden könnte. Das Versicherungsunternehmen muß binnen Monatsfrist (§ 20 VVG) den Vertrag anfechten. Geschieht dies nicht, gilt das als Billigung der falschen Angaben und der Vertrag hat uneingeschränkt Gültigkeit (vgl. OLG Hamm 27.05.87, r + s 87, 211).

Praktisch ist in all diesen oben genannten Fällen in der Kaskoversicherung – unabhängig von der Regelung in §§ 16 ff. VVG – ein Grund für die Leistungsfreiheit vorhanden.

141 Die Kenntnis des Vermittlungsagenten (§§ 43, 44 VVG) von falschen Angaben des Versicherungsnehmers im Antrag auf Abschluß eines Versicherungsvertrages, selbst bei anzeigepflichtigen Daten, steht der des Versicherers nicht gleich (OLG Hamm 27.11.87, r + s 88, 32 f.). Das Versicherungsunternehmen muß sich also nicht so behandeln lassen, als hätte

es Bescheid gewußt. Hat der Versicherungsnehmer beim Ausfüllen des Antrages falsche Angaben gemacht und in einem späteren Stadium der Bearbeitung seiner Sache einem Agenten die Wahrheit erzählt, darf er sich nicht darauf verlassen, daß dieser den falschen Antrag korrigieren wird. Er muß vielmehr sicherstellen, daß das Versicherungsunternehmen die richtigen Daten erfährt (OLG Hamm 27.11.87, r+s 88, 32 f.). Am besten teilt er die Korrekturen dem Versicherer schriftlich mit.

Es sei darauf hingewiesen, daß im Kraftfahrtversicherungs-Antrag nicht allzu viele Angaben zur Risikoprüfung gemacht werden müssen. Im allgemeinen wird nur nach dem Fahrzeug, seiner Eingruppierung in Tarif- und Rabattklasse sowie nach den Personalien des Versicherungsnehmers gefragt. Es ist selten üblich, den Kaskovertrag aufzuheben, allerdings besteht regelmäßig für inzwischen eingetretene Schäden Leistungsfreiheit.

Gemäß Tarifbestimmung Nr. 20 Ziff. 2 der Kraftfahrthaftpflichtversicherung wird dort der Rücktritt des Versicherungsunternehmens vom Vertrag ausgeschlossen. Der pflichtwidrig handelnde Versicherungsnehmer muß nur Vertragsstrafe zahlen.

7.5 Obliegenheitsverletzung vor dem Versicherungsfall

Der Versicherungsnehmer darf nicht das Gefühl haben, im Schutze einer Versicherung brauche er sich um nichts zu kümmern. Das würde das Risiko und damit den Schadenaufwand zu Lasten der sachgerecht Handelnden erhöhen. Letztere müßten dann den Schaden der Unachtsamen und Leichtfertigen mitbezahlen. Deshalb enthalten sowohl das VVG als auch die Versicherungsbedingungen Verhaltensnormen für ihre Versicherungsnehmer (Obliegenheiten), die die Gefahr des Schadeneintritt oder der Schadenhöhe mindern sollen.

Diese sind im wesentlichen in den §§ 69, 71 VVG und §§ 2, 5, 7 AKB zu finden. Die Rechtsfolgen für die Verletzung der Normen bietet § 6 VVG.

Beruft sich der Versicherer auf das Vorliegen einer derartigen Obliegenheitsverletzung, so muß er den Sachverhalt, auf den er seine Entscheidung stützt, beweisen. So berücksichtigte der BGH (12.11.87, ZfS 88, 84) im Falle des Fehlens einer Fahrerlaubnis, ob der Fahrer die Erlaubnis hatte, den Wagen zu fahren oder nur zu bewachen oder in ihm zu sitzen.

Es ist hier, wie auch allgemein im Zivilprozeß die Beweislast derart verteilt, daß der, der sich auf einen Sachverhalt beruft, ihn beweisen muß, wenn er damit seinen Anspruch (zum Beispiel auf Verweigerung des Versicherungsschutzes) begründen will.

Bei den Obliegenheiten, die vor dem Versicherungsfall zu erfüllen sind, handelt es sich im wesentlichen um folgende Tatbestände:
- **Anzeigepflicht bei Veräußerung,** §§ 69, 71 VVG: Der Versicherungsnehmer – der alte wie auch der neue – haben unverzüglich dem Versicherungsunternehmen Mitteilung über die Veräußerung/den Erwerb der versicherten Sache zu machen. Zwar geht mit dem Eigentumswechsel (im allgemeinen Besitzwechsel genannt) die Versicherung auf den Erwerber über. Das Versicherungsunternehmen muß sich nun nicht jeden als Versicherungsnehmer andienen lassen. Es kann, wenn der neue Versicherungsnehmer ihm

nicht paßt, mit Monatsfrist kündigen. Wird ihm nun binnen der Frist von einem Monat nach der Veräußerung der „Besitzwechsel" nicht mitgeteilt, ist das Versicherungsunternehmen von der Leistung frei, wenn dann ein Schadenfall eintritt.

Für Schäden, die vor diesem Zeitraum liegen, ist das Versicherungsunternehmen voll eintrittspflichtig.

Behauptet aber der alte oder der neue Versicherungsnehmer, er habe seinem Versicherer den „Besitzwechsel" angezeigt, so ist dies ein Vortrag, der etwaige Rechte des Versicherungsunternehmens auf Versagung des Versicherungsschutzes zum Erliegen bringt. Dies muß nun der beweisen, der sich darauf beruft. Das wäre der Versicherungsnehmer. Er hat ja auch den Vorteil, wenn sein Vortrag Gehör findet.

Auf die Einhaltung dieser Obliegenheit haben die Versicherer bei Fahrzeugen mit Versicherungskennzeichen praktisch verzichtet. Sie haben sich in der Geschäftsplanerklärung von 1969 dem BAV gegenüber verpflichtet, dem Erwerber einen neuen Versicherungsschein auszustellen, wenn der Eigentumswechsel – irgendwann – angezeigt wird.

144 — **Verwendungsklausel:** Ein Verlust des Versicherungsschutzes kann eintreten, wenn das Fahrzeug zu anderen als im Antrag angegebenen Zwecken eingesetzt wird.

Beispiele:
(a) Ein Personenkraftwagen zur Eigenverwendung wird als Taxis oder Mietwagen verwendet,
(b) ein Lastkraftwagen, zugelassen für den Güternahverkehr, fährt im Fernverkehr.

Bei einer Vermietung an Dritte kommt es wesentlich darauf an, daß dies gewerbsmäßig geschehen ist. Dabei ist nicht die Zahl der Vermietungsfälle sondern, daß dies geschah, um auf eine gewisse Dauer Gewinn zu erzielen (OLG Hamm 11.03.88 – 20 U 199/87) wesentlich.

145 — Schwarzfahrer genießen in der Kaskovesicherung keinen Versicherungsschutz, der Versicherungsnehmer ist aber abgesichert, sofern er ordnungsgemäß handelte.

146 — **Vorliegen der Fahrerlaubnis:** Auf öffentlichen Straßen ist die Fahrerlaubnis erforderlich. Der Versicherungsnehmer hat insoweit die Verantwortung und Prüfpflicht, ob der Fahrer eine entsprechende Fahrerlaubnis besitzt. Außerhalb öffentlicher Bereiche ist kein Führerschein notwendig. Aber in Kasko kann regelmäßig grobe Fahrlässigkeit vorliegen, wenn ein ungeübter/nicht geprüfter Fahrer das Fahrzeug überlassen erhält. Die Prüfung des Vorhandenseins eines Führerscheins im Einzelfall kann beispielsweise entfallen, wenn der Versicherungsnehmer mit dem – derzeit führerscheinlosen – Fahrer 22 Jahre zusammenlebte und wußte, daß dieser 10 Jahre ein Auto besaß und nutzte (OLG Karlsruhe 02.04.87, r + s 87, 153 f.).

Fällt ein Versicherungsnehmer auf eine nicht leicht erkennbare Fälschung des Führerscheins herein, behält er seinen Anspruch gegen die Versicherung (OLG Karlsruhe 16.07.86, r + s 87, 302 f.). Die AKB stellen darauf ab, daß der Fahrer eine Fahrerlaubnis besitzen muß. Die Frage des Führerscheins ist nur sekundär. Hat also der Fahrer seinen Führerschein bei der Fahrt vergessen, ändert das nichts daran, daß er den Wagen oder das Krad fahren durfte.

Auch das Fahrverbot gemäß § 44 StGB oder § 25 StVO ändert nichts an dieser Sachlage, denn in diesen Fällen des Fahrverbots besteht die Fahrerlaubnis fort und der Fahrer hätte die behördliche Genehmigung zum Führen des Kraftfahrzeuges (BGH 11.02.87, DAR 87, 223).

Bei Veränderungen am Mofa (Möglichkeit schneller zu fahren), muß bei der Benutzung dieses Fahrzeuges die Fahrerlaubnis für schwere Fahrzeuge vorliegen, um einen Verstoß gegen die Obliegenheiten der Führerscheinklausel zu vermeiden (AG Heidenheim 07.08.87, ZfS 88, 287).

Wurde die Fahrerlaubnis unter einer Auflage (zum Beispiel Tragen einer Sehhilfe) erteilt, und die Auflage war im Schadenfall nicht erfüllt (zum Beispiel: Brille vergessen), liegt eine ordnungsgemäße Fahrerlaubnis vor. Die Frage, ob der Versicherungsnehmer nicht grob fahrlässig handelte, als er ohne Brille fuhr, soll hier als prüfenswert angesprochen werden. **147**

Anders ist die Sachlage zu beurteilen, wenn die Fahrerlaubnis nur unter bestimmten Bedingungen erteilt wurde (zum Beispiel bei Behinderten, die Sonderausstattungen im Fahrzeug haben müssen). Wurden hier die Bedingungen nicht erfüllt, ist keine gültige Fahrerlaubnis gegeben.

Die Auflage ist meist wie folgt im Führerschein vermerkt: „Es ist eine Sehhilfe zu tragen." Die Bedingung wird so formuliert: „Beschränkt auf Kraftfahrzeuge mit ..."

Besitzt ein Behinderter eine unbeschränkte Fahrerlaubnis, obwohl er ein gewöhnliches Kraftfahrzeug nicht oder nicht sicher fahren kann, so hat er zwar die erforderliche behördliche Genehmigung zur Führung des Fahrzeuges. Es muß aber geprüft werden, ob er nicht grob fahrlässig handelt, wenn er ohne Sondereinbauten fährt oder ob der Versicherungsnehmer beim Überlassen seines Wagens an einen Behinderten mit voll gültiger Fahrerlaubnis nicht hätte erkennen müssen, daß dieser einen normalen „Serienwagen" nicht ohne weiteres fahren kann.

Fahrer, Halter und Eigentümer sind nach den AKB verpflichtet, eine Fahrt durch Führerscheinlose zu verhindern (BGH 17.11.87, r+s 88, 33 f.).

Besonderheiten bei der Ruheversicherung: Im Rahmen der Ruheversicherung ist nur eine Verwendung des Fahrzeuges innerhalb des umfriedeten Abstellplatzes zugelassen (vgl. Kapitel 6). Wird das Fahrzeug außerhalb verwendet, verstößt der Versicherungsnehmer gegen seine Obliegenheiten. Es sei denn, das Fahrzeug wurde ohne seine Erlaubnis und sein Wissen eingesetzt (Schwarzfahrt, Diebstahl) oder zur Wiederzulassung gefahren. **148**

7.6 Vertragliche Obliegenheiten nach dem Versicherungsfall

Zur Begrenzung des Schadenaufwandes hat der Versicherungsnehmer bei und nach einem Schadenfall bestimmte Verpflichtungen zu erfüllen, das sind im wesentlichen die **149**

- Anzeigepflicht beim Versicherungsunternehmen (nur Mitteilung vom Unfall, um Belehrungen, Weisungen einzuholen);

Frist: 1 Woche; wird der Schaden später gemeldet, sinkt die Chance der Aufklärung des Sachverhaltes und der Regreßmöglichkeiten. Das Versäumen der Meldung gibt dem Versicherungsunternehmen das Recht zur Leistungsverweigerung, wenn durch die Säumnis die Besichtigung des Unfallfahrzeuges unmöglich wurde (LG Amberg 04.02.88, ZfS 88, 149).

— Unverzügliche Anzeigepflicht bei Dritten:
    (a) Entwendung über DM 300,— Schaden (Anzeige bei Polizei),
    (b) Wildschaden über DM 300,— (Anzeige bei Polizei, Jagdpächter usw.),
    (c) Brandschaden über DM 300,— (Anzeige bei Polizei);

150 — Aufklärungspflicht (feststellungsbereite Personen in zumutbarem Rahmen suchen und an der Unfallstelle auf diese oder die Polizei warten; Unfallflucht stellt auch in der Kaskoversicherung eine das Versicherungsunternehmen von der Leistung befreiende Obliegenheitsverletzung dar — BGH 15.04.87, r + s 87, 214).

Eine Anzeige bei der Polizei ist gegebenenfalls notwendig. Allerdings muß der Versicherungsnehmer nicht unbegrenzt (mehr als 30 Minuten) nachts auf feststellungsbereite Personen warten (LG Kreuznach 09.05.86, r + s 87, 64 f.). Allerdings reicht es zur Erfüllung der Obliegenheiten nicht aus, nur die Unterrichtung von Polizei und Feuerwehr zu veranlassen und dann die Unfallstelle zu verlassen. Der Versicherungsnehmer muß schon selbst zur Unfallaufnahme und zur Feststellung der Personalien der Beteiligten beitragen (LG Trier 02.04.87, ZfS 88, 183).

Der Versicherungsnehmer ist nicht immer verpflichtet, sich einer Blutprobe zu unterziehen. Er darf sich aber bei einem Unfall mit erheblichem Schaden nicht von der Unfallstelle entfernen und muß gegebenenfalls die Blutprobe abwarten. Er verliert sonst den Versicherungsschutz (OLG Koblenz 30.10.86, ZfS 87, 311).

151 Auch in der Kaskoversicherung wird das Aufklärungsinteresse des Versicherungsunternehmens beeinträchtigt, wenn der Versicherungsnehmer Alkohol nach dem Unfall zu sich nimmt und dadurch die zu erwartenden polizeilichen Aufklärungsmaßnahmen beeinträchtigt (Nachtrunk) — OLG Köln 19.12.85, VersR 87, 777.

Eine Beantwortung der Fragen des Versicherers (auch peinliche) ist nötig. Es müssen geforderte Anschaffungsbelege vorgelegt werden (zum Beispiel für Radios, LG Mannheim 30.06.86, ZfS 86, 375).

Wird ein falscher Kaufpreis des Fahrzeuges angegeben, führt das zur Leistungsfreiheit des Versicherungsunternehmens, sofern durch die vorgespiegelten Kaufpreise ein höherer Fahrzeugwert vorgetäuscht werden soll (LG Mannheim 13.10.87, ZfS 88, 116; LG Aachen 28.04.88 — 90 139/88 und AG Bonn 11.02.87, ZfS 88, 116).

Vorsätzlich falsche Angaben bei der Schadenmeldung oder auf Anfrage führen zur Leistungsfreiheit des Versicherungsunternehmens (LG Aschaffenburg 18.04.86, r + s 87, 127 f.). Das gilt auch für Angaben über Vorunfälle, Anzahl der Vorbesitzer und zum Kaufpreis (OLG Hamm 07.05.86, r + s 87, 218 f.), zum Radio (AG Gelsenkirchen-Buer 11.3.87, ZfS 87, 340) oder zum Wert der Sonderausstattung (LG Augsburg 27.08.86, ZfS 87, 340). Dasselbe gilt für die Vorlage falscher Belege zur Erlangung einer höheren Entschädigung (gefälschte Kaufrechnung für Ersatzfahrzeug): OLG Frankfurt 03.07.85, VersR 87, 176 f.

Die Auskunftspflicht (§ 34 VVG) zwingt den Versicherungsnehmer, dem Versicherer alle Auskünfte – wahrheitsgemäß – zu geben, die zur Feststellung des Versicherungsfalles und zum Schadenumfang notwendig sind. Er muß also insbesondere Auskünfte zum Schadenhergang, der Person des Fahrers, über die Alkoholkonzentration im Blut des Fahrers, Führerscheinfragen, Straf- und Verwaltungsverfahren u. ä. m. geben.

Die Meinung, wenn der Sachverhalt des Unfallherganges klar sei, bedürfe es des Alkoholtests nicht und der Versicherungsnehmer dürfe sich ihm, ohne versicherungsrechtliche Folgen auszulösen, entziehen, teilt das LG Stuttgart (07.04.88 – 24 O 62/88) nicht. Es meint übrigens, daß zur Aufklärung des Gesamtgeschehens auch der Blutalkoholgehalt des Versicherungsnehmers gehöre, aus dem sich dann entscheidende Wertungen für den Geschehnisablauf ergeben könnten.

Rechnungen oder sonstige Belege (Anschaffungsrechnung, Fahrzeugbrief, Zulassung, Betriebserlaubnisse auch für Sondereinbauten) müssen vorgelegt werden, soweit die Forderung des Versicherers im üblichen – mit normalen Mitteln erfüllbaren – Rahmen bleibt.

Gibt der Versicherungsnehmer an, es handele sich um ein neues Fahrzeug (Krad), das aus einem Bausatz unter Verwendung von „Originalteilen" aufgebaut worden sei, erweckt der Versicherungsnehmer mindestens den Eindruck, es handele sich um ein fabrikneues Krad und täuscht das Versicherungsunternehmen, wenn er einen „generalüberholten" Motor aus einem Unfallfahrzeug verwendete (LG Stuttgart 29.02.88, ZfS 88, 184).

Liegt es nahe, daß der Versicherungsnehmer falsche Angaben zur Verwahrung der Fahrzeugschlüssel machte, um die Schadenregulierung zu vereinfachen (zum Beispiel an das Versicherungsunternehmen, die Schlüssel seien in der Wohnung des Versicherungsnehmers gewesen, während sie tatsächlich im Auto lagen, wobei streitig bleibt, ob sie im unverschlossenen Handschuhfach lagen), liegt eine falsche Information für das Versicherungsunternehmen vor, das damit leistungsfrei wird (OLG Düsseldorf 13.10.87, r + s 88, 70).

Die Leistungsfreiheit ist auch bei falschen Angaben des Versicherungsnehmers zu einem Aufenthalt zum Zeitpunkt des Diebstahls seines Fahrzeuge und zur Art und Weise des Heimwegs ohne Auto gegeben (OLG Hamm 18.09.87, r + s 87, 335 f.), ebenso

— beim Verschweigen von Vorschäden (OLG Hamm 20.11.86, VersR 87, 58; LG Bayreuth 28.03.88 – 2 O 633/87),

— beim Verschweigen der Wiederauffindung des ausgebrannten – als gestohlen gemeldeten – Personenkraftwagens (OLG Hamm 28.11.86, VersR 87, 581),

— bei widersprüchlichen Angaben über die Beschaffung eines wertvollen Stereoturmes samt Lautsprechern (AG Ratzeburg 03.05.88 – 2 C 410/87),

— bei falschen Angaben zum km-Stand (zum Beispiel 110.000 statt 161.158): Verletzung der Interessen des Versicherungsunternehmens (OLG Köln 17.12.87, ZfS 88, 183; LG München I 05.12.85, VersR 87, 278; LG Krefeld 28.04.83, LG Köln 17.04.85, 29.05.85 und 09.04.86, LG Hanau 13.11.85, LG München I 17.07.86, LG Krefeld 24.07.86, LG Bochum 20.11.86, sämtlich ZfS 87, 118 sowie LG Köln 30.04.86, VersR 87, 1084 f., wo der Versicherungsnehmer bei einem 10 Monate alten Wagen einen Vorschaden verschwieg und die km-Leistung um 7.000 km zu gering angab oder Angabe von 102.000 km statt gefahrene 200.000 km – OLG Köln 17.12.87 – 5 U 78/87); anders, wenn der

152

Verteter des Versicherungsunternehmens richtig über das Baujahr, die Erstzulassung usw. unterrichtet war und bei einem alten Armeefahrzeug die zivile Erstzulassung richtig angegeben wurde (OLG Hamm 23.04.86, VersR 87, 278) oder der Wert des Fahrzeuges wesentlich höher war als der Anschaffungspreis, der falsch angegeben wurde (OLG Hamm 7.5.86, r + s 87, 217 und 27.6.86, VersR 87, 480 sowie im Urteil vom 03.02.88, ZfS 88, 291; LG Hamburg 01.03.88, ZfS 88, 184). Wurde der Kilometerstand bei einem 7 Jahre alten, in 7. Hand befindlichen Personenkraftwagen mit dem Tachostand von 22 000 km in der Schadenanzeige angegeben, hätte ein halbwegs aufmerksamer Betrachter bemerken müssen, daß hier nicht die volle Laufleistung des Fahrzeuges angegeben war. Aus dieser „falschen" Angabe können dem Versicherungsnehmer keine Nachteile entstehen (LG Köln 23.03.88 − 240374/86),

— bei falschen Angaben zum Schadenhergang, zum Beispiel zum Alkoholgenuß. Hat also der Versicherungsnehmer auf die Frage des Versicherers in der Schadenanzeige über einen Alkoholgenuß innerhalb der letzten 24 Stunden vor dem Schadenereignis der Wahrheit zuwider angegeben, er habe nichts getrunken, und ergibt sich aus der polizeilichen Ermittlungsakte, daß er von der Polizei im angetrunkenen Zustand unmittelbar nach dem Unfall angetroffen worden sei und hat er auch zu Dritten geäußert, daß er Alkohol genossen habe und sich in der den Unfall vorangegangenen Nacht von seiner Frau habe aus einer Gaststätte abholen lassen, so liegt in seinen Angaben ein Verstoß gegen § 7 AKB (AG Nürnberg 05.02.85, ZfS 88, 85),

— bei bewußt unrichtigen Angaben über die Person des Fahrers, die eine vorsätzliche Verletzung der Aufklärungspflicht darstellen (OLG Hamm 20.05.86, VersR 87, 1083 f.). Allein das Verschweigen des Namens des Fahrers, den der Versicherungsnehmer kennt, ist auch als Verstoß gegen eine dem Versicherungsnehmer obliegende Verpflichtung dem Versicherungsunternehmen gegenüber zu werten (OLG Frankfurt 19.03.87, ZfS 88, 86).

Unfallflucht, Nachttrunk, Veränderung der Spuren bringen also den Versicherungsschutz regelmäßig zu Fall.

153 Weisungen müssen nicht immer eingeholt werden, aber den Anweisungen zu Verbindungsaufnahmen mit dem Versicherer muß in zumutbarem Rahmen gefolgt werden. Bei der Reparatur − besonders bei größeren − sind unverzüglich Weisungen einzuholen (zum Beispiel wegen der Reparaturwege, Werkstattauswahl usw.).

Sachverständige dürfen vom Versicherungsnehmer auf Kosten des Versicherungsunternehmens nicht ohne weiteres beauftragt werden (OLG Hamm 17.07.86, VersR 87, 64), wohl aber muß die Besichtigung durch den Versicherungssachverständigen zugelassen werden (LG Köln 27.11.85, r + s 87, 7 f.). Wird eine Weisung nicht befolgt, kann der Versicherungsschutz versagt werden.

Beispiel:

Läßt der Versicherungsnehmer bei einer zu teuren Werkstatt reparieren und befolgt die Weisung, eine andere − gute, aber preiswertere − Werkstatt zu beauftragen, nicht, riskiert er seinen Versicherungsschutz. In der Regel wird er nur die Kosten des preiswerten Reparateurs ersetzt bekommen.

Der Hinweis, ein Unternehmen sei zu teuer, ist (bei eigenem wirtschaftlichen Interesse des Versicherungsunternehmens) nicht zu beanstanden (LG Aachen 01.12.86 – 10 O 224/86).

Mehrkosten, die durch Einhalten der Weisungen entstehen, trägt dann das Versicherungsunternehmen.

Bei Totalschäden ist sehr zweifelhaft, ob bindende Weisungen eingeholt / erteilt werden müssen. Es müßte aber eine Weisung zur Wrackverwertung eingeholt werden (LG München I 12.01.82, VersR 82, 996).

Auch Abschlußagenten und Regulierer können Weisungen erteilen. Abschlußagenten sind die, die den Vertrag (auch per Blockpolice wie bei Versicherungen für Mopeds kurzfristigen Reiseversicherungen u. ä.) abschließen dürfen. Die Masse der Agenten sind in der normalen Kraftfahrtversicherung nur Vermittlungsagenten. Sie legen die Versicherungsanträge dem Versicherungsunternehmen vor, das dann über die Annahme des Vertrages befindet (Police ausstellt, Beiträge errechnet und in Rechnung stellt). Diese Agenten dürfen in Schadensachen des Versicherungsunternehmen regelmäßig nicht vertreten und binden. **154**

7.7 Zusammenfassung zu den Obliegenheiten (Abschnitte 7.2 bis 7.6)

Verletzt der Versicherungsnehmer seine Pflichten, so entfällt die Leistungspflicht des Versicherungsunternehmen oder sie besteht nur begrenzt weiter. **155**

Voraussetzungen für die Leistungsfreiheit sind

— Verletzung von Obliegenheiten vor dem Versicherungsfall:
  (a) jede Fahrlässigkeit vom Versicherungsunternehmen, Repräsentant usw.,
  (b) Kausalität (bei Anzeigepflicht des Besitzwechsels nicht eng auslegen) der Obliegenheitsverletzung für Schadenträchtigkeit des Risikos,
  (c) Kündigung (Trennung vom Risiko) binnen Monatsfrist nach Kenntnis (auch beim auslaufenden Vertrag).

— Verletzung von Obliegenheiten nach dem Versicherungsfall:
  (a) Vorsatz oder grobe Fahrlässigkeit,
  (b) Kausalität.

Bei grob fahrlässiger Verletzung der Obliegenheiten durch den Versicherungsnehmer oder seine Repräsentanten/Vertreter, die nach dem Versicherungsfall zu beachten sind, braucht das Versicherungsunternehmen nur das zu zahlen, was es hätte entrichten müssen, wenn die Pflichten des Versicherungsnehmer nicht verletzt worden wären.

Beispiel:

Der Versicherungsnehmer übersieht es kaum entschuldbar, die Weisung für die Reparatur seines Fahrzeuges einzuholen und kommt dadurch in eine Werkstatt, deren Arbeitspreis 10,— DM pro Arbeitswert über dem Marktdurchschnitt liegen. Das Versicherungsunternehmen braucht nur das Übliche zu zahlen.

Die Beweislast für die Obliegenheitsverletzung, auch für das Verschulden des Versicherungsnehmers, liegt beim Versicherungsunternehmen.

> **Hinweis für Schadenbearbeiter**
> - Rechtzeitig reagieren,
> - das Versicherungsunternehmen für Zugang – besonders der Kündigung – beweispflichtig.

7.8 Vorsatz, grobe Fahrlässigkeit

156 Wird ein Schadenfall vorsätzlich oder grob fahrlässig herbeigeführt, besteht in der Sachversicherung, zu der die Fahrzeugversicherung gehört, kein Versicherungsschutz (§ 61 VVG). Bei dieser Norm handelt es sich um eine sekundäre Risikobegrenzung. Die Beweislast ist auch hier beim Versicherungsunternehmen. Vermerkt sei, daß in der Kraftfahrthaftpflichtversicherung nur Vorsatz ausgeschlossen ist (§ 152 VVG).

Das Versicherungsunternehmen muß beweisen,

- das Vorliegen des Tatbestandes,
- die Rechtswidrigkeit der Handlungsweise des Versicherungsnehmers; diese darf also nicht etwa durch Notwehr (§ 227 BGB), Notstand (§§ 228, 904 BGB) oder Nothilfe (§ 229 BGB) gerechtfertigt sein,
- Schuld/Schuldform, also Vorsatz oder grobe Fahrlässigkeit (bei objektiv falschen Angaben wird Vorsatz vermutet). Das Verschulden kann beim Versicherungsnehmer oder Repräsentanten liegen. Der Versicherungsnehmer kann den Gegenbeweis führen (OLG Hamm 07.05.86, r + s 87, 32).

157 Vorsatz heißt: mit Wissen und Wollen einen Tatbestand verwirklichen. Beim bedingten Vorsatz genügt es, wenn die Verwirklichung des Tatbestandes als möglich angesehen und in Kauf genommen wird.

Beispiel:
Zwei Männer schweißen an einem Personenkraftwagen ohne Sicherungsmaßnahmen:

(a) Der eine meint, es werde schon gutgehen; das ist bewußte Fahrlässigkeit/grobe Fahrlässigkeit (so LG München I 11.07.86, r + s 87, 127),
(b) der andere sagt sich: Ich riskiere es, auch wenn etwas schiefgeht (bedingter Vorsatz).

Vorsatz liegt in unserem Zusammenhang vor, wenn der Versicherungsnehmer die Verhaltensnorm, die die Obliegenheit fordert, kennt und den Willen hat, diese zu verletzen.

Beispiel:
Meldung eines Schadens nach der Reparatur.

Nicht erforderlich ist die Kenntnis der Folgen des Tuns. Es muß als allgemein bekannt vorausgesetzt werden, daß nur dann eine Leistung verlangt werden kann, wenn das Versicherungsunternehmen die Möglichkeit zur Prüfung (Besichtigung) des Schadens hatte (BGHZ 47, 101; LG Amberg 04.02.88 – 1 S 921/87).

Steht die objektive Verletzung der Obliegenheit (allgemein bekannte) fest, trägt der Versicherungsnehmer die Beweislast dafür, daß ihm kein Vorsatz oder keine grobe Fahrlässigkeit, also eine nur geringere Verschuldensform zur Last fällt (OLG Köln 17.12.87 – 5 U 78/87).

Zum Beweis des Vorsatzes reicht es aus, wenn Anhaltspunkte für ein derartiges Vorhaben sprechen, wie Abschiedsbrief und reaktionsloses Verhalten bei einer Fahrt auf ein Hindernis für eine Selbstmordabsicht (OLG Düsseldorf 15.03.88 – 4 U 113/87).

Grobe Fahrlässigkeit liegt dagegen dann vor, wenn in grober Weise gegen die einfachsten **158** Gebote der im Verkehr erforderlichen Sorgfalt verstoßen wird, oder anders ausgedrückt, *„die im Verkehr erforderliche Sorgfalt wird durch ein subjektiv unentschuldbares Fehlverhalten in hohem Maße außer Acht gelassen"* (BGH 14.07.86 – IV a ZR 22/83, VerBAV 86, 488). Das gilt zum Beispiel bei riskanter Raserei, beim riskanten Überholen im Überholverbot (OLG Stuttgart 25.04.85, VersR 86, 1235), 120 km/h innerörtlich (LG Nürnberg 01.04.86, ZfS 87, 20), beim Fahren im übermüdeten Zustand (LKW; Tachoscheibe prüfen), Abstellen des Fahrzeuges auf Gefällestrecke mit gering angezogener Handbremse (LG Tübingen 31.08.78, VersR 79, 318 f.), Fahren unter Alkohol (ab ca. 1,00‰), Drogen- oder Medikamenteneinfluß und Schaden bei einer Situation, die ein Nüchterner ohne weiteres gemeistert hätte. In diesen Fällen spricht der Anschein dafür, daß der Alkohol- usw. -genuß die wesentliche Unfallursache war (vgl. dazu OLG Hamm 07.08.85, VersR 86, 1185 oder AG Wiesbaden 07.08.85, VersR 87, 353 bei 1,2‰), OLG Nürnberg 21.04.88, NZV 88, 144). Vor einer Alkoholeinnahme muß dafür gesorgt werden, daß die Fahrt nicht angetreten werden kann (Wirt erhält Fahrzeugschlüssel u. ä. m.). Bei einem Blutalkoholgehalt (BAK) von 1,3‰ oder mehr ist von einer derartigen Alkoholbeeinflussung auszugehen, daß Fahruntüchtigkeit vorliegt. Der Versicherungsnehmer handelt grob fahrlässig, wenn er in diesem Zustand fährt. Der Anscheinsbeweis ist hier zu seinen Lasten anwendbar (OLG Zweibrücken 31.10.86, ZfS 87, 215). Das LG Köln (18.06.86, r + s 87, 214 ff.) nimmt diesen Zustand bereits bei 1,15‰ an.

Der Versicherungsnehmer handelt auch dann grob fahrlässig, wenn er einem Alkoholisierten sein Fahrzeug anvertraut. Fehlen jedoch für ihn Anhaltspunkte, die den Zustand des Fahrers widerspiegeln (z.B. der Fahrer wirkte trotz Alkoholgenuß und eines BAK von 1,84‰ sicher und beherrscht, ging nicht schwankend und sprach klar, wie ein Arzt nach dem Unfall bestätigte), handelt er nicht grob fahrlässig (OLG Düsseldorf 15.07.86, r + s 87, 186),

Das Verschulden muß der Versicherer beweisen. Allerdings geht die Beweislast dann auf den Versicherungsnehmer über, wenn er analog § 827 Abs. 1 BGB den Nachweis führen muß, daß ihm infolge Alkoholgenusses die Einsichtigkeit für eine Selbstprüfung seiner Fahrtüchtigkeit fehlt. Ob im Rahmen des § 61 VVG der Grundsatz gilt, daß ein Alkoholisierter stets für Fahrlässigkeit einzustehen hat, kann hier offen bleiben (OLG Hamm 10.07.87, r + s 88, 2 ff.).

Die grobe Fahrlässigkeit ist ferner bei Übermüdung gegeben (OLG Nürnberg 21.05.87, ZfS 87, 277). Meistert der Versicherungsnehmer, nachdem er 16 Stunden nicht geschlafen, in dieser Zeit 6 Stunden körperlich schwer gearbeitet und anschließend einigen Alkohol genossen hatte, einfache Verkehrssituationen nicht und gibt bei der Polizei die Übermüdung als Grund seiner Fehlreaktion an, hat er keinen Anspruch auf die Kasko-Entschädigung.

Das Überfahren einer roten Ampel ist regelmäßig ein Fall grober Fahrlässigkeit (so OLG Hamburg 09.05.86, DAR 86, 328, OLG Hamm 04.12.87, ZfS 88, 45, LG Traunstein 03.12.87 – 2 0 2657/87 und AG Passau 30.09.87, ZfS 88, 146; anders OLG Düsseldorf 11.11.86 – 4 U 20/86 – bei unbeschilderter Kreuzung nachts im Regen). Allerdings müssen die Gegebenheiten des Einzelfalles jeweils geprüft werden (LG Nürnberg-Fürth 27.01.88, ZfS 88, 113). Auch der Wechsel von Tonbandkassetten (LG Aschaffenburg 05.05.82, ZfS 82, 279) oder das Suchen von Gegenständen im Fahrzeug während der Fahrt (OLG Hamm 26.11.86, ZfS 87, 20; OLG Hamm 26.11.86, VersR 87, 353) gehört zu dieser Fallgruppe. Das Unterlassen der ordnungsgemäßen Sicherung des Fahrzeuges (Türen und Lenkschloß/nicht gesicherte Schlüssel und Papiere im Fahrzeug) ist grob fahrlässig.

159 Ein Anscheinsbeweis ist hier regelmäßig nicht möglich, aber die Indizien der Einzelfälle reichen meist als Beweis für die Schuldform aus.

Ergeben sich Zweifel hinsichtlich des Nachweises des Verschuldens, gehen diese zu Lasten des Versicherungsunternehmens, das auch die Schwere des Verschuldens beweisen muß.

Beispiele:

160 – Vorsatz: Selbstmord im Kraftfahrzeug.

161 – Grobe Fahrlässigkeit:
(a) Überfahren des Stoppschildes,
(b) Überholen trotz Verbots und Gegenverkehrs (OLG Stuttgart 25.04.85, r + s 87, 93),
(c) Schweißen ohne Sicherheitsvorkehrungen und Brandschutzmaßnahmen (LG München I 11.07.87, r + s 87, 127),
(d) Ablegen eines in Gang befindlichen Föns auf dem Beifahrersitz, wodurch ein Brand entsteht (LG Kiel 20.03.87, ZfS 87, 215),
(e) Ersatzschlüssel hinter die Stoßstange geklebt,
(f) 4 Monate das Auto auf Werkstattstraße abgestellt,
(g) Abstellen eines Luxus-Personenkraftwagens (DB 500 SL) während der Nacht auf einem sog. Pendlerparkplatz (Diebstahl von Reifen und Felgen – AG Wesel 13.02.86, ZfS 87, 277),
(h) Fahrzeugschlüssel offen oder im unverschlossenen Handschuhfach (im verschlossenen Handschuhfach nur leichte Fahrlässigkeit, BGH 14.07.86, VerBAV 86, 488).
Wohl stets grobe Fahrlässigkeit beim Verwahren des Schlüssels im Handschuhfach nehmen das Landgericht Kassel 04.03.87, ZfS 87, 182 und AG Recklinghausen 20.08.85, ZfS 87, 373 an,
(i) Schlüssel zum Fahrzeug in Kleidung, die im Wagen liegt, verwahrt (OLG Frankfurt 11.03.86, ZfS 86, 374),
(j) Verbleib der Zweitschlüssel im Handschuhfach, nach Reparatur nicht überprüft (LG Saarbrücken 14.04.87, ZfS 87, 310),

(k) Verwahrung der Wagenschlüssel in unbeaufsichtigt abgelegter Kleidung in Gastwirtschaft usw. (LG Gießen 14.01.86, r + s 86, 6 f.; LG Hannover 18.07.86, r + s 87, 6; AG Butzbach 09.08.87, r + s 88, 69 f.), oder am Schlüsselbrett eines offenen Geschäftes – Wagen in unverschlossener Garage, AG Lichtenfels 24.02.88 – C 673/87.
(l) Schlüssel offen auf Tisch bei Bekannten während der Übernachtung nach Zechtour abgelegt (AG Schwäbisch Hall 15.05.84, ZfS 87, 86),
(m) Schlüssel versteckt im Auto hinterlegt (OLG Hamm 20.05.86, VersR 86, 1179). Es ist davon auszugehen, daß der Schlüssel im Fahrzeug zurückgelassen wurde, wenn gutachtlich nachgewiesen ist, daß das Lenkradschloß unbeschädigt war und Diebe den Wagen nutzten (LG Braunschweig 09.09.87, ZfS 88, 146),
(n) Abstellen des Wohnwagens für 5 Tage auf einem Parkplatz neben der Bundesautobahn (BAB) (OLG Hamburg 03.12.87, ZfS 88, 51),
(o) Trunkenheitsfahrer: rechtzeitige Vorsorge, die Fahrt zu unterlassen/unmöglich zu machen, unterbleibt (LG Bielefeld 12.03.86, ZfS 86, 373). Das gilt selbst bei einem BAK von 1,15‰, ohne daß weitere Besonderheiten beim Unfall vorliegen (LG Köln 18.06.86, r + s 87, 214; bei 1,25‰ oder bei 1,03‰ und Fahrfehlern – zu hohes Tempo – LG Bielefeld 04.03.87 ZfS 87, 310), bei 0,8‰ und zusätzlichen Fahrfehlern (OLG Köln 12.12.85, r + s 87, 216).
Bei einer Blutalkoholkonzentration von 0,8 bis 1,3‰ nimmt das LG Augsburg (28.08.87, r + s, 88.97) den Anscheinsbeweis für die Alkoholbeeinflussung als Unfallursache an, wenn ein nüchterner Fahrer die Verkehrssituation gemeistert hätte. Das OLG Frankfurt entschied in ähnlicher Richtung bei 1,1‰ (23.10.87, r + s 88,98) und das LG München I bei 1,37‰ (04.06.87, ZfS 88,146). So entschied bei 0,98‰ das OLG Düsseldorf (17.02.87, r + s 88, 5).
Auch bei einem Restalkoholgehalt des Blutes von 2,26‰ am Tage nach einer Feier liegt grobe Fahrlässigkeit vor (LG Düsseldorf 05.11.87 – 3 O 75/86),
(p) der Anscheinsbeweis spricht für mindestens grobe Fahrlässigkeit des Versicherungsnehmers, wenn er auf übersichtlicher Straße ohne Bremsspur mit überhöhter Geschwindigkeit gegen eine BAB-Unterführung fährt (LG München I 20.03.87, ZfS 87, 339), das Auffahren auf ein abgestelltes Fahrzeug auf einer 300 m langen, geraden Strecke ist grob fahrlässig (OLG Nürnberg 14.01.88, ZfS 88, 146),
(q) mehrere einfache fahrlässige Handlungen ergeben in ihrer Häufung einen groben Verstoß gegen die Sorgfaltsregeln (OLG Koblenz 05.04.73, VersR 73, 1154).

– Einfache Fahrlässigkeit: **162**
(a) Offenlassen des Kraftfahrzeugfensters (AG Norden 30.5.86, DAR 86, 325), gewagt,
(b) Fahrzeug steht 3 Wochen auf Parkplatz am Flughafen,
(c) Fahrt unter Medikamenteneinfluß, wenn auf dem Beipackzettel keine Belehrung über die Folgen des Einflusses auf die Verkehrssicherheit stand – selbst bei einer Krankenschwester – (OLG Hamm 17.09.86, ZfS 88, 118),
(d) zu hohe Geschwindigkeit (165 km/h) in einer langgezogenen Kurve bei trockener Fahrbahn, guter Sicht und verkehrssicherem Fahrzeug auf einer Strecke, auf der keine Geschwindigkeitsbegrenzung angeordnet war (OLG Hamm 11.06.86, VersR 87, 1206),

(e) Fehleinschätzen einer Kurve (OLG Detmold 09.07.86, r + s 87, 93 f.),
(f) Abstellen eines verschlossenen Kraftfahrzeugs in einer unverschlossenen Garage (OLG Hamm 29.11.85, VersR 87, 605 ff.),
(g) Abstellen des Fahrzeuges mit offenem Sonnenausstelldach auf einem Kundenparkplatz eines Einkaufscenters (AG Köln 02.07.87, ZfS 88, 86) mit der wenig überzeugenden Begründung, daß „*heute ... gerade in Großstädten ordnungsgemäß abgestellte und gesicherte Fahrzeuge auch schon kurz nach dem Parken ... gestohlen, ohne daß Täter durch besondere Anzeichen zur Entwendung bewogen werden.*" Die Frage des leichteren Eindringens in ein teilweise offenes Fahrzeug übersieht der Richter völlig. Diese Entscheidung geht wohl an der Sache vorbei.

163 — Das Verhalten des Versicherungsnehmer muß für den Schaden ursächlich oder mitursächlich gewesen sein (BGH 14.07.86, VersR 86, 962).

164 — Beim Sicherungsschein (vgl. Abschnitt 8.2) ist eine Zusatzversicherung des Scheininhabers möglich, so daß er trotzdem die Versicherungsleistung erhält und ein Ersatzanspruch gegen den Versicherungsnehmer und andere auf das Versicherungsunternehmen übergeht (§ 67 VVG).

7.9 Betriebsschäden

165 Hier handelt es sich um Schäden, deren Ursache nicht von außen auf das Fahrzeug einwirkt, sondern die sich aus seinem Betrieb, zum Beispiel aus Tätigkeit des Motors, des Getriebes oder der Bremsen von innen her ergeben. Der Begriff „von außen" bedeutet jedoch kaum, daß die Einwirkung von außerhalb des Fahrzeuges kommen muß. Sie darf nur nicht in Zusammenhang mit dem Fahrzeugbetrieb stehen. Diese Schäden sind nicht durch die Kaskoversicherung gedeckt.

Man unterscheidet dabei:

— Bremsschäden: Folgen der Notbremsung, Schäden an Reifen und Bremsen/Belägen/Reifenabplattungen (regelmäßig eine Folge der Vollbremsung, AG Nürnberg 19.08.86, r + s 87, 37; AG Gütersloh 05.02.87, ZfS 87, 116);
— Bruch- und Verschleißschäden:
  (a) Ermüdungsbrüche
  (b) Rostschäden   an allen Teilen des Kraftfahrzeugs
  (c) Abnutzung

Hinweis für Sachverständige

Schäden eventuell aufschlüsseln in Verschleiß-, Betriebs-, Unfallschäden.

Beispiele: 166

(a) Verziehen des Rahmens beim Abladen,
(b) Einbrechen beim Transport auf Baustelle,
(c) Umstürzen des Kippers infolge Absacken des Wagens beim Abladen auf einer Baustelle (OLG Köln 28.11.85, VersR 87, 581). Dabei ist ein − späterer − Unfallschaden abzugrenzen. Das Versicherungsunternehmen entschädigt nur für letzteren. Die zum Beispiel durch die vorangegangene Verwindung infolge Fahrens auf unebenen Baustellen (Betriebsschaden) fallen also nicht unter das Kaskorisiko (BGH, VersR 69, 32; LG Arnsberg 31.03.88 − 4 O 603/87),
(d) Aufklappen der Motorhaube während der Fahrt bei Sturm (OLG Hamburg 18.04.86, ZfS 86, 375; anders LG Mönchengladbach 18.08.87, ZfS 88, 85, das den Fahrwind, der die Haube hochdrückte, als eine von außen auf das Fahrzeug wirkende Kraft ansieht),
(e) Schäden aus Bedienungsfehlern,
(f) chemische Umwandlung,
(g) Einwirkung elektrischer Energie,
(h) Bruchschäden am Motor durch Heißlaufen (Ölmangel),
(i) Kolbenfresser,
(j) ausgebrochene Zahnräder (z. B. bei Schaltfehler),
(k) Auffahren auf ein Hindernis bei Abschlepparbeiten im Wald durch forstwirtschaftlich eingesetzten Traktor,
(l) Hochschleudern kleiner und mittlere Steine beim Fahren (Unfallbegriff wird nur verwirklicht, wenn nachweislich ein großer Stein hochgeschleudert wird, LG Mannheim 17.07.87 − 5 O 68/87).
(m) Wasserschlag,
(n) Motorschäden nach Weiterfahren bei Schaden an einer Ölwanne (Fahren ohne Öl), LG Mannheim 17.07.86 − 5 O 68, 87,
(o) fährt der Versicherungsnehmer mit einem unfallbeschädigten Kühler weiter und tritt dabei infolge Überhitzung ein Motorschaden auf, liegt insoweit ein Betriebsschaden vor. Der Unfallbegriff kann auf diesen Vorgang nicht herangezogen werden, weil es an der Unmittelbarkeit der Einwirkung der Unfallursache auf den Motordefekt fehlte (AG Karlsruhe 14.07.87, ZfS 88, 322),
(p) Schäden bei der Reparatur des Fahrzeuges, z. B. Beulen am Fahrzeug durch den Monteur, der auf das Fahrzeug trat (*Stiefel-Hofmann*, a.a.O., § 12, Textziffer 64) oder den Hammer auf den Wagen fallen ließ,
(q) schleudert ein Personenkraftwagen mit Wohnanhänger aus unbekannten Gründen und schlägt der Wohnwagen dabei gegen das Heck des Zugfahrzeuges, liegt ein Betriebsschaden vor (LG Essen 17.12.86, ZfS 88, 115), sofern nicht extreme Einwirkungen von außen, wie eine Notbremsung zum Abwenden einer Kollision) vorlagen.

Eine Kasko-Entschädigung ist aber zu gewähren, wenn zwar die erste Ursache ein Betriebsschaden war, aber das Fahrzeug dann einen weiteren Schaden (z. B. durch Abstürzen oder Überschlagen) hatte (OLG Karlsruhe 04.12.86, r + s 87, 186). Bleibt allerdings zweifelhaft, ob ein Betriebsschaden (Motorschaden) doer Unfall vorliegt, ist die Klage gegen den Versicherer abzuweisen (OLG Köln 26.06.86, r + s 86, 27). Der Versicherungsnehmer hat die 167

Beweislast für einen Anspruch auf Ersatz, also für das Vorliegen eines bedingungsgemäßen Schadenfalles, der im obigen Fall nicht geführt werden konnte.

Beispiel:

(a) Verzieht sich der Lastkraftwagen beim Kohlentransport auf unebenem Gelände: Betriebsschaden,

(b) Stößt der Lastkraftwagen gegen einen Kohlenstapel: regelmäßig Unfallschaden.

Ist jedoch ein verkehrsbedingtes Fahrverhalten des Fahrers oder eine Verkehrssituation Anlaß zum späteren Zusammenstoß des Aufliegers mit der Zugmaschine, liegt kein Betriebsschaden, sondern ein Unfall vor (OLG Frankfurt 16.09.87, ZfS 88, 21; AG Dortmund 14.10.87, ZfS 88, 22).

168 Beruft sich das Versicherungsunternehmen auf einen Betriebsschaden (Herabstürzen der Ladung während der Fahrt (Schäden an und durch Ladung), muß es das beweisen (LG Köln 17.03.82, VersR 83, 1175). Die Ladung ist in Kasko nicht versichert.

7.10 Mietwagenkosten und andere

169 Nicht mit von der Kaskoversicherung gedeckt werden die Kosten, die sich durch den Betrieb des Kraftfahrzeugs ergeben.

Es handelt sich um

- Verschleißreparaturen,
- Wertminderungen (auch technische),
- Überführungs- und Zulassungskosten – auch bei Totalschäden,
- Nutzungsausfall,
- Mietwagenkosten,
- Kosten für Treibstoff/Öl/Schmierstoffe,
- Kosten der Schadenregulierung, soweit nicht ein Verzug des Versicherers vorliegt,
- Auslagenersatz,
- Kreditkosten (LG Koblenz 20.05.87, ZfS 87, 311); ausnahmsweise könnten sie als Verzugsschaden gefordert werden,
- Rechtsanwaltskosten (Ausnahme: bei Verzug des Versicherungsunternehmens; nicht aber, wenn der Rechtsanwalt vor dem Verzug beauftragt wurde, denn seine Gebühren waren bereits angefallen, als der Anspruch auf Ersatz des Verzugsschadens entstand (LG Köln 08.01.86, r + s 86, 250 AG Homburg/Saar 17.02.87, ZfS 88, 139). Das ändert nichts daran, daß im Rahmen der Schadenersatzansprüche bei einem Unfall (Kraftfahrthaftpflicht-Schaden) der Schädiger die Kosten des Rechtsanwaltes für die Inanspruchnahme eines Kaskoversicherers u.U. tragen muß (so AG Bad Harzburg 05.03.87, ZfS 87, 173),
- Sachverständigenkosten, § 66 Absatz 2 VVG (Ausnahme: das Versicherungsunternehmen reagiert nicht auf die Schadenmeldung des Versicherungsnehmers bei umfangreicheren Fahrzeugschäden).

Die Sachverständigenkosten sind keine vertragliche Leistung in der Kaskoversicherung (AG Nürnberg 09.07.85 – 21 C 3810/85). Eine Zession von Sachverständigenkosten ist nichtig (AG Köln 18.05.84 – 267 C 300/83), eine solche von Rechtsanwaltskosten kann es sein.

> **Hinweis für Sachverständige**
>
> Nach Weisung des Versicherungsunternehmens fragen, sonst eventuell Kontakt mit dem Schadenbearbeiter aufnehmen.

8. Anspruchsberechtigte

170 Aus dem Vertrag sind in aller Regel nur die Versicherungsnehmer berechtigt, Zahlung zu fordern. Sie haben das Risiko versichert und damit den Anspruch auf Ersatz ihres (in den von den AKB bestimmten Grenzen) Schaden erworben. Wurde ein Sicherungsschein erteilt, erhält der Inhaber des Scheines die Leistung, so wie dies der Schein ausweist.

Bei einer Versicherung zugunsten Dritter (§ 74 VVG) hat der Dritte Ansprüche gegen den Versicherer. Dieses Problem tritt zuweilen bei Leasingfahrzeugen auf. Vgl. Kapitel 20.

Hier handelt es sich um einen Vertrag zugunsten Dritter. Versicherungsnehmer und Versicherungsunternehmen wollen den Dritten begünstigen, der einen eigenen Anspruch gegen den Zahlungspflichtigen erwirbt und damit anspruchsberechtigt ist.

Anders ist die Rechtslage, wenn ein Dritter dem Versicherungsunternehmen und dem Versicherungsnehmer gegenüber die Prämienzahlung übernimmt. Der Zahlende wird nicht ohne besondere Vereinbarung aus dem Versicherungsvertrag begünstigt.

> **Hinweise für Schadenbearbeiter**
> – Gegebenenfalls Person des Versicherungsnehmers klären,
> – bei Sicherungseigentum (z. B. Papiere bei einer Bank) fragen, wer Zahlung erhält; auch bei der Bank nachfragen,
> – Sicherungsschein (Ausgabe) prüfen und beim Inhaber nachfragen, was an wen gezahlt werden soll.

8.1 Zessionare (Abtretungsempfänger)

171 Grundsätzlich können alle Ansprüche abgetreten werden. An die Stelle des ursprünglichen Gläubigers rückt der, der von diesem die Forderung erwarb, der Abtretungsempfänger oder lateinisch der Zessionar. Er wäre dann Zahlungsempfänger, im Streitfall auch Kläger. Der Versicherungsnehmer käme dann in die Rolle des Zeugen, wenn auch bei ihm regelmäßig ein wirtschaftliches Interesse an der Entscheidung der Sache bleibt. Zwar ist der Richter nicht verpflichtet, den Zeugenaussagen zu folgen. Es besteht der Grundsatz der freien Beweiswürdigung durch das Gericht (§ 286 ZPO). Zuweilen folgen Gerichte aber – aus welchen Gründen auch immer – den Erklärungen des meist einzigen Zeugen. Durch die Zession könnte also praktisch die Situation des Versicherungsunternehmens und damit des „treuhänderisch" verwalteten Vermögens der Versicherten verschlechtert werden. Das Versicherungsunternehmen kann deshalb nicht hinnehmen, daß die Parteirollen zu seinen Lasten verschoben werden. Daher ist in § 3 Abs. 4 AKB ein Abtretungsverbot aufgenommen, wodurch der Versicherungsnehmer seine Ansprüche vor der endgültigen Feststellung (Fälligkeit) nicht abtreten darf. Tut er es trotzdem, ist das Rechtsgeschäft dem Versicherungsunternehmen gegenüber unwirksam. Das Versicherungsunternehmen hat aber die Möglichkeit, die an sich unwirksame Zession zu billigen, so daß sie auch dann wirksam wird. Die Billigung des Versicherungsunternehmens kann darin liegen, daß es vorbehaltlos mit dem Zessionar über die Abwicklung verhandelt. Allerdings hat ein Gericht das Abtretungsverbot nicht für zulässig im Rahmen der Regeln des AGBG gehalten. Dies dürfte eine vereinzelte Entscheidung sein, deren Richtigkeit bezweifelt werden muß.

Die Zustimmung zur Zession durch das Versicherungsunternehmen muß ausdrücklich erklärt werden. Die Billigung durch das Schweigen reicht nicht, wohl aber eine vorbehaltlose Regulierungsverhandlung mit dem Zessionar (siehe oben).

Weist der Versicherungsnehmer das Versicherungsunternehmen an, einem Dritten (z. B. Bank, Reparateur) zu zahlen und stimmt das Versicherungsunternehmen dem zu (Reparaturkostenübernahme-Erklärung – §§ 783 ff. BGB), so verschiebt sich keine Parteirolle (Versicherungsnehmer wird nicht Zeuge). **172**

Nach der Feststellung der Leistung des Versicherungsunternehmens kann wirksam zediert werden. Fragt das Versicherungsunternehmen an, an wen der festgestellte Betrag gezahlt werden soll und ist der Versicherungsnehmer damit einverstanden, kann er abtreten. Eine zwischenzeitlich „unwirksame" Abtretung wird nur für den festgestellten Betrag wirksam. **173**

Das Zessionsverbot wirkt nur zwischen den Parteien (also nur im Verhältnis Versicherungsnehmer zu Versicherungsunternehmen, vgl. § 137 BGB). Auf Dritte (z. B. Sicherungsscheininhaber, der an den Reparateur Gelder weiterleiten muß) hat das Abtretungsverbot keine Wirkung (BGH 12.02.85, r + s 87, 304 ff.). **174**

8.2 Sicherungsschein

Im Prinzip hat nur der Versicherungsnehmer Anspruch auf die Leistung aus dem Versicherungsvertrag. Wenn die versicherte Sache wirtschaftlich nicht zu seinem Vermögen gehört, (z. B. das Fahrzeug ist an einen Kreditgeber sicherungsübereignet oder steht im Eigentum eines Leasinggebers) muß eine Lösung geschaffen werden, daß der am Fahrzeugwert wirklich Interessierte zu seinem Geld kommt. Da bietet sich der Sicherungsschein an, in dem das Versicherungsunternehmen die Leistungen aus dem Vertrag an den Sicherungsnehmer zusagt. Diese Lösung stellt eine elegante Überbrückung dar, die sich aus der Tatsache ergeben könnten, daß bei der Einräumung des Sicherungseigentums der Vertrag gemäß §§ 69 f. VVG auf den Kreditgeber übergeht: Zur Sicherung ihrer Forderung aus dem Fahrzeugfinanzierungsvertrag läßt sich beispielsweise eine Bank nach Zustimmung des Versicherungsnehmers vom Versicherungsunternehmen zusagen, daß sie alle Kaskoleistungen erhält (Sicherungsschein). **175**

Oft legen Leasinggeber ihrem Vertragspartner die Pflicht zum Abschluß eines Kasko-Versicherungsvertrages auf und lassen sich einen Sicherungsschein ausstellen. Sie sichern so ihr Vermögen; erleidet dann das Auto einen Schaden, erhalten sie die Leistungen der Kaskoversicherung.

Die Kaskoversicherung wird dadurch zur Versicherung zugunsten Dritter. **176**

Der Sicherungsscheininhaber hat Einfluß auf den Vertrag, wenn dies vereinbart wurde. Fehlt seine Zustimmung, kann der Versicherungsvertrag nicht ohne weiteres gekündigt werden. Unklare Formulierungen gehen zu Lasten des Versicherungsunternehmens (OLG Hamm 17.01.86, VersR 86, 1177).

177 Das Versicherungsunternehmen kann einen Sicherungsschein erteilen, muß es aber nicht tun. Allerdings ist eine Ablehnung des Antrages unüblich, so daß ein längeres Schweigen auf einen – beim Versicherer eingegangenen – Antrag auf Erteilung eines Sicherungsscheines als Annahme bewertet werden darf (OLG Köln 29.03.66, VersR 66, 459).

Zur Anwendung beim Sicherungsschein kommen verschiedene Formulare, die teilweise unterschiedlichen Inhalt haben. Deshalb sollte vor der Regulierung der Schein eingesehen werden, wenn ohne Zustimmung des Inhabers diese Sicherung nicht an andere gezahlt werden soll.

178 Meist wird eine Bagatellklausel vereinbart. Das Versicherungsunternehmen darf dann bis zu einem Limit die Entschädigung unmittelbar an den Versicherungsnehmer zahlen. Dieser verpflichtet sich, dem Sicherungsscheininhaber gegenüber, das Fahrzeug dafür reparieren zu lassen.

Der Sicherungsschein-Inhaber ist gehalten, die Entschädigungen zu verwenden

– zur Wiederherstellung des Fahrzeuges,
– zur Tilgung der Schuld des Versicherungsnehmers im Falle des Totalschadens. Das gilt auch für die zusätzlichen Leistungen für privilegierte Fahrzeuge, sie erhält der Sicherungsscheininhaber auch (BGH 31.10.84, r + s 85, 1 ff.).

180 Die Rechte des Sicherungsscheins sind an das Bestehen der Schuld gebunden. Wurde diese – auch teilweise – getilgt, hat der Sicherungsscheininhaber nur in Höhe seiner noch bestehenden Forderung Anspruch auf Auszahlung der Entschädigung. Allerdings wird das Versicherungsunternehmen frei, wenn es an den Sicherungsscheininhaber zahlt, obwohl das Konto dort ausgeglichen war, wenn es davon keine Kenntnis hatte.

Natürlich ist im Verhältnis Kreditgeber/Darlehensschuldner der erstere seinem Vertragspartner ersatzpflichtig, wenn er das Geld nimmt und behält. Es mag zweifelhaft sein, ob nicht auch das Versicherungsunternehmen dem Versicherungsnehmer Schadenersatz schuldet, wenn es ohne Aufklärung des Sachverhaltes an den Inhaber des Scheines zahlt, obwohl ihm die Tilgung des Darlehens nachgewiesen wurde.

181 Der Anspruch auf Leistung an den Finanzier ist von der Erteilung des Sicherungsscheines abhängig. Zahlt das Versicherungsunternehmen davor an die Bank, kann der Versicherungsnehmer die Entschädigung nochmals verlangen, selbst wenn die Bank später Sicherungsscheininhaber wird (OLG Hamm 14.07.86, r + s 86, 303 f.).

Wurde der Schein erteilt, ist der Versicherungsnehmer regelmäßig nicht mehr aktiv legitimiert, eine Entschädigung an sich zu verlangen (LG Traunstein 13.11.84, ZfS 85, 26).

Durch Hingabe des Sicherungsscheines entsteht ein unmittelbares Forderungsrecht des Scheininhabers auf Auszahlung der Entschädigung des Versicherers. Der eigentliche Versicherungsnehmer hat sich mit seinem Einverständnis zur Erteilung des Sicherungsscheines seiner Rechte auf die Leistung des Versicherers begeben. Fiele er nach einem Fahrzeugschaden in Konkurs, wäre die Leistung aus dem Kaskovertrag weiterhin an den Sicherungsscheininhaber zu erbringen. Dieser ist also nicht nur auf die Konkursquote angewiesen. Auch können somit Gläubiger des Versicherungsnehmers die Entschädigungsforderung nicht pfänden.

182 Eine Zusatzversicherung für grobe Fahrlässigkeit des Versicherungsnehmers ist möglich. Dann erhält der Scheininhaber die Versicherungsleistung auch, wenn der Versicherungsnehmer oder sein Beauftragter grob fahrlässig das Schadensereignis herbeiführte. Dies ist eine Versicherung des Inhabers des Sicherungsscheines. Gemäß § 67 VVG geht der Anspruch des Kreditgebers gegen den Versicherungsnehmer auf das Versicherungsunternehmen über, d. h. es kann regressieren.

183 Der Sicherungsscheininhaber ist zu unterrichten vom
- Prämienverzug des Versicherungsnehmers; Nachzahlung durch Bank zur Erhaltung eigener Rechte möglich,
- Vertragsauflösung.

Eine genaue Spezifizierung der Gründe für den Verlust des Versicherungsschutzes bedarf es nicht. Wenn auch der Inhaber des Sicherungsscheines auf die Angaben des Versicherungsunternehmens im Schein vertrauen darf, so reicht es hin, wenn er vom Säumnis des Versicherungsnehmers bei der Zahlung der Erstprämie unterrichtet wird (OLG Hamm 24.02.88, r + s 88, 155).

Üblicherweise erfolgt eine Rückfrage beim Finanzierer, wer das Geld erhalten soll.

Abschließend sei auf ein Problem hingewiesen: Zahlung der Reparaturkosten an die Werkstatt könnte Schuldbefreiung des Versicherungsunternehmens darstellen, da die Bank verpflichtet sein kann, das Fahrzeug instand setzen zu lassen. Aber hier liegt eine riskante Regulierung vor.

Hinweise für Schadenbearbeiter

- Den Versicherungsnehmer darauf hinweisen, daß Zahlung an den Sicherungsscheininhaber erfolgen soll,
- Sicherungsscheininhaber fragen, an wen gezahlt werden muß (Bestehen der Schuld abklären).

Hinweis für Sachverständige

Wenn Kraftfahrzeugbrief/Zulassung nicht vorliegen, im Gutachten darauf hinweisen. Es sollte erwähnt werden, ob Brief oder Zulassung eingesehen wurden.

9. Rettungskosten

184 Um eingetretene Schäden möglichst gering zu halten, übernimmt das Versicherungsunternehmen die Kosten der Rettung der versicherten Sache nach einem Schaden (§ 63 VVG), soweit sie ein Versicherungsnehmer aufgewandt hätte, der nicht versichert gewesen wäre (RGZ 112, 386). Handelt der Versicherungsnehmer auf Weisungen des Versicherungsunternehmens, muß dieses natürlich alle Kosten, die durch die Realisierung seiner Anweisungen entstehen, tragen (vgl. *Sieg,* a.a.O., S. 137 f.).

Zu den Rettungskosten gehören

- Feuerlöscher/Füllung, die zum Löschen eines Brandes am Fahrzeug verwandt wurden (auch beim erfolglosen Versuch),
- Belohnungen für Beibringung des gestohlenen Fahrzeuges oder seiner Teile sowie für die Ergreifung des Täters sind nicht ohne weiteres als Rettungskosten zu betrachten. Voraussetzung für Übernahme durch den Versicherer sind:
  (a) Weisung des Versicherungsunternehmens zur Auslobung einer Belohnung,
  (b) der Versicherungsnehmer dürfte sie unter Umständen für erforderlich halten.
  Üblich ist, daß die Versicherungsunternehmen zahlen, wenn
  (a) das Fahrzeug wieder beigebracht wurde,
  (b) Täter überführt wurde,
  (c) der Hinweis des Tipgebers dazu führte.
- Kleinere Notreparaturen, um eine ordentliche preiswerte Fachwertstatt mit eigener Kraft zu erreichen,

185
- eventuell Ersatzschlösser bei Schlüsseldiebstahl (sehr umstritten). Zwar wird durch den Diebstahl der Schlüssel das Risiko der Entwendung des gesamten Fahrzeuges erhöht, und das Versicherungsunternehmen wird im Schadenfall leistungsfrei, wobei der Nachweis eines Kausalzusammenhang zwischen beiden Ereignissen dahingestellt bleiben kann (LG Wuppertal 13.03.86, ZfS 87, 245). Letztlich handelt es sich aber um Rettungskosten, die erst nach Schadeneintritt gezahlt werden können (§ 63 VVG).

186 Die Kosten für die Rückholung des gestohlenen und wiedergefundenen Fahrzeuges werden im Rahmen des § 13 Abs. 7 AKB ersetzt, und zwar die Kosten der Eisenbahnfahrt 2. Klasse für Hin- und Rückfahrt bis max. 1.500 km. Bis zu einer Entfernung von 50 km zwischen gewöhnlichem Standort des Fahrzeuges und dem Auffindort gewährt der Versicherer keinen Ersatz.

10. Umfang der Leistung

Vertraglich Vereinbartes wird ersetzt. Die AKB bestimmen in § 13 den Umfang der Leistung. Es besteht kein Schadenersatzanspruch nach den Bestimmungen der §§ 249 ff. BGB. Der Versicherungsvertrag legt also den Umfang des Ersatzes – auch Höchstbeträge – fest. Deshalb kann auch kein Nutzungsausfall usw., selbst wenn er im Schadenersatzrecht kaum mehr wegdenkbar ist, gezahlt werden; es sei denn, die AKB würden dies in Zukunft ausdrücklich vorsehen.

187

Versichert ist der Wert des Fahrzeuges und seiner mit ihm fest verbundenen oder unter Verschluß verwahrten Teile (§ 12 Abs. 1 AKB), wobei es nicht unbedingt nötig ist, daß die Teile im Fahrzeug verschlossen sind. Es reicht aus, daß sie zum Fahrzeug gehören und – zum Beispiel in der Garage – verschlossen aufbewahrt werden.

Eine Grenze findet die Deckung der nicht am Fahrzeug befestigten Teile darin, daß sie unmittelbar dem Fahrzeug und seinem Betrieb dienen müssen und dafür verwendet werden. Teile, die bevorratet wurden, wie vorsorglich beschaffte Reifen oder Felgen, werden von der Kaskoversicherung nicht erfaßt und gedeckt (OLG Hamm 20.03.87, VersR 87, 1184).

Die Schadenersatzansprüche beim Leistungsverzug des Versicherungsunternehmens sind hier nicht angesprochen, sie folgen dem Zivilrecht und können bestehen in

- Verzugszinsen,
- Mahnkosten inklusive Rechtsanwaltsgebühren,
- Ersatz für den Fahrzeugausfall, zum Beispiel durch die Unmöglichkeit, die Reparaturkosten anderweitig zu finanzieren u. ä. m.

Die Kaskoversicherung ist eine Sachversicherung – also eine Aktivenversicherung – die den Vermögenswert „Kraftfahrzeug" gegen bestimmte Gefahren sichert. Es werden der Wert des Fahrzeuges oder bis zum Wiederbeschaffungspreis die Kosten der Instandsetzung gezahlt. Daneben sind bestimmte Rettungsaufwendungen (§§ 62 ff. VVG) im Rahmen dieser Schadenversicherung vom Versicherer zu ersetzen. Darüber hinaus regelt die AKB in § 13 Abs. 7 die Reisekosten zur Herbeiholung eines gestohlenen Fahrzeuges.

Rechte Dritter werden gewahrt, etwa bei der Versicherung für Rechnung Dritter, bei Leasing oder beim Sicherungseigentum durch Vereinbarung der Beteiligten, daß der Versicherer an den Eigentümer oder den wirtschaftlich Interessierten unmittelbar zahlt (Sicherungsschein).

Der Schaden bestimmt den Umfang der Leistung. Das ist im Versicherungswesen nicht immer so. Die folgende Tabelle gibt hier eine Übersicht über die leistungsbestimmenden und -begrenzenden Faktoren:

	Versicherungs-summe	Schadenhöhe	Versicherungs-wert	Beispiel
Schaden-versicherung	+	+	+	
als Aktiven-Versicherung	+ zum Teil Transport	+	eventuell Wiederbeschaffungs-wert	Kraftfahrthaft-pflicht, Hausrat
als Passiven-versicherung	+	+		Kraftfahrthaft-pflicht
Summen-versicherung	+			Lebens-versicherung

In der Schadenversicherung wird also die Entschädigungsleistung auch durch den Umfang des Schadens begrenzt. Der Versicherungsnehmer soll durch die Versicherungsleistung keine Bereicherung erzielen (§ 55 VVG). Diese Bestimmung soll den Anreiz nehmen, Schadenfälle zu provozieren, um Gewinn zu machen. Fehlte sie, würde das Gesamtrisiko nahezu unkalkulierbar.

Eine Ausnahme von diesem Prinzip ist die Neuwertversicherung (§ 13 Abs. 2 AKB), die eine besondere Vereinbarung darstellt, auch gehören hierzu der Verzicht des Versicherers auf Wertausgleich bei Reparaturen neuerer Fahrzeuge und die Empfehlung des HUK-Verbandes auf einen derartigen Verzicht bei Teillackierungen.

188 Den Beweis für den Versicherungsfall hat der Versicherungsnehmer zu führen. Er wird durch den Anscheinsbeweis, der zu seinen Gunsten spricht, erleichtert. Dieser entfällt aber bei widersprüchlichen Darstellungen des Sachverhaltes durch den Versicherungsnehmer (OLG Köln 26.06.86, ZfS 86, 342).

11. Reparaturkosten

Die Kaskoversicherung deckt grundsätzlich den Vermögenswert „Fahrzeug" abzüglich bedingungsgemäßer und vereinbarter Selbstbehalte. Dazu gehören die Kosten für eine sachgemäße Wiederherstellung nach einem Schadenfall. Die Grenze für die Höhe der Zahlung bilden stets die Wiederbeschaffungskosten für das Fahrzeug. **189**

Die Kosten für die Inanspruchnahme einer Fachwerkstatt zur Durchführung der Reparaturen sind im Rahmen der Versicherung zu ersetzen; es besteht keine Verpflichtung zur Selbstreparatur oder eine schlecht ausgerüstete Werkstatt zu beauftragen.

Der Versicherungsnehmer ist gehalten, die Weisung des Versicherungsunternehmens zur Benutzung einer guten und preisgünstigen Reparaturmöglichkeit (günstigere Reparaturwege, bestimmte Werkstatt, beispielsweise wegen geringerer Stundensätze oder Wegfall der Berechnung diverser Zuschläge) zu nutzen. Die Weisung muß zumutbar sein und unverzüglich erteilt werden (OLG Hamm 09.04.86, VersR 87, 278). Der Versicherer haftet für zusätzliche Aufwendungen, die durch die Befolgung seiner Weisung entstehen und zahlt die Mehrkosten.

Beispiel:

Arbeitswert-Satz in Werkstatt A = DM 8,33,
Arbeitswert-Satz in Werkstatt B = DM 5,83.
Beides Fachwerkstätten, aber B etwa 15 km weiter entfernt. Weisung zur Reparatur bei B möglich, aber die Mehrkosten des Transportes des Fahrzeuges zahlt das Versicherungsunternehmen, soweit sie nicht auch beim Weg zu A entstanden wären.

Wird die Weisung nicht befolgt, hat der Versicherungsnehmer gegen eine Verpflichtung aus dem Versicherungsvertrag verstoßen. Der Versicherer kann wegen dieser Obliegenheitsverletzung den Versicherungsschutz versagen und wird regelmäßig nur Ansprüche in der Höhe, die bei Befolgung der Weisungen entstanden wären, begleichen.

Beispiel:

A berechnet zu den Ersatzteilen einen Zuschlag von 15 %; Werkstatt B nicht. Das Versicherungsunternehmen weist den Versicherungsnehmer an, seinen Wagen bei B reparieren zu lassen. Der Versicherungsnehmer tut das nicht und präsentiert die Rechnung des A (inklusive Zuschläge). Das Versicherungsunternehmen muß die Zuschläge nicht zahlen.

Die erforderlichen Kosten der Reparatur sind unabhängig von ihrer Durchführung zu zahlen (BGH, NJW 85, 1222). Der Versicherungsnehmer hat also Anspruch auf Regulierung des Schadenfalles nach Gutachten oder Kostenvoranschlag. Nur muß dann natürlich Einigkeit über die Höhe des Schadens (Kostenvoranschläge werden gern etwas großzügig gerechnet und Gutachten vor Zerlegung des Fahrzeuges sind in manchen Positionen zwangsläufig ungenau) bestehen. Das gilt auch dann, wenn der Versicherungsnehmer das unreparierte Unfallfahrzeug zu einem hohen Preis verkauft, so daß er samt Kaskoentschädigung mehr erlöst, als der Wert des Fahrzeuges ausmacht (OLG Hamm 04.06.86, r + s 87, 244).

Beispiel:

Fahrzeugwert	DM 40.000,—
Restwerte getaxt	DM 10.000,—
Nach Vorlage von Angeboten	
Reparaturkosten	DM 20.000,—
Erzielter Verkaufserlös	DM 30.000,—

Anspruch des Versicherungsnehmers auf Erstattung der Reparaturkosten von DM 20.000,— als Kaskoentschädigung.

Bei besonderen Spezialarbeiten hat der Versicherungsnehmer Anspruch auf Übernahme der Kosten einer Reparatur in einer dafür geeigneten Werkstatt und gegebenenfalls der Erstattung der Kosten für die Verbringung des Fahrzeuges dorthin.

Beispiele:

(a) Bei einem Personenkraftwagen müssen von einer anderen Werkstatt Richtsätze geholt oder der Wagen dorthin verbracht werden. Die Kosten dafür sind gedeckt.
(b) Bei einem Omnibus ist es ratsam, umfangreichere Arbeiten im – entfernten – Herstellerwerk durchführen zu lassen. Die Kosten der Verbringung dorthin sind zu ersetzen.
(c) Steht man bei der Reparatur eines Lastkraftwagens vor der Wahl einen neuen Rahmen oder das Richten des alten in einer Spezialwerkstatt durchführen zu lassen, hat das Versicherungsunternehmen das Recht, eine Weisung zur Durchführung der Richtarbeiten zu geben. Den Transport zur und von der Spezialwerkstatt zahlt das Versicherungsunternehmen.

Die Reparatur muß sparsam durchgeführt werden. Sind Abschnittsreparaturen möglich, müssen sie erfolgen. Es darf aber nicht auf Kosten der Verkehrssicherheit gespart werden. Es sollte der gute und preiswerte Weg zu Reparatur gewählt werden.

190 Restteile verbleiben zum Taxwert dem Versicherungsnehmer (§ 13 Abs. 3 b AKB). Diese Bestimmung hat für die Reparaturen im allgemeinen nur theoretische Bedeutung, da allenfalls mit Gutschriften für ausgebaute Aggregate zu rechnen ist. Diese müssen aber von der Entschädigung abgesetzt werden (vgl. Kapitel 15).

191 Das Prognoserisiko trägt das Versicherungsunternehmen, wenn es den Gutachter bestellte und dieser sich verschätzte. Der Regreß gegen den Sachverständigen soll hier nicht erörtert werden. Das Versicherungsunternehmen zahlt meist Zug um Zug gegen Zession eventuelle Ersatzansprüche an den Versicherungsnehmer und regressiert beim Sachverständigen/Werkstatt.

192 Die Fehler der vom Versicherungsnehmer gewählten Werkstatt gehen nicht immer zu Lasten des Versicherungsnehmers (Werkstatt nicht sein Repräsentant).

Beispiel:

Eine Werkstatt verschlampt und braucht mehr Arbeitswerte und Material. Das Versicherungsunternehmen muß die Instandsetzungskosten zahlen. Allerdings können die Ansprüche des Versicherungsnehmers gegen die Werkstatt geltend gemacht werden (Zession). Das gilt aber nur, soweit keine andere Weisung erteilt oder die teure/großzügige Arbeitsweise der Werkstatt ortsbekannt war.

Andererseits muß der Versicherungsnehmer sparsam mit dem Geld der Versichertengemeinschaft umgehen. Es müssen daher Werksrabatte auch bei Reparaturen in Anspruch genommen werden, zum Beispiel ein Autowerk gibt vertragsgemäß einem bestimmten Personenkreis (seinen Arbeitnehmern, Taxifahrern usw.) auf Teile bis zu 25 % Rabatt. Solche Versicherungsnehmer haben keinen Anspruch auf Erstattung des vollen Preises der Teile. Bereits von den Werkstätten abgesetzte Rabatte (z. B. Skonti für Taxifahrer) können dem Versicherungsunternehmen nicht in Rechnung gestellt werden (für Kraftfahrthaftpflichtversicherung ergibt sich dies aus der Schadenminderungspflicht: LG Koblenz 30.03.87, ZfS 87, 170). Im Verkehr übliche Rabatte müssen vom Versicherungsnehmer in Anspruch genommen werden. Er ist aber nicht verpflichtet, die Werkstatt diesbezüglich stets unter Druck zu setzen. Verwandtenrabatte können dagegen nicht abgesetzt werden. Bei Erledigung der Arbeiten in der eigenen Werkstatt des Versicherungsnehmers können keine vollen Preise genommen werden, auf jeden Fall nicht die Mehrwertsteuer, denn es ist regelmäßig kein Steuertatbestand erfüllt. Auch entfällt meist der Gewinnanteil. **193**

Schäden, die bei der Reparatur entstehen, sind neue Schäden und nicht Folge der alten. Der Selbstbehalt wird bei der Regulierung der Nachbesserungsarbeiten eventuell erneut abgesetzt (neuer Schadenfall). Der Schaden durch schlechte Arbeiten gehört meist in den vertraglichen Bereich zwischen Versicherungsnehmer und Werkstatt, wo die Bestimmungen des Werksvertrages und die Ersatzverpflichtungen des Reparateurs zum Tragen kommen. Der Anspruch auf die Entschädigung durch die Versicherung und seine Höhe werden – anders als bei der Regulierung von Ersatzansprüchen des Geschädigten in der Kraftfahrthaftpflichtversicherung – nicht berührt. **194**

Bei Glasbruch und Teileersatz sowie Kurzschlußschäden an der Verkabelung sind regelmäßig auch die Einbaukosten und Kleinteile mitversichert sowie Gummi bei Glasbruch (vgl. Abschnitt 4.6). **195**

Eine Ausnahme besteht beim Totalschaden (vgl. oben). Liegt die Reparatur unter dem im Kostenvoranschlag/Gutachten getaxten Preis, so

– erhält der Versicherungsnehmer nur den wirklich benötigten Betrag,
– hat er Anspruch auf die im Gutachten festgestellten, notwendigen Reparaturkosten, sofern er persönlich repariert hat,
– verbleibt es regelmäßig bei dem ausgehandelten Entschädigungsbetrag, wenn ein Schadenfeststellungs- oder Entschädigungsfeststellungsvertrag zwischen Versicherungsnehmer und Versicherungsunternehmen über die Erledigung des Schadens vor der Durchführung der Reparatur geschlossen wurde (z. B. Zahlung und Annahme als Erfüllung).

Hingegen stellt die kommentarlose Übersendung eines Fahrzeugwertgutachtens an den Versicherungsnehmer, das das Versicherungsunternehmen in Auftrag gegeben hatte, keinen Antrag auf Abschluß eines Regulierungsvertrages dar. Auch das Versicherungsunternehmen hat die Möglichkeit, ein weiteres Gutachten erstatten zu lassen und die Entschädigung danach zu berechnen (LG Köln 05.08.87 – 20 O 153/86).

Zum Abschluß eines Vertrages über die Entschädigung oder ihrer Höhe ist der klar erkennbare Wille der Beteiligten nötig, einen bestimmten Betrag zu zahlen, wenn das Gutachten, auf das sich die Parteien stützen, anfechtbar ist (*Prölss-Martin,* a.a.O., § 64 Anmerkung:

1 B) und diese Summe als endgültige Leistung des Versicherers für diesen Schadenfall anzunehmen.

197 Ersatz wird für Schäden am Fahrzeug und an seinen Teilen gewährt. Die Teile müssen am Fahrzeug montiert oder unter Verschluß verwahrt sein.

Beispiel:

Winterreifen sind im Sommer abmontiert und liegen in der verschlossenen Garage. Sie sind in der Fahrzeugversicherung gedeckt.

Keine Deckung besteht aber für Schäden im Ersatzteillager des Bastlers.

Folgende Regeln sind zu beachten:

– Eine ordentliche Werkstatt darf zur Ausführung der Reparaturen gewählt werden,
– ordentliche Arbeit wird bezahlt.
– Regelmäßig besteht keine Verpflichtung zum Einbau gebrauchter Teile (überholte Servolenkung, Motoren usw.) für privilegierte und neuere (nicht über vier Jahre alte) Fahrzeuge, soweit der Einbau derartiger Teile bei Reparaturen unüblich ist.
  Die Üblichkeit entscheidet über den Umfang der Reparaturen und den Teileersatz. Das gilt im wesentlichen auch für den Schadenersatz in der Kraftfahrthaftpflichtversicherung.
– Die Antwort auf die Frage, wie würde bei nicht versichertem Fahrzeug vorgegangen, entscheidet auch den Umfang der in Kasko zu erstattenden Aufwendungen.
– Bei Auslandschäden werden nicht deutsche, sondern Ortspreise bei der Reparatur am Schadenort – sowohl höher als auch preiswerter (Beispiel: Reparatur in Griechenland) – im Gutachten kalkuliert und ersetzt. Die Umrechnung der Währungen erfolgt nach dem Tageskurs zum Zeitpunkt des Entstehens des Ersatzanspruchs (OLG Zweibrücken 28.03.80, ZfS 87, 207). Das gilt auf jeden Fall im Haftpflicht-Schaden, wird aber wohl auch in Kasko als Faustregel anzunehmen sein.

198 Zu den Reparaturkosten gehören auch

– die Kosten der Herbeischaffung von Ersatzteilen (einfache Transportkosten). Diese sind regelmäßig in den Gemeinkosten enthalten. Luftfrachtkosten für ihre Anlieferung sind nur in den AVSB bei Auslandsschäden und mehr als 50 km vom Wohnort des Versicherungsnehmers gedeckt,
– der Transport des Fahrzeugs (Abschleppen) zu der dem Fahrzeugstandplatz im Schadenzeitpunkt nahegelegenen Fach-/Werkstatt oder zur Lackierung (anders bei Verschulden des Versicherungsnehmer bei Werkstattauswahl, wenn durch die Überführung des Fahrzeuges zur Lackiererei zusätzliche Kosten entstehen und/oder der Reparateur einen Zuschlag auf die Lackierungsarbeiten erhebt; aber andere, geeignete Werkstätten selbst lackieren und damit diese zusätzliche Kosten entfielen).
– Zuschläge für die übliche Lagerhaltung usw. (auch Frachten, vgl. oben), die allerdings regelmäßig in den Gemeinkosten enthalten sind. Es sei denn, die Gemeinkosten sind deutlich geringer als im Durchschnitt der anders kalkulierenden Betriebe. Dann können sie gesondert in die Regulierung einbezogen werden.

Der Schadenaufwand wird gemindert durch Gutschriften der Werkstatt (z. B. für Servolenkungen, Motoren usw.), denn Restteile verbleiben dem Versicherungsnehmer. Er muß also die Gutschriften offenlegen und von der Entschädigung absetzen lassen.

Zu den Transport- und Abschleppkosten sei auf Kapitel 18 verwiesen.

Zu den Reparaturkosten gehören nicht die Kosten der Reinigung des Fahrzeuges von Glassplittern (AG Saarbrücken 24.09.85, r + s 87, 187).

Bei gestohlenen oder abhanden gekommenen Fahrzeugschlüsseln werden gegebenenfalls die Schlüssel ersetzt. Es besteht kein Anspruch auf Auswechseln der Schlösser (vgl. Kapitel 9). In bezug auf Rettungskosten, § 63 VVG, wird nur der Aufwand ersetzt, der nach einem Schaden entstand. Die Vorbeugungsmaßnahmen gehen eigentlich zu Lasten des Versicherungsnehmers.

Hinweise für Sachverständige

- Berechtigung der Reparatur prüfen,
- Abgabe von Weisungen (z. B. Werkstattwahl) schnell prüfen und Versicherungsnehmer unterrichten,
- Absetzen von Abzügen (neu für alt), Rabatte, Garantiearbeiten, Gutschriften usw. in Rechnung/Gutachten prüfen,
- nicht kaskogedeckte Leistungen (Unkosten der Werkstatt, Aufwand für Schadenbearbeitung, Kredit und Mietwagenkosten, Minderwert, Treibstoff, Öl, Frostschutz u. ä. m.) aus der Rechnung eliminieren.
- Schätzen: Ortsübliche Reparaturkosten zur Behebung der Unfallschäden,
- Hinweis auf Alt- oder Vorschäden und sonstige Besonderheiten (z. B. außergewöhnlich hoher Ansatz von Arbeitswerte und seine Begründung),
- Versicherungsnehmer/Antragsteller auf Besonderheiten hinweisen,
- bei mehreren Schadenfällen an einem Fahrzeug getrennte Kalkulationen, Hinweise auf Verbundwerte für die Beseitigung der einzelnen Schäden und wo diese angesetzt werden können. Ein Hinweis, ob und inwieweit der Folgeschaden durch den ersten verschlimmert wurde, ist unumgänglich,
- Versicherungsnehmer muß auf die Möglichkeit der preiswerteren Werkstatt im Kaskoschaden hingewiesen und über die Folgen der Benutzung einer zu teuren belehrt werden. Er sollte Weisungen des Versicherungsunternehmens einholen. Auch der Sachverständige sollte Kontakt mit dem Versicherungsunternehmen/Sachbearbeiter suchen,
- bei Spezialarbeiten: Im Gutachten ausführen, wer und wo diese zu den kalkulierten Sätzen erledigt werden,
- bei Auslandsschäden gegebenenfalls In- und Auslandspreise angeben,
- Gegenüberstellung von Instandsetzung und Ersatz meist unumgänglich. Wirtschaftlichkeitserwägungen im Gutachten anführen,
- Hinweise auf Ersparnisse (Abschnittsreparatur, Teillackierung usw.),
- Hinweise auf Werkstattfehler (Nachbesserung vereinbaren, nach Abstimmung mit Versicherungsnehmer und Versicherungsunternehmen); eventuell Nachbesserung kalkulieren,

- Hinweis im Gutachten auf Nachbesserungsarbeiten sind nötig, besonders dann, wenn diese versteckt in der Rechnung enthalten sind,
- Hinweise auf Rabatte am Ort: Aktionspreise, Werkstattsrabatte,
- Gutschriften (übliche/zu erwartende) im Gutachten ausweisen.

12. Totalschaden

Der Wert (Wiederbeschaffungspreis des Fahrzeuges) ist die Obergrenze der Kaskoentschä- **199** digung. Der Totalschaden wird stets als Abrechnungsgrundlage angenommen, wenn die Reparatur teurer als der Preis der Wiederbeschaffung ist (§ 13 Abs. 1 AKB). Eine Ausnahme bilden Personenkraftwagen (ohne Taxi, Mietwagen mit und ohne Fahrer, Campingfahrzeuge und Wohnmobile), die nicht älter als 2 Jahre sind und sich in der Hand des Erstbesitzers befinden (privilegierte Fahrzeuge, § 13 Abs. 2 AKB). Als Erstbesitzer gelten die Eigentümer, die das Fahrzeug vom Hersteller oder Händler neu erworben haben. Ein Sicherungseigentum etwa einer Bank, bleibt dafür unbeachtet. Bei privilegierten Fahrzeugen wird ein höherer Entschädigungsbetrag als der Fahrzeugpreis gezahlt.

Der Wert des Fahrzeugs ist der Preis, den es auf dem Markt erzielt. Dabei sind die üblicherweise am Fahrzeug vorhandenen und mitversicherten Teile zu kalkulieren. Da die Kaskoversicherung keine festen Summen wie die Hausratversicherung kennt, müssen auch Besonderheiten, die den Wert des Einzelfahrzeuges über den vergleichbarer anderer hinausheben, mit in die Entschädigung einbezogen werden, LG Bochum 18.09.85, r + s 88, 38 f.

Beispiel:

(a) Sonderlackierung,
(b) Spezialbearbeitung besonderer Teile (wie Feuereloxierung).

Tabellarisch stellen sich die Grenzen der Berechnung der Entschädigung wie folgt dar:

Fahrzeuge	Reparaturkosten < Wiederbeschaffungswert	Reparaturkosten > Wiederbeschaffungswert	Höchstentschädigung
alle Kraftfahrzeuge	Reparatur	Wiederbeschaffungswert	Wiederbeschaffungswert
private Fahrzeuge	Reparatur	bis zum Neupreis	Zeitwert*
	im 1. Jahr Reparatur bis 80% des Neupreises 2. Jahr Reparatur bis 70% des Neupreises	Neupreis	Neupreis

* Wiederbeschaffungswert gemäß BGH + 25% für alte Verträge – 1984 und älter – Höchstentschädigung: Neupreis (allenfalls unverbindliche Preisempfehlung)

Übersteigen die Reparaturkosten den Wiederbeschaffungswert, kann der Versicherungsnehmer das beschädigte Fahrzeug verschrotten (Wrack verkaufen zum nachgewiesenen Preis) oder reparieren lassen. Er erhält aber nur den Wiederbeschaffungspreis.

Einen Verwendungsnachweis für die Entschädigung braucht der Versicherungsnehmer nicht zu erbringen. Eine Ausnahme besteht ausdrücklich nur hinsichtlich der Zusatzleistungen für privilegierte Fahrzeuge. Hier gilt die abweichende Regelung, daß der Versicherungsnehmer die Verwendung der erhöhten Entschädigung nachweisen muß, um sie zu erhalten. Die Verwendung kann bestehen in der

- Neubeschaffung auch eines anderen Typs oder gleichen Typs, auch wenn zwischenzeitlich ein billigeres Interimsfahrzeug genutzt wurde.

  Beispiel:

  Mercedes liefert erst in 3 Jahren, inzwischen wurde ein billigeres Fahrzeug angeschafft und genutzt.

- Verwendung der Entschädigung für eine Reparatur (Belege dafür müssen vorgelegt werden).

Der Versicherungsnehmer muß also für den Betrag, der über den Wiederbeschaffungswert hinaus gezahlt wird, den Nachweis über die Verwendung des Geldes für die Neubeschaffung eines anderen Wagens oder zweier Fahrzeuge – allerdings nicht nacheinander, sondern zum etwa gleichen Zeitpunkt – führen (OLG Hamm 09.12.87, r + s 88, 36 f.; AG Köln 20.02.84, ZfS 84, 185 und *Stiefel-Hofmann,* a.a.O., § 13 RZ 44) oder die Verwendung des Geldes für die Reparatur des Unfallwagens belegen. Die Kommentierung (*Stiefel-Hofmann,* a.a.O., 13 RZ 44) läßt den Nachweis dann auch als geführt gelten, wenn nicht der Versicherungsnehmer selbst, sondern ein enger Familienangehöriger – etwa die Ehefrau – die Ersatzbeschaffung vornimmt.

Zerstörung, Verlust und Beschädigung stehen sich bei der Berechnung der Entschädigung gleich.

Darauf hingewiesen sei, daß die Begriffsbestimmung „Zeitwert" und „Wiederbeschaffungswert" nicht notwendige Gegensätze sind. Es kommt vielmehr darauf an, wie gerechnet wurde. So wäre gegen die Formulierung „Zeitwert" im Sinne der BGH-Rechtsprechung kein Einwand zu erheben. Diese entspricht dem Sinne der AKB, die den Versicherungsnehmer so stellen will, daß er sich ein dem alten entsprechendes Fahrzeug von der Entschädigung kaufen kann. Der Begriff „Zeitwert" wird dann lediglich als Wert am Tage des Schadens verstanden (AG Nürnberg 11.04.1986 – 12 C 234/86).

12.1 Zeitwert / Wiederbeschaffungswert

200 In der Sachversicherung taucht oft der Begriff des „Zeitwertes" auf, so in den AKB, die noch für alte – zum Beispiel vor 1985 geschlossene – Versicherungen gelten. Er soll den Wert einer Sache des Versicherungsnehmers darstellen, der Versicherungsgegenstand ist. Über seinen Inhalt besteht Streit. Die AKB haben ihn durch den des „Wiederbeschaffungswertes" ersetzt. Wiederbeschaffungswert ist die Grenze der Versicherungsleistung (eigentlich auch hinsichtlich der Abschleppkosten). Das ist der Wert, den der Versicherungsnehmer zahlen muß, um ein entsprechendes Fahrzeug auf dem Markt zu erhalten (regelmäßig Einzelhandelspreise bei Privatleuten, Großhandelspreise bei Händlern).

Grundsätzlich zahlt das Versicherungsunternehmen maximal den Wiederbeschaffungswert; **aber** auch Rettungskosten (§ 63 VVG), zum Beispiel für Restteile usw. So darf es der Versicherungsnehmer für angemessen halten, ein Wrack von der Straße zu bringen, damit es – auch im Interesse des Versicherungsunternehmens – verwertet werden kann und keine Gefahrenquelle darstellt (Vermeidung etwaiger Kraftfahrthaftpflicht-Schäden – vgl. Kapitel 9).

Der Begriff des Zeitwertes ist in der Vergangenheit unterschiedlich ausgedeutet worden. Er gilt noch für die 1984 und früher abgeschlossenen und seitdem unverändert bestehenden Kaskoversicherungen.

Die ältere Meinung war, daß der Zeitwert der Wert des Fahrzeuges in der Hand des Versicherungsnehmers (Veräußerungswert bei ihm; gemäß § 9 Bewertungsgesetz) ist. Mit anderen Worten: Der Zeitwert ist der Verkaufspreis, den der Versicherungsnehmer bei einer Veräußerung erzielen kann (Einkaufspreis des Gebrauchtwagenmarktes).

Das BGH-Urteil vom 22.02.84 – IV a ZR 145/82, VersR 84, 480 ff. definiert den Zeitwert als den Betrag, der am Ort und Tag des Schadens für ein Fahrzeug gleicher Art und Erhaltungszustandes durch den Versicherungsnehmer auf seiner Handelsstufe (z. B. Großhändler, Händler, Endverbraucher) zu zahlen ist (durchschnittlicher Preis am gesamten Markt für den Versicherungsnehmer).

Demnach bestimmen folgende Merkmale den Zeitwert:

- Durchschnittspreise (dabei beachten: 80 % der Verkäufe laufen im Prinzip von privat zu privat) der Handelsstufe, auf der der Versicherungsnehmer kauft (Einzelhandel, Großhandel, Erzeuger),
- konjunkturelle Lage zum Zeitpunkt des Schadens,
- Marktlage des Fahrzeugtyps,
- Marktsituation des Fabrikates,
- Fahrzeugzustand,
- jahreszeitliche Marktlage zum Schadentag,
- regionale Situation, durchschnittlicher Preis eines gleichwertigen Fahrzeuges am Ort und zum Zeitpunkt des Schadens.

Beispiel:
  (a) Ein Opel Rekord ... wird im Bayerischen Wald mehr kosten als in Frankfurt.
  (b) Ein Fahrzeug mit schlechtem Firmenservie-Netz ist billiger als ein vergleichbares mit gutem Netz.
  (c) Im Frühjahr ist der Wagen teurer als im Herbst.

Bei Auslandsschäden wäre wohl der Preis am Wohnsitz des Versicherungsnehmers zum Schadenzeitpunkt zugrundezulegen:

- Er wird dort kaufen, wo er wohnt und arbeitet. Das geschieht schon wegen etwaiger Mängelrügen oder Wartungsarbeiten.
- Er wird den Zoll vermeiden wollen.
- Er bevorzugt die Garantie im Inland und die ihm dort geläufigen Vertragsbedingungen und Gepflogenheiten.

Wertet man die oben zitierte BGH-Entscheidung aus, so ergibt sich:

- Das Versicherungsunternehmen zahlt in Kasko den Preis als Entschädigung, den der Versicherungsnehmer entrichten muß, um zum örtlichen Marktdurchschnitt ein Ersatzfahrzeug zu erstehen, das dem beim üblichen Verkauf an einen Privatmann erzielten Erlös entspricht. Gehen 80 % des Handels von privat zu privat, stärkt das den festen Marktpreis auf dieser Basis. Für die 20 %-Geschäfte Händler-Privat kann kein höherer Preis durchgesetzt werden. Fraglich ist, ob der in einzelnen Fällen erzielte Mehrpreis der Händler für einen höheren Warenerwartungswert gezahlt wird (genaue Durchsicht, Garantie, Sachverständigenabnahme, TÜV neu, Rostschutz neu, Motor überholt etc.) Facit: Es wird im Handel oft kein Gebrauchtwagen schlechthin verkauft, sondern ein besonders behandeltes Fahrzeug.

Diese Händlerpreise können nur begrenzt zur Ermittlung des Marktdurchschnittes herangezogen werden.

– Für privilegierte Fahrzeuge werden, sofern nicht ein Neufahrzeug beansprucht werden kann (vgl. Kapitel 12), ein Zuschlag von 25 % zum Wiederbeschaffungswert – höchstens aber der empfohlene unverbindliche Richtpreis – gezahlt. Das kann eine Entschädigung ergeben, die über dem Wiederbeschaffungswert auf dem Gebrauchtwagenmarkt liegt. Der BGH meint, hier solle der Versicherungsnehmer ausdrücklich bessergestellt werden, als die Regeln des VVG (§ 52) vorsehen.

201 Die Zuschläge betragen:

– 25 % zum WW, höchstens Neuwert (alte Fassung der AKB) für den jeweiligen Versicherungsnehmer (auch 2. oder 3. Besitzer),
– Neupreis in den ersten 2 Jahren nach der Erstzulassung, wenn sich das Kraftfahrzeug in der Hand des Erstbesitzers befindet.

Zuschläge werden nur für Fahrzeuge und nicht für deren Teile gezahlt.

Beispiel:

Der Motor hat einen Totalschaden im ersten Jahr. Beim Personenkraftwagen bewirkt der Einbau eines neuen Austausch-Motors keinen Zuschlag.

202 Bei Caravan und Zweiradfahrzeugen besteht ein übersättigter Markt, daher gibt es nur geringere Differenzen zwischen Zeitwert und Wiederbeschaffungswert, höchstens im Frühjahr, wenn ein Verkaufsboom herrscht.

> **Hinweise für Schadenbearbeiter**
>
> – Versicherungsnehmer/Sachverständigen über preiswerte Ersatzmöglichkeiten unterrichten,
> – Wrack-/Restteilverwertung des Versicherungsnehmers unterstützen (Preisangebote übermitteln).
>
> **Hinweise für Sachverständige**
>
> – Wiederbeschaffungswert = Grenze der Kasko-Leistungen.
> – Werden Abschleppkosten neben dem Wiederbeschaffungswert gefordert: kritisch betrachten, ob diese als Rettungskosten für den Wrackwert notwendig waren und deren Zweckdienlichkeit begründen.
> – Wert des Fahrzeuges: Marktdurchschnitt, örtliche wirtschaftliche Lage, Fahrzeugzustand, letzte Handelsstufe für Versicherungsnehmer (Großhändler),

Sachverständiger schätzt und belegt sein Ergebnis und seine Stellungnahme, zum Beispiel durch Inserate, Marktbericht usw.

Kontrollrechnung: Neupreis inklusive Mehrwertsteuer, Abschreibungskurve, Korrektur nach Marktübersicht, örtliche Durchschnittspreise, übliche Nachlässe berücksichtigen.

— Darf der Versicherungsnehmer nur einen Teil der Mehrwertsteuer absetzen, so ist dies im Gutachten zu vermerken.
— Bei Vorsteuerabzugsberechtigten keine Mehrwertsteuer berücksichtigen und im Gutachten darauf hinweisen.
— Im Gutachten Durchschnittspreise, wie sie auf dem Markt üblich sind, ansetzen.
— Sonderangebote und Aktionspreise erwähnen.

12.2 Wiederbeschaffungswert

Ab 01.01.1985 wurde, wie ausgeführt, der Begriff des „Zeitwertes" durch den „Wiederbeschaffungswert" im Wortlaut der AKB ersetzt.

Sinn der bisherigen Regelung war, für privilegierte Fahrzeuge einen Betrag zu zahlen, der für die Wiederbeschaffung eines gleichwertigen Fahrzeuges ausreiche. Nun hat man diesen Grundsatz auf alle kaskoversicherten Fahrzeuge ausgedehnt und verwendet in den Bedingungen (§ 13 Abs. 1 AKB) den Ausdruck „Wiederbeschaffungswert". Das führt zu einer Angleichung der Begriffe in der Haftpflicht- an die der Kaskoschadenregulierung, zumal zur Definition in den Bedingungen ausgeführt wird: „*Wiederbeschaffungswert ist der Kaufpreis, den der Versicherungsnehmer aufwenden muß, um ein gleichwertiges gebrauchtes Fahrzeug oder gleichwertige Teile zu erwerben*", wobei — abweichend vom Haftpflichtrecht — stets die unverbindliche Preisempfehlung des Herstellers zum Zeitpunkt des Schadens für das Modell des Unfallfahrzeuges oder eines vergleichbaren die obere Grenze der Entschädigung bildet. Es wird aber nur der Preis eines gleichartigen Typs geschuldet. Ist ein solches Fahrzeug nicht auf dem Markt, müßte durch theoretische Preisermittlungen die Vorteile der neuangebotenen — verbesserten oder veränderten — Typen ausgeglichen werden (im Ergebnis: OLG Koblenz 19.02.88, ZfS 88, 217).

Es ist für alle Schäden zu Kaskoverträgen, die seit dem 01.01.1985 geschlossen oder verändert wurden zu zahlen:

— der durchschnittliche regional und saisonal bedingte Preis auf dem Gebrauchtwagenmarkt und nicht der möglicherweise vom Versicherungsnehmer geforderte/von ihm eventuell bezahlte Preis (BGH vom 02.10.85, VersR 86, 177 ff.) inklusive technischer Durchsicht des Fahrzeuges,
— eine etwaige Zubuße zur Erlangung der Händlergarantie.

Der BGH geht in den Entscheidungen zum Haftpflichtrecht von den Preisen des professionellen Gebrauchtwagenmarktes aus. Da sich hier seit 1966 (Urteile vom 17.05.66, VersR 66, 830 und vom 07.03.78, VersR 78, 664 f.) ein gewisser Übergang zum Provisionsgeschäft ergeben hat, muß das in der Wertschätzung berücksichtigt werden, insbesondere bei der Berücksichtigung der Mehrwertsteuer. Der Einfluß des Geschäfts Privat-Privat ist offen, dürfte aber nicht völlig übersehen werden, da er auch die Preise des professionellen Handels beeinflußt.

Die Durchsicht der Fahrzeuge und die Garantieleistungen sind im seriösen Handel sowohl im Händler- als auch im Provisionsgeschäft üblicherweise enthalten. Ist das nicht der Fall, senkt das den Verkaufspreis beachtlich.

Bei der Ermittlung des Wiederbeschaffungswertes müssen alle preisbestimmenden Faktoren einbezogen werden. Das gilt auch für Sonderausstattungen wie die Klimaanlage. Soll sie in das neue Fahrzeug übernommen werden, muß das im Gutachten gesagt und der Umrüstungspreis ausgewiesen werden (so AG Berlin-Charlottenburg 16.10.87 ZfS 88, 132).

Absolute Leistungsgrenze ist die unverbindliche Preisempfehlung des Herstellers für den Verkauf seiner Produkte (§ 13 Abs. 3 a AKB). Das gilt auch dann, wenn der Gebrauchtwagenmarkt ausnahmsweise höhere Preise als der Hersteller für neuere Fahrzeuge fordert. Zeitpunkt für die Bemessung des Wertes ist der Tag des Schadens.

Der Neuwert (jetzige AKB-Fassung) wird ersetzt, wenn

- das Fahrzeug bis zu 2 Jahre alt und in der Hand des Erstbesitzers ist (formelle Zulassung für den Händler zur Steigerung der Verkaufszahlen bleibt regelmäßig unberücksichtigt, aber nicht bei Vorführwagen. Diese sind Gebrauchtwagen).
- das Fahrzeug total entwendet wurde oder Schäden anfielen, die die Reparaturkosten überschreiten:
  (a) im ersten Jahr 80 % des Neupreises,
  (b) im zweiten Jahr 70 % des Neupreises,
  (c) ab Beginn des dritten Jahres den Wiederbeschaffungswert,
- das Erstfahrzeug binnen 2 Jahren angeschafft wird.

Der Zuschlag wird nur bis zur Höhe des Neupreises gezahlt.

Die Zahlung erfolgt nur, wenn die Verwendung des Geldes nachgewiesen ist (Verwendungsklausel). Nicht sachgerecht verwandtes Geld, das vorschnell gezahlt wurde, kann nicht zurückgefordert werden. Der marktgängige Nachlaß ist zu berücksichtigen (BGH 02.10.85, VersR 86, 177 ff.).

Wird das Fahrzeug nicht mehr hergestellt, bemißt sich die Entschädigung allenfalls nach dem Neupreis eines vergleichbaren Modells.

204 Die Zahlung des Zuschlages ist von der Bedingung abhängig, daß sich das Fahrzeug in erster Hand befindet. Es muß vom Versicherungsnehmer unmittelbar neu (ungebraucht) beim Hersteller oder Händler erworben worden sein. Das bestimmt § 13 Abs. 2 Satz 1 AKB. Der Versicherungsnehmer muß also Ersterwerber und Erstzulasser sein (OLG Koblenz 07.12.84, VersR 86, 335). Diese Bedingung ist erfüllt, wenn

- das Fahrzeug unbenutzt vom Werksangehörigen erworben wird, um diesen seinen Rabatt ausnutzen zu lassen (OLG Frankfurt 08.07.87, ZfS 87, 279),
- der Händler formal im Kraftfahrzeug-Brief eingetragen war – 100 km Laufleistung – (BGH, VersR 86, 159),
- ein Sicherungseigentümer im Brief eingetragen war (BGH 30.10.84, VersR 85, 78 f.).

Sie ist **nicht** mehr erfüllt, wenn

- das Fahrzeug als Vorführwagen eingesetzt war – Laufleistung 2.500 km – (OLG Hamburg 10.01.84, VersR 84, 884)
- zunächst die Mutter des Versicherungsnehmers und dann dieser im Brief ausgewiesen wird, obwohl die Mutter keinen Führerschein hatte (OLG Frankfurt, ZfS 86, 54).

Stellt sich später heraus, daß keine Privilegierung vorlag (LG Hanau 17.01.86, r + s 86, 277 ff.), ist der Zuschlag zurückzuzahlen.

Beispiel:

Ein als Taxi eingesetzter Personenkraftwagen ist als für Eigenverwendung bestimmt versichert. Der wahre Tatbestand kommt erst nach der Regulierung ans Tageslicht.

Ein Sicherungseigentum ändert an der Privilegierung nichts (BGH 30.10.84, r + s 85, 1). Der Versicherungsnehmer bleibt Erstbesitzer, auch wenn das Finanzierungsinstitut den Brief haben sollte. **205**

Rabatte müssen genutzt werden, das gilt auch für Sonderangebote. Sie bestimmen begrenzt die Entschädigung. Abgerechnet von den Preisen werden die üblichen Werksrabatte (soweit auf zweiten Wagen Anspruch gegeben – OLG Stuttgart 20.12.84, VersR 86, 459 –, ohne Einschränkung: LG Köln 13.01.88, ZfS 88, 114) und Barzahlungsrabatt (bis zu 3%). Das gilt auch vom marktüblichen Rabatt – hier 5% – OLG Koblenz 19.02.88 – 10 U 303, 86). Nicht angerechnet werden Verwandtenrabatte oder solche, die vom Arbeitgeber aus Kulanz eingeräumt (LG Passau 16.04.85, ZfS 85, 279) und die durch besondere Geschäftstüchtigkeit ausgehandelt werden. **206**

Der Versicherungsnehmer muß nicht um jeden Preis handeln. Ein Barzahlungsrabatt ist aber gesetzlich vorgesehen und daher auf jeden Fall absetzbar.

Den Zuschlag gibt es nur zum festgestellten Fahrzeugwert und nicht zum Ausgleich von Differenzen der Wertschätzung (AG Hamburg 30.10.86, ZfS 86, 375). **207**

Hinweise für Schadenbearbeiter

- Versicherungsnehmer bei Ersatzkauf beraten,
- Sachverständigen über Preisgestaltung informieren, wenn er zu hoch/niedrig liegt.

Teile (zusätzliche), die nicht im Neupreis enthalten sind, bestimmen den Wert mit. Der zu zahlende Neupreis bestimmt sich somit nach **208**

- dem örtlichen Neupreis des Fahrzeuges am Schadentag (Bezugsnachweis des Versicherungsunternehmens kann Entschädigung beeinflussen),
- am ortsüblichen Preis der Neuteile, **aber**
- ohne den Wert nicht versicherter oder nicht versicherbarer Teile,
- abzüglich Barrabatt, sonstige Sondernachlässe (Aktionspreis) usw.

Ein Liebhaberpreis wird nicht erstattet. Das Affektionsinteresse ist kein allgemein preisbildender Faktor; anders ist bei Oldtimern zu entscheiden. Hier besteht ein besonderer Markt. **209**

210 Bei Oldtimern werden oft bei Vertragsabschluß Fest- oder Höchstpreise – nach Anhören von Sachverständigen – festgelegt, die bei Total- oder Teilschäden gezahlt werden. Übersteigen etwaige Reparaturkosten die vereinbarten Beträge, wird wie beim Totalschaden abgerechnet (etwaige Leistungserhöhungen entfallen dann).

211 Da keine Preisbindung besteht, ist die Preisempfehlung der Herstellerwerke unverbindlich und nicht dem Listenpreis früherer Tage gleichzusetzen. Man kann ohne an die Empfehlung gebunden zu sein, den Kaufpreis frei aushandeln. Dagegen wehrte sich die Zentralvereinigung des Kraftfahrzeug-Gewerbes zur Aufrechterhaltung lauteren Wettbewerbs (ZLW) mit folgenden Argumenten:

- das Gesetz gegen den unlauteren Wettbewerb (UWG) spreche gegen ein Verhandeln,
- die PreisauszeichnungsVO zwinge zur Angabe der Preise in Geschäften (vom BVerfG aufgehoben),
- das Rabattgesetz verbiete mehr als 3 % Nachlaß. Dieses Gesetz gilt aber nur für Waren des täglichen Bedarfs. Die Gerichte entschieden zwar, daß dies auch für serienmäßige Autos gelte, aber
    (a) ein normales, fabrikneues Auto ist meist nicht serienmäßig (Sonderwünsche des Käufers),
    (b) es ist weitgehend in Technik und Äußerem verändert durch Zusätze und Ergänzungsteile,
    (c) das Fahrzeug wird nach Wunsch des Käufers zusammengestellt und ist damit im Regelfall ein speziell gefertigtes Einzelstück, also kein Serienwagen.

Das Rabattgesetz ist leicht zu umgehen, denn das Auslegen der Prospekte und Preislisten der Fahrzeughersteller mit Preisangaben im Geschäft enthält keine Verpflichtung, diese Beträge zu fordern. Wird bei Verhandlungen danach kalkuliert, aber ein Endpreis nicht sofort genannt, sondern verhandelt, liegt keine Festlegung auf die Preisempfehlung des Herstellers vor. Wird bei den Gesprächen das Wort „Rabatt" gebraucht oder über den Abzug von Prozenten gesprochen, liegt hier eine – unschädliche – falsche Wortwahl vor (falsa demonstratio non nocet). Es wird in Wahrheit nur ein Endpreis ausgehandelt. Das ist zulässig. Der Endpreis wird dann in der Regel (für jeden unverbindlich) besprochen, davon werden aber keine Rabatte mehr abgesetzt (Ausnahme: Barzahlungsrabatt).

Die erste Verhandlung ist beispielsweise abgebrochen (ohne Ergebnis), wenn der Händler sagt: „Morgen, 14.00 Uhr, habe ich ein Fahrzeug, wie Sie es suchen. Sie werden mit dem Preis zufrieden sein." In neuer Verhandlung wird dann ein neuer und nicht rabattierter Preis genannt.

Die Abmahnvereine waren bisher ein gutes Alibi der Händler, günstige Preise zu erzielen. Ihre wirklichen Motive waren oft von Gewinnstreben geprägt. Zu diesem Problemkreis sei auf die Entschließung des 22. Deutschen Verkehrs-Gerichtstages von 1984 verwiesen, in der folgendes festgestellt wird:

„Preiswettbewerb beim Neuwagenkauf

Die zum Teil äußerst kontroversen Erörterungen des Arbeitskreises III haben die juristische und praktische Bedeutung des Preiswettbewerbes beim Neuwagenkauf unter den verschiedensten Betrachtungsweisen deutlich gemacht. Auf dieser Grundlage hat der Arbeitskreis folgende Empfehlungen mehrheitlich beschlossen:

1. Die unverbindlichen Preisempfehlungen für den Kraftfahrzeughandel sollen beibehalten werden.

2. Der Händler ist frei in der Bildung seiner Verkaufspreise. Er kann die unverbindliche Preisempfehlung beliebig unterschreiten. Diese Unterschreitung kann er in Prozentsätzen oder in DM-Beträgen ausdrücken.

3. Das derzeit geltende Rabattgesetz soll bei Verkäufen von Neuwagen und anderen Waren, für die unverbindliche Preisempfehlungen bestehen, einschränkend angewendet werden.

(Begründung: Bei Angeboten unter Bezugnahme auf die unverbindliche Preisempfehlung besteht die Gefahr nicht, daß dem Kunden ein in Wahrheit nicht bestehender Preisvorteil vorgespiegelt wird).

Wird auf die in der unverbindlichen Preisempfehlung genannten Preise Bezug genommen, ist daher eine Auslegung des Rabattgesetzes anzustreben, bei der es auf Einzelheiten des Verkaufsgespräches nicht ankommt. Einerlei soll es daher insbesondere sein, ob von Rabatt oder Nachlaß gesprochen wird, wer dies zuerst ins Gespräch bringt und ob, wann und auf welche Weise der Verkäufer darauf hinweist, daß die unverbindliche Preisempfehlung nur eine Orientierungshilfe ist und nicht sein eigener Preis.

4. Zur Klarstellung sollte der Gesetzgeber das Rabattgesetz durch folgenden Absatz 3 ergänzen:

Zulässig sind Nachlässe von Preisen, die unter Bezugnahme auf die unverbindlich empfohlenen Preise gebildet werden.

5. Die Aufklärung von Händlern und Verbrauchern über die zulässige Preisgestaltung soll verstärkt werden."

Verbesserungen bei der Wiederbeschaffung/Reparatur werden in der Kaskoversicherung nicht bezahlt. Ist ein neuer verbesserter Typ des Unfallfahrzeuges auf dem Markt, besteht kein Anspruch, die Entschädigung nach dessen Preis zu bemessen. Hatte der Versicherungsnehmer allerdings vor dem Unfall Verbesserungen am Fahrzeug angebracht, muß dafür Entschädigung gewährt werden (OLG Oldenburg, 12.06.85, ZfS 88, 118).

Hinweise für Sachverständige

- Privilegierte Fahrzeuge müssen als solche tarifiert sein: PKW, Kombi, Kleinbusse. Daher ist im Gutachten das Fahrzeug zu beschreiben. Die Zuordnung ist Sache der Regulierung.
- Die Zahl der Zulassungen im Gutachten aufführen. Scheinzulassungen (künstliche Erhöhung des Händlerumsatzes usw.) nachzuweisen, ist ein Problem der Regulierung. Will der Fahrzeughalter den Zuschlag haben, ist seine Erklärung, warum er nicht Erstbesitzer ist, eventuell im Gutachten aufzuführen. Es sollte dann zum Beispiel geschrieben werden: „Nach Angaben des ... ist er Erstbesitzer, weil ...".
- Bei nicht mehr produzierten Typen mit kurzer Begründung vergleichbare Fahrzeuge und deren ortsübliche Preise nennen (eventuell Sonderausstattung aufführen).

Hinweise für Schadenbearbeiter
- Bei Lücken im Gutachten (z. B. Vorbesitzer, Vorschäden) nachfragen, Belege für Reparatur der Vorschäden fordern.
- Verwendung des Fahrzeuges bei Zweifeln (z. B. ständig anderer Fahrer bei Privatfahrzeug) prüfen.

12.3 Zulassungskosten, sonstige Kosten

212 Nicht ersetzt werden in der Kaskoversicherung:

- Zulassungskosten auch bei Neufahrzeugen,
- Überführungskosten,
- Auslagen zur Ersatzbeschaffung,
- Nutzungsausfall,
- Wertminderung usw.,
- Kraftstoffe,
- Schmier- und Betriebsmittel.

13. Abzüge „neu für alt"

Bei der Ersatzleistung werden entsprechend der Abnutzung von den Teilen eines Fahrzeuges sowie vom Zubehör Abzüge berücksichtigt (§ 13 Abs. 5 AKB), und zwar unabhängig vom Alter des Fahrzeuges sofort von Batterie, Reifen, Lack, Zubehör; bei sonstigen Teilen
- nach Ablauf von 4 Jahren auf die Erstzulassung folgenden Kalenderjahren bei PKW, Krad, Kombiwagen, Bus;
- nach Ablauf von 3 auf die Erstzulassung folgenden Kalenderjahren bei allen anderen Fahrzeugen.

> **Hinweis für Sachverständige**
> - Abzüge einzeln im Gutachten ausweisen.
> - Nicht zulässig sind Abzüge vom Arbeitslohn zum Einbau der Teile.

In einer nicht unumstrittenen Auffassung hat der Versicherungsnehmer – unabhängig von der Zulässigkeit der Abzüge „neu für alt – nur einen Anspruch auf Austausch/Ersatz größerer Teilgruppen (Aggregate, wie Motor, Lichtmaschine, Getriebe etc.), die eine gewisse eigene vollständige Funktion ausführen können (Aggregattheorie). Gemäß § 13 Absatz 1 AKB besteht daher nur Anspruch auf den Einbau gleichwertiger (also gebrauchter und überholter) Anlagen. Der Versicherungsnehmer erhält das, was er zur Wiederherstellung seines Fahrzeuges in den Zustand benötigt, in dem es vor dem Schadenereignis war.

Hier wird nur der Wert des Aggregats (Wiederbeschaffungswert) ersetzt, soweit für das beschädigte Aggregat ein Gebrauchtmarkt besteht (Gutschriften für etwa wieder zu verwendende alte Teile müssen bei der Regulierung abgesetzt werden – vgl. Kapitel 11 und 15).

Gegen die Aggregattheorie war oft vorgebracht worden, daß sie der Bestimmung des § 13 Abs. 5 AKB widerspräche, worin ein Verbot der Abzüge „neu für alt" bei neueren Fahrzeugen vorgesehen ist. Tatsächlich besteht hier eine Konkurrenz zwischen dieser Regelung und dem § 13 Abs. 1 AKB, in dem festgelegt ist, daß der Wert des Fahrzeuges und seiner Teile bis zum Wiederbeschaffungswert versichert seien. Die Lösung dieses Problems ergibt die Verkehrsüblichkeit der Reparaturen. Wenn es nicht unüblich ist, für ein schadhaftes Aggregat ein gleichwertiges gebrauchtes und natürlich durchgesehenes und überholtes einzusetzen, muß dies auch in der Kaskoversicherung hingenommen werden. So ist es ausgesprochen unüblich, in bereits gebrauchte Autos fabrikneue Motoren zu installieren. Deshalb muß im Kaskoschadenfall der Versicherungsnehmer hinnehmen, daß er einen überholten Austauschmotor in seinen 2 Jahre alten Personenkraftwagen eingebaut bekommt. Er hat auch nur Anspruch auf Entschädigung in Höhe des Anschaffungspreises eines solchen Aggregates.

> **Hinweis für Sachverständige**
> Wiederbeschaffungswert des Aggregats nach dem Marktdurchschnitt angeben und dabei im Gutachten ausführen, ob und welche technischen Verbesserungen im

> neuen Gerät enthalten sind. Gutschriften für das alte Aggregat erwähnen, möglichst den Betrag dafür nennen.

Die Differenz zum Neupreis entspricht dem Wert der Verbesserung des Kraftfahrzeuges durch den Einbau von Neuteilen. Er entfällt, wenn gebrauchte Teile verwendet werden (Ausfluß des Bereicherungsverbotes).

215 Der Abzug wird berechnet
- unter Berücksichtigung der Abnutzung der Teile (nicht des Fahrzeuges) nach den Marktgegebenheiten (Altteilhandel, Verwertungsbetriebe),
- nicht nach Abschreibungstabellen (*Stiefel-Hofmann*, a.a.O., § 13 RZ 67); das sind nur Orientierungswerte. Auch scheinbar nicht schnell verschleißende Teile unterliegen dem Abzug. Der Ersatzaufwand wird unter dieser Prämisse kalkuliert.

216 Üblicherweise sollte versucht werden, den Zustand des Versicherungsgegenstands vor dem Schadeneintritt durch Einbau entsprechender Aggregate (und damit ohne Abzug „neu für alt") wiederherzustellen:
- Gibt es gut aufgearbeitete Altteile auf dem Markt, besteht nur ein Anspruch auf solche Teile.
- Gibt es keinen Altteilmarkt oder ist der Einbau neuer Teile üblich, dann werden neue Teile gezahlt.

Die Definition des Wiederbeschaffungswertes (vgl. Kapitel 12) gilt nicht nur für die Fahrzeugentschädigung, sondern auch für seine Teile (dafür: *Stiefel-Hofmann,* a.a.O., § 13 Rz 22 – 23, *Pienitz-Flöter, Allgemeine Bedingungen für die Kraftfahrtversicherung,* 4. Auflage, Berlin 1976, § 3 I S 6, vom BAV nicht beanstandet; dagegen: *Bauer, Die Kraftfahrtversicherung,* 2. Auflage, München 1983, S. 167, *Johannsen,* a.a.O., J 138; ohne Meinung: *Prölss,* a.a.O., § 13 Anm. 2). Auf jeden Fall sollte ein Abzug der Gutschriften oder des Marktwertes der Restteile erfolgen.

217 Verbesserungen (technische und äußerliche) ersetzt der Versicherer nicht.

Beispiele:

(a) Verbesserungen werden eingebaut (z. B. durch besonderen Auspuff),
(b) Verschleißschäden werden beseitigt (verbrauchte Achse am LKW erneuert),
(c) Veränderungen werden vorgenommen (z. B. besseres Motorrad-Cockpit),
(d) Betriebsmittel (Öl, Treibstoff, Frostschutzmittel) werden ergänzt.

218 Die Einschränkung, den Abzug „neu für alt" nur für ältere Fahrzeuge vorzusehen, gilt nicht für das Zubehör (z. B. Radio, Hifi-Anlage etc. Hier kann sofort ein Abzug vorgenommen werden, wie bei Reifen, Lack und Batterie (vgl. im einzelnen Kapital 16).

Berechnungsgröße für die Entschädigung ist auch hier der Wiederbeschaffungswert. Bei Totalschäden muß im Gutachten/bei der Abrechnung klar zum Ausdruck gebracht werden, ob und inwieweit das Zubehör mit in den Gesamtwert eingerechnet wurde.

14. Mehrwertsteuer

Die Frage der Mehrwertsteuer ist unterschiedlich zu betrachten. Genau genommen fällt die Mehrwertsteuer erst an, wenn sie bezahlt wird, doch meint der BGH (Urteil vom 30.01.1985 – IV a ZR 109/83, ZfS 85, 116), daß die Mehrwertsteuer stets zu zahlen ist, auch wenn ihr Anfall nicht nachgewiesen werden kann. Sie gehört zu den erforderlichen Kosten der Wiederherstellung, die der Versicherer bedingungsgemäß schuldet. Allerdings hat der Vorsteuerabzugsberechtigte keinen Anspruch auf Zahlung der Mehrwertsteuer, er muß sie ja auch letztlich nicht zahlen.

219

Besonders bei gebrauchten Fahrzeugen und der Verwertung von Wracks, bei denen der Markt hauptsächlich Geschäftsvorgänge von privat zu privat kennt und die Mehrwertsteuer keine wesentliche Rolle in der Preisfestsetzung spielt, muß genau geprüft werden, ob Pauschalpreis (übliche Marktpreise) oder solche ohne Mehrwertsteuer ausgewiesen werden. Für diese Pauschalpreise darf die Mehrwertsteuer nicht zusätzlich berechnet werden. Das läßt sich durch Vergleich mit Gebrauchtwagenpreis-Übersichten usw. klären (zu Leasingfahrzeugen vgl. Kapitel 20).

Hinweis für Sachverständige

Im Gutachten klären, ob mit oder ohne Mehrwertsteuer kalkuliert wurde. Der Steueransatz hat Bedeutung bei der Abrechnung (Berücksichtigung des Vorsteuerabzuges).

Hinweis für Schadenbearbeiter

Wurde die Mehrwertsteuer unklar/nicht ausgewiesen, Rückfrage halten (Kalkulationsgrundlage) und Marktvergleich anstellen.

15. Restwerte

220 Die Restwerte und die Altteile verbleiben dem Versicherungsnehmer zum Veräußerungswert (§ 13 Abs. 3 AKB). Eine Verwertung (Verkauf) muß nicht notwendig erfolgen. Der Wert, der abgerechnet wird, muß auf dem Markt zu erzielen (Angebote einholen) und nicht nur abstrakt errechnet worden sein.

> **Hinweis für Sachverständige**
>
> Für Restteile Angebot einholen und Anbieter im Gutachten nennen. Kamen auf 3 Anfragen keine Angebote, sollte dies im Gutachten gesagt werden (zum Nachweis die erfolglosen Anfragen beifügen).
>
> **Hinweise für Schadenbearbeiter**
>
> - Versicherungsnehmer bei der Verwertung unterstützen (Angebote einholen und mitteilen, Aufkäufer informieren),
> - geschätzten Wert prüfen (Beurteilung des Preises erhaltener Restteile wie Motor, Lenkung, Reifen, Getriebe, Radio schätzen und mit den Preisen im Gutachten vergleichen).

Zwar bleiben die Restwerte dem Versicherungsnehmer zum Taxpreis, also zu dem Wert, den der Sachverständige schätzt. Liegt dem Versicherungsnehmer ein erheblich höheres Angebot vor oder wird ihm vom Versicherungsunternehmen ein derartiges Angebot mitgeteilt, darf er nicht ohne Abstimmung mit dem Versicherungsunternehmen zur Taxe des Sachverständigen verkaufen. Er muß sich in der Regulierung mindestens so behandeln lassen, als hätte er zu dem vom Versicherungsunternehmen mitgeteilten Preis verkauft (LG Köln 19 S 639/86).

Hat das Versicherungsunternehmen ein höheres Angebot als der Sachverständige, kann dieser Wert nur angesetzt werden, wenn er dem Versicherungsnehmer bald nach der Prüfung der Sache – aber nicht erst nach Ablauf einer längeren Frist – mitgeteilt wird (im Ergebnis: AG München 14.05.85, r+s 86, 251).

Verwertungsmöglichkeiten sollten dem Versicherungsnehmer durch das Versicherungsunternehmen oder den Sachverständigen nachgewiesen werden. Das erleichtert die Abrechnung. Grundlage der Berechnung ist der Wert der Teile (beschädigte), in der Regel aber der Verkaufspreis, den der Versicherungsnehmer erzielen kann und wohl nicht sein Kaufpreis, BGH 22.02.84 – IV a 145/82, ZfS 84, 150).

Praktisch besteht das Problem nur im Falle der Reparatur größerer Teile oder beim Totalschaden. Gutschriften werden üblicherweise erteilt für

- Motor,
- Achsen,
- Getriebe,

- Servolenkung,
- Fahrerhaus.

Für kleinere Blechteile, wie Kotflügel, werden sie selten zugestanden. Hier besteht auch kaum die Möglichkeit der Verwertung. Eine diesbezügliche Restwertberechnung ist unüblich. Bedeutsam ist die Restteil- oder Wrackverwertung beim Totalschaden. Oft ergeben sich dabei Erlöse für den Versicherungsnehmer, z. B. bei Liebhaberfahrzeugen.

Repariert der Versicherungsnehmer, obwohl die Wiederherstellungskosten den Fahrzeugwert übersteigen (Totalschaden), werden Restwerte nicht abgesetzt. Vergleiche dazu *Prölss*, a.a.O., § 13 AKB Anm. 4b: „*Es ist aber zu beachten, daß immer nach Nr. 4,3 zu verfahren ist (Höchstentschädigung minus Restwert), wenn die Reparaturkosten die jeweilige Leistungsgrenze übersteigen. Stiefel/Hofmann, § 13 Rz. 39: „Das hat zur Folge, daß der Versicherungsnehmer den Anspruch auf erhöhte Kaskoentschädigung auch dann erhält, wenn er den Resterlös nicht zur Anschaffung ... verwendet. Nach der ausdrücklichen Vorschrift des Abs. 10 ist dabei der Wert der Altteile jeweils in Abzug zu bringen.*" *Johannsen*, a.a.O., Anm. J. 136: „*Hier hat der Versicherungsnehmer aber dennoch den Anspruch auf die vollen hypothetischen Reparaturkosten und darf daneben die Restteile behalten; nicht etwa ist der Versicherer zu deren Abzug mit der Begründung berechtigt, daß mangels Durchführung der Reparatur eben doch ein Totalschaden vorlag.*"

Die Abrechnung ist bis zum Nachweis der Reparatur nach *Prölss* rechtspolitisch notwendig, sonst gibt es Durchstechereien. Die einzige Kontrolle besteht bisher im Nachweis der Reparatur bei Zahlung der Zuschläge.

16. Ersatz der Zubehörteile

221 Grundsätzlich sind nur das Kraftfahrzeug selbst und die mit ihm verbundenen Teile in der Kaskoversicherung gedeckt. Die Versicherung erstreckt sich darüber hinaus auch auf Teile, die getrennt vom Fahrzeug in einem fest verschlossenen Raum aufbewahrt werden. Als Beispiel seien die Winterreifen, die während des Sommers in der verschlossenen Garage verwahrt werden, genannt. Für die Zubehörteile ist im Rahmen der Kaskoversicherung nur eine Entschädigung zu zahlen, wenn sie besonders in einer Liste, die der AKB beigefügt ist, unter Ziffer 1 genannt werden. Sind die in Ziffer 2 der Liste genannten Sachen betroffen, ist eine Zusatzversicherung nötig, soweit

- das Zubehör teurer als DM 1.000,— ist,
- ein Radio über DM 1.000,— kostet,
- Lautsprecher mehr als DM 1.000,— kosten,
- Veränderungen am Aufbau des Wagens vorlagen,
- Veränderungen am Fahr- und Triebwerk selbst vorgenommen werden,

um eine Entschädigung dafür aus der Kaskoversicherung zu erhalten. Die in den Listen nicht erwähnten Teile werden nur im Rahmen der Grundregel des § 12 Abs. 1 AKB (am Fahrzeug befestigt oder unter Verschluß verwahrt) entschädigt, OLG Oldenburg 12.06.85, r+s 88, 37.

Das gilt nach der Neufassung der Teileliste per 01.07.88 besonders für Packtaschen der Motorräder. Sie müssen mit dem Fahrzeug verschraubt, verschweißt oder durch ein – zum Teil integriertes – Sicherheitsschloß verbunden sein. Auch bei der wohl seltenen Kaffeemaschine wird, sofern sie gegen Zuschlag mitversichert wurde, gefordert, daß sie mit dem Fahrzeug fest verbunden oder in eine Halterung eingebaut wurde.

Daß nunmehr ab 01.07.88 auch Katalysatoren oder andere schadstoffmindernde Anlagen unter die prämienfrei mitversicherten Teile zählen, bedarf wohl keiner langen Begründung.

222 Die in der Liste 3, Anlage zur AKB, genannten Gegenstände, wie Atlas, Decken, Kompaß, Kassetten, Motorradkleidung, Funkempfänger, Garagenöffner, Staubsauger, Ersatzteile usw. sind in der Kaskoversicherung nicht versicherbar. Für sie müßte ein gesonderter Vertrag abgeschlossen werden (z. B. Transportversicherung).

223 Der Versicherungsagent ist nicht verpflichtet, auf die Wertgrenze des Zubehörs und die mögliche Zusatzversicherung hinzuweisen (LG Verden 29.04.87, ZfS 87, 247).

224 Die im Versicherungsvertrag eingeschlossenen Teile sind erschöpfend in den AKB genannt.

Hinweise für Sachverständige
- Prüfung der Erstattungspflicht ist Sache des Regulierers.
- Prüfen, wie weit in der Zulassung Fahrzeugumbauten oder -veränderungen ausgewiesen sind (Vermerk im Gutachten).

- Bei Totalschaden den Gesamtwert in einer Summe schätzen und im Gutachten vermerken, was mitgetaxt wurde (z. B. Radio, Sonderausstattung usw.).
- Will der Versicherungsnehmer die Zubehörteile ins neue Fahrzeug übernehmen, am besten klären, was im Wrack bleibt (nur das beim Wert mitkalkulieren). Im Gutachten müssen alle Einzelheiten geschildert werden. Für nicht bewertete Teile gegebenenfalls Umbaukosten angeben.
- Bei Brand o. ä. auf Einbauspuren oder Reste von Geräten (z. B. Lautsprecher, Magneten) hinweisen.

Ab 01.04.85 (seit Freigabe der Kasko-Versicherung) gilt die vereinbarte Liste der Teile, d. h. Liste der Teile am Tage des Vertragsschlusses. Bei Vertragsänderung wird regelmäßig die dann gültige Liste vereinbart. Ab 01.07.88 ist aber wieder eine automatische Anpassungsklausel vorgesehen.

Ersetzt wird der Wiederbeschaffungspreis, der den Kauf einer entsprechenden Sache ermöglicht. Abzüge „neu für alt" sind bei jedem Fahrzeugalter möglich (vgl. Kapitel 13). **225**

Eingeschränkt ersatzpflichtige Teile (Anhang zur AKB Liste 2) werden nur ersetzt, wenn **226**
- der Gesamtwert unter DM 1.000,— liegt,
- bei einem höheren Wert Zusatzprämie gezahlt wird (Anzeigepflicht des Versicherungsnehmers hinsichtlich der Teile).

Der Wert des Zubehör darf also (soweit er prämienfrei mitversichert sein soll), DM 1.000,— nicht übersteigen. Dabei wird der Wert für Radio und Lautsprecher nicht mit eingerechnet, denn die AKB nennen hier gesonderte Ansatzbeträge, die bei einer summarischen Gesamtberechnung des Zubehörs wenig Sinn hätten.

Autotelefone müssen gesondert (zusätzlich) versichert werden, Anlage zur AKB Liste 2.

Das Zubehör muß am Fahrzeug fest eingebaut sein. Es reicht nicht aus, daß es im Fahrzeug liegt und damit lose (z. B. nur durch einen Stromzuführungsdraht) verbunden ist. Radios müssen zum Beispiel in einer Halterung sein, Motorradhelme (für Fahrer und Sozius) am Krad angeschlossen oder im verschlossenen Spezialkoffer verwahrt werden.

Die Belehrung des Versicherungsnehmers durch den Außendienst über den Versicherungsumfang ist wünschenswert. Ein Hinweis auf den besonderen Antrag zur Versicherung des Zubehörs ist notwendig und meist auch in den Antragsformularen enthalten. Eine Belehrung über Bedingungsänderungen ist rechtlich nicht erforderlich.

In der Kaskoversicherung nicht versicherbares Zubehör (Liste 3) kann eventuell über eine Hausrat-, Reisegepäck- oder Transportversicherung abgedeckt werden. **227**

Radio-, Tonband- und ähnliche Geräte sind Zubehör. Durch Verbesserung der Typen, die Vielfalt der Produkte und die ungewöhnlich rasche Folge neuer Modelle sowie eine kaum überschaubare Preisgestaltung hat sich die Problematik entwickelt, welche Entschädigung im Einzelfall für ein derartiges Gerät zu zahlen ist. Es wird ein schnellerer Wertverfall einsetzen (vgl. AG Düsseldorf 05.01.88 – 54 C 173/87). Grundsatz bleibt: **228**
- Prämienfrei sind Geräte und/oder mit ihnen kombinierte CB-Funkgeräte bis DM 1.000,— in der Kaskoversicherung eingeschlossen. Nach dem Wortlaut der AKB sind

Geräte mit höherem Neupreis überhaupt nicht versichert, wenn keine Zusatzversicherung abgeschlossen ist.
- Lautsprecher sind ebenfalls bis DM 1.000,— versichert; ansonsten vgl. oben.
- Viele Versicherer regulieren derartige Schäden bei hochwertigen Geräten ohne Zusatzversicherung so, als hätten diese Radios und Lautsprecher einen Wert von je DM 1.000,— gehabt und schreiben davon ab (eigentlich Kulanzlösung; gegründet auf die Regelung, daß nur vom Wert über DM 1.000,— Zusatzprämie zu berechnen ist). Es wird also der gegenwärtige hypothetische Preis eines Gerätes im Neuwert von DM 1.000,— bei der Regulierung zugrunde gelegt.
- Werden (z. B. beim Diebstahl) der Wert und die Anschaffungszeit nicht nachgewiesen (z. B. durch Rechnung, eventuell Zeugen), geht die Rechtsprechung vielfach vom Durchschnittspreis einfachster Radios aus und nimmt meist Beträge von DM 150,— bis DM 250,— an.
- Anderer Versicherer gewähren DM 1.000,— Wert aus Liste 1 und berechnen weitere DM 1.000,— aus Kulanz, zwar nicht deklariert, aber beitragsfrei mitversichert und rechnen von einem hypothetischen Neuwert von DM 2.000,— beitragsfreier Versicherung für ein Radio.

Rechenbeispiele für die Regulierung von Autoradioschäden:

Gerätepreis	ohne Zusatzversicherung (gemäß Anlage 2)			mit Zusatzversicherung
	nach AKB-wortlaut	bis DM 1.000,— als mitversichert gerechnet	bis DM 2.000,—	
(in DM)	(in DM)	(in DM)	(in DM)	(in DM)
500,—	500,—	500,—	500,—	500,—
1.000,—	1.000,—	1.000,—	1.000,—	1.000,—
1.500,—	—	750,—*	1.500,—	1.500,—
2.500,—	—	750,—*	1.750,—*	2.500,—

* Von den Rechenwerten (1.000,— oder 2.000,— DM) sind die Sätze abzuziehen, die ein derartiges Gerät mit vorgenanntem Neupreis gebraucht billiger zu haben wäre.

- Ein Ersatzanspruch besteht nur für gleichartige Geräte (Wiederbeschaffungswert). Daher müssen die üblichen Rabatte und Sonderangebote für „veraltete" (überholte) Typen berücksichtigt werden. Abschreibungskurven sind als Anhalt zu gebrauchen. Die dadurch ermittelten Werte entsprechen selten den Marktgegebenheiten. Besser ist der Bezug auf dem örtlichen Gebrauchtmarkt, der allerorts im gewissen Rahmen vorhanden ist (z. B. Spezialgeschäfte, Radiohändler, die Altgeräte in Zahlung nehmen oder Abwrackunternehmen): Der Wert der Geräte (Neugeräte) sinkt durch rasche Typenveralterung bald (z. B. nach der Rundfunkausstellung).
- Das meist im Neuwagen mitgelieferte Gerät (Wert oft über DM 1.000,—) muß zusätzlich versichert werden (kein Fahrzeugteil). Kann es (nach Brand oder Diebstahl) nicht einzeln geliefert werden, ist ein entsprechendes (nicht gleiches) Gerät der Entschädigungsberechnung zugrunde zu legen (inklusive Rabatte, Aktionspreise, Preise für Ge-

brauchtgeräte). Es ist also die gleiche Lage wie beim Ersatz eines nicht mehr gebauten Autotyps gegeben.
- Mehrpreise für technische Verbesserungen bleiben natürlich unberücksichtigt oder müssen in Abzug gebracht werden.

Oft gibt es Streit, welches Gerät im Fahrzeug war. Vielfach fehlen Belege (Rechnungen, Garantiescheine). Hier bietet die Besichtigung des Fahrzeuges/Wracks Anhaltspunkte. Meist ist die Verkabelung noch vorhanden. Bohrungen, die Größe der Halterung für die Geräte oder Lautsprechermagneten (nach Brandschäden) bieten Indizien. Die Radiopässe, die neuerdings vorgesehen sind, werden im Laufe der Zeit viel Streit über den Wert der Geräte schlichten helfen.

Zugegeben werden muß, daß die Entschädigungsfrage für Radios unübersichtlich gelöst worden ist und zu gewissen Unsicherheiten bei der Regulierung führt. Es ist deshalb zu erwarten, daß in absehbarer Zeit entweder die AKB entsprechend präzisiert werden oder, daß der HUK-Verband den Versicherungsunternehmen Regulierungshilfen an die Hand gibt.

Antennenschäden (vgl. Abschnitt 5.2), fallen oft unter den Begriff der Sachbeschädigung. Etwas anderes gilt, wenn das abgebrochene Stück auch entwendet wurde.

17. Eigentumsübertragung bei Entwendung

229 Das Versicherungsunternehmen wird gemäß Vereinbarung mit seinen Kunden im Versicherungsvertrag nach Ablauf eines Monats seit Eingang der Anzeige der Entwendung vom Versicherungsnehmer Eigentümer der gestohlenen Sachen (§ 13 Abs. 7 AKB).

Der Eigentumsübergang auf das Versicherungsunternehmen erfolgt automatisch. Es ist keine besondere Erklärung der Beteiligten nötig. Im Versicherungsvertrag (AKB) liegt eine vorweggenommene Einigung, wann die Bedingungen zur Entschädigung erfüllt sind: also 1 Monat nach Eingang der Schadenanzeige, wenn der abhanden gekommene Wagen in dieser Zeit nicht wieder zur Verfügung stand. Dies gilt für Teile und Zubehör.

Diese Regelung in den Bedingungen ist nötig, da § 67 VVG nicht dingliche Ansprüche (Herausgabeanspruch des Eigentümers § 985 BGB) erfaßt. Sonst müßte in jedem Einzelfall übereignet werden.

Der Übergang von Ersatzforderungen vom Versicherungsnehmer auf den Versicherer erfaßt also nicht das Eigentum und damit zusammenhängende Herausgabeansprüche.

Bei Entwendungsschäden hat auch der Versicherungsnehmer erst nach Ablauf einer Monatsfrist einen Entschädigungsanspruch, gerechnet vom Tage des Eingangs der Schadenanzeige beim Versicherer (§ 15 Absatz 1, 2. Halbsatz, AKB). Es soll abgewartet werden, ob die gestohlene Sache wieder herbeigeschafft werden kann, ehe eine Entschädigung gezahlt wird. Zahlt das Versicherungsunternehmen vorher, erfolgt kein früherer Eigentumsübergang, da die Bedingung dafür nicht erfüllt ist, so *Stiefel-Hofmann,* a.a.O., § 13 RZ 80, anders *Johannsen,* a.a.O., Anm. J 137 Abs. 5 (mit Zahlung: Eigentumsübergang).

Aber *Prölss,* a.a.O., § 13 AKB Anm. 6 (Versicherungsnehmer hat Herausgabeanspruch) sieht andererseits Zug um Zug gegen Rückgabe der Entschädigung vor, daß der Versicherungsnehmer das Eigentum an der wieder herbeigebrachten Sache behalten/zurückerhalten soll. Dies erscheint vernünftig, weil:

– Der Versicherungsnehmer hat einen Herausgabeanspruch gegen den derzeitigen Besitzer, § 985 BGB.
– Das Eigentum ist noch nicht übergegangen (noch beim Versicherungsnehmer).
– Es besteht ein Rückzahlungsanspruch des Versicherungsunternehmens hinsichtlich der Entschädigung.
– Das Versicherungsunternehmen muß Schäden, die beim Dieb enstanden sind (inklusive Verschleiß) bezahlen.

Das Versicherungsunternehmen zahlt bei vorfristiger Entschädigung auf Risiko. Das ist üblich bei Sachen, die selten zurückgebracht werden (serienmäßige Teile oder nicht identifizierbare) und bei einer Zwangslage des Versicherungsnehmers (wirtschaftliche Notlage, beispielsweise Betrieb geht sonst in Konkurs).

Wird die gestohlene Sache binnen Monatsfrist herbeigeschafft, muß der Versicherungsnehmer sie zurücknehmen. Voraussetzungen dafür sind:

– Der Versicherungsnehmer muß in die Lage versetzt werden, die Sache zu nutzen, als wenn sie nicht gestohlen worden wäre, selbst wenn er zur Wiedererlangung des Besitzes

eine längere Reise unternehmen muß (OLG Köln 22.05.86, VersR 87, 1106). Er muß also ihren Standort kennen.
– Dem Versicherungsnehmer muß es zumutbar sein, die Sache binnen der Monatsfrist abzuholen.
– Es muß sicher sein, daß der gegenwärtige Besitzer die Sache herausgibt (z. B. Polizei besteht nicht auf Beschlagnahme).
Will die Polizei die Beschlagnahme aufrechterhalten (Spurensicherung, z. B. bei vermuteter Terroristenbeteiligung), ist in der Mitteilung über den Verbleib des Diebesgutes keine Herbeibringung des Wagens zu sehen.

Ein Wahlrecht des Versicherungsnehmers (*Johannsen,* a. a. O., J 157 Abs. 3) die Sache zurückzunehmen oder Entschädigung zu kassieren kennen die AKB nicht.

Holt der Versicherungsnehmer die Sache trotz Kenntnis vom Verbleib und der Herausgabebereitschaft des Besitzers nicht ab, ist eine Rückgabewirkung eingetreten (z. B. Versicherungsnehmer verreist, ohne die Möglichkeit zu geben, ihn vom Standort der Sache zu informieren).

Die Sache ist auch dann wieder zur Stelle gebracht, wenn der Versicherungsnehmer sie vom Dieb erwarb. Er muß aber wissen, daß er sein Eigentum zurückkaufte (OLG Hamm 25.09.85, VersR 87, 278).

Wird die Sache nach der Frist herbeigeschafft, ist sie Eigentum des Versicherungsunternehmens. Dieses belehrt regelmäßig mit der Entschädigungszahlung seinen Versicherungsnehmer.

Die Wirkungen der späteren Auffindung sind:
– Der Versicherungsnehmer muß das Versicherungsunternehmen von Nachrichten über den Verbleib der gestohlenen Sache informieren. Unterläßt er dies, macht er sich schadenersatzpflichtig (Treuepflicht aus dem Vertrag).
– Das Versicherungsunternehmen hat nach Ablauf der Monatsfrist einen eigenen Anspruch auf Herausgabe (§ 985 BGB). Da ausländische Rechtsordnungen diesen Eigentumsübergang nicht kennen, muß in diesen Ländern eine Einverständniserklärung des Versicherungsnehmers zur Herausgabe der Sache an den Versicherer vorgelegt werden, da dort ja nur der durch die Fahrzeugpapiere ausgewiesene Versicherungsnehmer als Eigentümer bekannt ist (z. B. in Spanien).
– Der Versicherungsnehmer ist aus Vertrag verpflichtet, etwaige Erklärungen abzugeben und beurkunden zu lassen (Spanien), um den Versicherer in den Besitz der wieder gefundenen Sache kommen zu lassen, allerdings trägt das Versicherungsunternehmen die Kosten dafür (inklusive Reisekosten).
– Will der Versicherungsnehmer trotzdem die Sache zurückhaben, so muß er
  (a) die Entschädigung zurückerstatten,
  (b) mit dem Versicherungsunternehmen einen Vertrag über die Rückgabe schließen. Eine Verpflichtung zum Vertrag sieht *Johannsen,* a. a. O., J 137 Abs. 3; anders *Stiefel-Hofmann,* a. a. O.; vermittelnd wohl *Prölss,* a. a. O., § 13 AKB Anm. 6, der dem Versicherungsunternehmen empfiehlt in diesen Fällen das Eigentum zurück-

zuübertragen. Praktisch wird das Versicherungsunternehmen das Eigentum Zug um Zug mit Erstattung der Entschädigung zurückgeben.

Stiefel-Hofmann, a. a. O., § 13 Rz 81 halten die Regelung der AKB über den Eigentumserwerb des Versicherers für bindend, auch wenn eine Partei begünstigt wird (Bereicherung).

Aufwendungen zur Rücknahme der Sache sind Rettungskosten (*Johannsen,* a. a. O., J 153 und *Prölss,* a. a. O., § 13 Anm. 6). Ob dies für alle Transportkosten gilt, ist aber zweifelhaft.

Man sollte vor einer Rückholung klären, wer zahlt:

- Transport- und Überführungskosten,
- Standgelder.

Ist das Versicherungsunternehmen Eigentümer geworden, hat es natürlich diese Aufwendungen selbst zu zahlen, sofern es die gestohlenen Güter zurückhaben will.

Hinsichtlich der Begrenzung der Reisekosten des Versicherungsnehmers bei Rückholung wird auf § 13 Abs. 5 AKB verwiesen. (Erstattung der Eisenbahnkosten 2. Klasse für Hin- und Rückreise ab 50 km bis 1.500 km).

Hinweise für Schadenbearbeiter

- Schnelle Information des Versicherungsnehmers,
- Fristen prüfen.

18. Transport- und Abschleppkosten

Üblicherweise sind Transportkosten für Ersatzteile mit in den Gemeinkosten der Werkstätten enthalten. Inzwischen gibt es jedoch neue Rechnungsposten infolge

- Begrenzung der Lagerhaltung,
- per Computer Anforderung der Teile, damit Zuordnung der Kosten zum Einzelobjekt möglich ist.

Dadurch müßten sich allerdings die Gemeinkosten (deutlich und nachweisbar) verringern.

So werden von einzelnen Werkstätten Frachtkosten angesetzt. Das kann hingenommen werden, wenn es gleichzeitig zu einer erheblichen Verringerung der Gemeinkostenzuschläge führt.

Das Versicherungsunternehmen zahlt nach den AKB Transport- und Frachtkosten (einfache Kosten, nicht Sondertransport, wie Luftfracht, Eilfracht usw.), soweit diese notwendig sind. Die bei normaler Lagerhaltung einer Werkstatt entstehenden Kosten werden nicht gesondert übernommen. Frachtkosten entstehen also regelmäßig nur bei Spezialtypen, zum Beispiel seltenen Sportwagen, wo keine Vorräte zu erwarten sind (*Johannsen*, a.a.O., J 139 Abs. 6 und *Stiefel-Hofmann*, a.a.O., § 13 Rz 63). Wenn daher für übliche Teile Transportkosten gefordert werden, muß auf die niedrigeren (tatsächlich niedrigere) Gemeinkosten verwiesen werden.

230

Lufttransportkosten gewähren die Versicherer nach den AVSB § 2 Ziff. 6 bei Abschluß einer entsprechenden Sonderversicherung (Verkehrs-Service-Versicherung), wenn

231

- die Teile zur Wiederherstellung der Fahrbereitschaft notwendig,
- am Schadenort oder in dessen Nähe nicht vorhanden sind,
- der Schadenfall im Ausland (Europa, Mittelmeerländer) geschah,
- der Standort des Fahrzeuges beim Schadenfall mindestens 50 km vom Wohnsitz des Versicherungsnehmers entfernt ist.

> **Hinweis für Sachverständige**
>
> Wenn Transportkosten in der Rechnung erscheinen, diese kritisch prüfen und, wenn sie nicht gestrichen werden, im Gutachten die Begründung der Werkstatt wiedergeben, also schreiben: „Nach Angabe der ... sind die Transportkosten gesondert abgerechnet worden, weil ...". Die Bezahlung ist Sache der Regulierung.

Kosten für den Rücktransport vom Ausland/Zollkosten werden von der Kaskoversicherung nicht übernommen. Zu beachten ist aber, daß bei Restteilen gegebenenfalls die Preise am Ort abzüglich Zoll angesetzt werden dürfen (OLG Hamm 05.10.77, VersR 80/1064 f.) **oder** Verbringungskosten nach Deutschland abgerechnet und hiesige Preise kalkuliert werden können, wenn dies preiswerter ist.

232

Die Aufzählung der Positionen für die Übernahme dieser Nebenkosten ist in den AKB erschöpfend geregelt. Deshalb erfolgt insoweit kein Ansatz von Rettungskosten (§§ 62, 63, VVG, *Stiefel-Hofmann,* a.a.O., § 13 Rz 64; bestritten).

233

> **Hinweise für Sachverständige**
> – Bei Auslandsschäden und Besichtigung im Inland: Inlandspreise angeben. Das sollte aber im Gutachten vermerkt werden.
> – Auslandspreise nur bei genauer Orts- und Marktkenntnis ausweisen. Hinweis im Gutachten, welche Preise kalkuliert wurden und warum der Ansatz so erfolgte.

234 In bezug auf Abschlepp- und Bergungskosten gilt folgendes:

- Das Abschleppen zur nächsten Werkstatt (Fachwerkstatt) ist in den AKB gedeckt.
- Nicht gedeckt ist aber die Überführung in eine heimische Werkstatt.

> **Hinweis für Sachverständige**
> Zu Abschlepp- und Bergungskosten nur auf Anforderung und bei genauer Sach- und Ortskenntnis Stellung nehmen. Ansonsten Wiedergabe des Parteivortrages: „... trägt vor ..."

Im Ausland muß variabel entschieden werden (z. B. Fachwerkstatt 400 km entfernt und 500 km nach Heimatwerkstatt, *Johannsen,* a. a. O., J 139).

Die Deckung der Verkehrs-Service Versicherung ist weitergehend (z. B. Bergungskosten, Übernachtung sowie Reisekosten usw. (§ 2 AVSB)).

Beim Totalschaden sind die Abschleppkosten nicht vom Versicherungsunternehmen zu übernehmen, denn die Grenze der Entschädigungsleistung ist der Wiederbeschaffungswert und der wird hier ohnehin gezahlt (vgl. LG Köln 20.06.84, ZfS 85, 371). Zu prüfen wäre aber, ob im Rahmen der Rettungskosten (§ 63 VVG) die Kosten für die Sicherung des Wracks nicht auch vom Versicherungsunternehmen, das an der möglichst umfassenden Anrechnung der Restteile Interesse hat, gezahlt werden sollten.

Das Bergen ist nicht in den AKB vorgesehen. Dort ist nur von „Verbringen", also Abschleppen, die Rede. Bergen kann eventuell als Rettungskosten angesetzt werden bei

- reparaturwürdigen Fahrzeugen zur Erhaltung und Vermeidung weiterer Schäden (§ 63 VVG),
- Totalschaden zur Verwertung der Restteile.

Die Verkehrs-Service-Versicherungs-Bedingungen (AVSB) bieten Entschädigung für die an die Kaskoversicherung angrenzenden Bereiche, wie

- Bergungskosten,
- Abschleppkosten bis DM 300,— (zwischen Berlin und dem Bundesgebiet: volle Kosten),
- Rücktransport bei Unfällen,
- Ersatzteilversand per Luftfracht,
- Mietwagen-/Eisenbahnbeförderung, eventuell Übernachtung,
- Unterstellkosten,
- Verzollungs- und Verschrottungskosten.

Liegt der Schadenort weniger als 50 km vom Wohnsitz entfernt, entfallen die Leistungen für

- Rücktransport,
- Ersatzteilversand per Luftfracht,
- Mietwagenkosten usw.
- Unterstellkosten.

Hinweise für Schadenbearbeiter

- Andere Versicherung prüfen,
- den Versicherungsnehmer auf für ihn günstigste Abrechnung hinweisen.

19. Reisekosten

235 Sehr zweifelhaft ist, ob die Kosten des Versicherungsnehmers zum Abholen des reparierten Fahrzeuges und Verwertung der Restteile in Kasko gedeckt sind. Als Rettungskosten können sie meist nicht angesetzt werden, wegen der erschöpfenden Regelung der AKB für die Erstattung der Aufwendungen (*Stiefel-Hofmann,* a. a. O., § 13 Rz 64).

Gezahlt werden bei Entwendung des Fahrzeugs und Wiederauffindung die Kosten der 2. Klasse Eisenbahn im Umkreis von 1.500 km, mindestens aber mehr als 50 km für Hin- und Rückfahrt, *Johannsen* (a. a. O., Anm. J 153) will darüber hinaus auch aus dem Gesichtspunkt der Rettungskosten weitere Fahrten ersetzen. Bedenken bestehen dagegen, denn der klare Wortlaut wird durch Interpretationen gegenstandslos gemacht (Unkalkulierbarkeit des Risikos).

Abhilfe bringt die Verkehrs-Service-Versicherung. Diese ersetzt bei Diebstahl und Totalschaden im Ausland und mindestens 50 km Entferung vom Wohnsitz des Versicherungsnehmers

- Zollgebühren,
- Rückfahrtkosten (Bahn, Mietwagen) – Bahnfahrten inklusive Zuschläge,
- Übernachtung,
- Fahrzeugrücktransport.

20. Leasingfahrzeuge

Leasingverträge werden immer häufiger abgeschlossen. Die Vielzahl der Vertragstypen könnte durch die „Allgemeinen Geschäftsbedingungen für das Leasing von Neufahrzeugen zur privaten Nutzung" (veröffentlicht im Bundesanzeiger Nr. 53 vom 17.03.88 als Bekanntmachung Nr 22/88 des Bundeskartellamtes am 11.03.88) etwas vereinheitlicht werden. Jedoch soll bei der Vielfalt der Bedingungen auf diesem Markt zunächst eine Übersicht gegeben werden. Dabei sind verschiedene Formen zu unterscheiden: 236

- **Operating Leasing** 237

  Diese Form ist für die Kaskoversicherung weitgehend irrelevant. Sie ist in der Regel für reine Fahrzeuganmietungen (meist kurzfristigere) geeignet. Dabei schließt der Vermieter den Versicherungsvertrag unter Angabe des entsprechenden Wagnisses selbst ab.

  Also ist der Leasinggeber der Vertragspartner des Versicherungsunternehmens.

- **Finanzierungsleasing** 238

  Diese Form der Fahrzeugfinanzierung tritt immer häufiger auf. Das Bankdarlehen verliert an Raum. In der Praxis wird zunächst der Wagen „gekauft" und anschließend bei der Verhandlung über den Preis, über dessen Bezahlung gesprochen, wobei ein Weg das Finanzierungsleasing ist. Ob sich der Leasinggeber dann bei einer Bank das erforderliche Kapital dafür beschafft, ist eine andere Frage. Man unterscheidet zwei Grundformen:

  (a) Der Leasingnehmer leistet eine Anzahlung und übernimmt nach 2 – 5 Jahren (eventuell Vorkaufsrecht, Optionsrecht) das Fahrzeug, oder

  (b) er zahlt höhere Leasingbeträge, keine Anzahlung und hat meist kein Vorkaufsrecht.

  Eine Mindestüberlassungsdauer wird seltener vereinbart. Der Restkaufwert (sogenannter kalkulierter Rückkaufswert) wird im Vertrag festgelegt. Es handelt sich dabei um den vom Leasinggeber ermittelten „Amortisationsrestwert", für den bis dahin der Versicherungsnehmer noch nichts gezahlt hat.

  Allerdings darf zum Beispiel bei 2jährigen Verträgen der Leasinggeber dem -nehmer das Risiko eines größeren Wertverlustes nicht aufbürden (LG Frankfurt 06.05.85, MDR 85, 762 f.).

  Die geleaste Sache ist Besitz des Leasingnehmers und kann dort gepfändet werden (Gutglaubensschutz für Gläubiger, LG Dortmund 03.06.86, VersR 87, 78).

  Der Leasinggeber muß dann seine Rechte in einem gesonderten Verfahren geltend machen (vgl. z. B. § 771 ZPO).

Die Kündigungsfrist für Erben gemäß § 569 BGB gilt auch im Leasingvertrag (LG Gießen 11.04.86, NJW 86, 2116 f.).

Etwaige Eigenersparnisse bei Ausfall des Fahrzeuges (auch im Schadenfall) müssen vom Leasinggeber nachgewiesen werden (AG Wiesbaden 18.07.85, VersR 87, 320).

239 Da die Typen des Finanzierungsleasing eine unterschiedliche wirtschaftliche Gewichtung haben, ist auch die Schadenregulierung – entsprechend der wirtschaftlichen Interessenlage – nicht einheitlich.

In bezug auf Reparaturkosten ist der Versicherungsnehmer meist vertraglich verpflichtet, die Instandsetzungsarbeiten (Unfallreparaturarbeiten) auf eigene Rechnung durchführen zu lassen. Muß er Mehrwertsteuer zahlen, bekommt er sie in der Kaskoversicherung erstattet, sofern er nicht vorsteuerabzugsberechtigt ist. Ist der Leasingnehmer vertraglich gehalten, die Kosten der Instandsetzung oder einen Teil davon zu übernehmen, braucht der Kaskoversicherer die Mehrwertsteuer nicht zu zahlen, wenn der letztlich wirtschaftlich Belastete als Unternehmen vorsteuerabzugsberechtigt ist. Im Rahmen der Schadenminderungspflicht kann daran gedacht werden, daß der in der Regel vorsteuerabzugsberechtigte Leasinggeber verpflichtet werden könnte, Reparaturauftrag zu geben. Es sei an das Urteil des LG Hamburg (12.03.86, r + s 87, 8) erinnert, das dem Beschäftigungsbetrieb eines Vertreters auferlegt, die Reparaturkosten zu übernehmen, weil so die Mehrwertsteuer im Rahmen der Schadenminderungspflicht gespart werden könne.

240 Beim Totalschaden ergibt sich folgende Situation. Kommt Leasing dem Ratenkauf nahe, so erhält der Versicherungsnehmer wie ein Eigentümer gegebenenfalls eines privilegierten Fahrzeuges (sofern die Voraussetzungen dafür vorliegen) die Entschädigung. Zum Teil wird dem Leasingnehmer (Versicherungsnehmer) auch hier die Erstattung der Mehrwertsteuer zugesprochen (AG Flensburg 18.04.84, ZfS 86, 378). Voraussetzungen sind: Der Versicherungsnehmer ist Leasingnehmer und es erfolgte eine größere Anzahlung, d.h. durch die Summe der Leasingraten ist das Fahrzeug weitgehend bezahlt worden.

Die Abrechnung kann, wie nachstehend geschildert, erfolgen:

Wiederbeschaffungspreis
./. Restteile
./. Selbstbehalt

Entschädigung

Bei Nachweis der Reinvestition durch den Versicherungsnehmer erhält dieser bei privilegierten Fahrzeugen

    Wiederbeschaffungspreis
./. offenzulegende Großhändlerrabatte
./. Entschädigung (bereits gezahlt)

    Zuschlag/Restentschädigung für Neupreis

Da der Versicherungsnehmer, sofern er einen Rückkaufwert im Leasingvertrag vereinbart hat, in diesen nichts mehr investiert, besteht daneben die Möglichkeit, wie folgt abzurechnen:

    Wiederbeschaffungswert
./. Rabatt des Leasinggebers bei der Beschaffung von Neufahrzeugen
./. Restteile
./. Selbstbehalt
./. Rückkaufwert (so LG Lüneburg 05.02.87, NJW – RR 87, 921),

    Entschädigung

Streitig kann sein, ob der Rückkaufswert abgesetzt werden muß. Hier wird teilweise unterschiedlich entschieden. Bei Nachweis der Reinvestition erhält der Versicherungsnehmer dann den Rückkaufswert samt etwaiger Zuschläge für ein Neufahrzeug usw. erstattet.

Zweifelhaft ist, ob der Versicherungsnehmer Anspruch auf Entschädigung hat, soweit er den Kaufpreis des Fahrzeuges mit Anzahlung oder Leasingraten noch nicht abgedeckt hatte. Für diese Auffassung spricht viel.

Der Versicherungsvertrag für ein Leasingfahrzeug ist regelmäßig ein Vertrag für Rechnung oder zugunsten Dritter (so auch Falk in VK 87, 612; OLG Hamm 20.11.87 − 20 U 135/87; LG Oldenburg 21.05.87, ZfS 87, 339; LG Kassel 16.07.87 ZfS 87, 339), also des Leasinggebers. Daraus folgt, daß nur der Betrag zur Ermittlung des Schadens herangezogen werden kann, den der eigentliche Berechtigte, der Leasinggeber, für das Fahrzeug aufgewandt hat. Die diesem gewährten Rabatte müssen von der Entschädigung abgesetzt werden (OLG Celle 26.07.87, ZfS 87, 278; LG Frankfurt 14.11.85, ZfS 87, 87 sowie LG Duisburg 10.01.86; LG Hamburg 28.11.86; LG Regensburg 12.06.86; LG Augsburg 02.12.86; AG Remscheid 13.11.86 a. a. O. A. A. LG Hamburg 12.02.87, r + s 87, 246 f.; LG Gießen 10.12.86, r + s 87, 248; LG Oldenburg 21.05.87, ZfS 87, 339; LG Kassel 16.07.87, ZfS 87, 339). Anders wäre die Lage, wenn der Versicherungsnehmer bei voller Bezahlung der Rate ordnungsgemäß Eigentümer des Kraftfahrzeugs würde (AG Kleve 25.05.87, ZfS 87, 246).

Die Vorsteuerabzugsmöglichkeit des Leasinggebers ist bei der Versicherung für fremde Rechnung zu beachten (LG Augsburg 02.12.86; LG Hamburg 28.11.86; LG Duisburg 10.01.86; LG Regensburg 15.05.85; r + s 87, 97; anders LG Gießen 10.12.86; LG Stade 10.12.86; AG Schirndorf 20.01.87, alle DAR 87, 122 f.).

Der BGH (06.07.88, ZfS 88, 289) hat nun auch zu den Fragen Stellung bezogen. Er geht davon aus, daß derjenige, der das Fahrzeug beschafft und in dessen Eigentum es steht − das ist der Leasinggeber üblicherweise, vor allem, wenn kein Optionsrecht des Leasingnehmers vereinbart war −, nicht mehr erhalten soll, als er selbst aufwandte. Das bedeutet also, daß hier kein Anspruch auf Mehrwertsteuer und die Rabatte des Leasinggebers bei der Fahrzeugbeschaffung besteht. Es kann also nur der rabattierte Anschaffungspreis ohne Mehrwertsteuer ersetzt werden. Natürlich hat das auch Auswirkungen auf die Berechnung des Vorliegens von einem Totalschaden (vgl. Kapitel 12 ff.). Auch bei der Beurteilung dieser Frage muß logischerweise vom verminderten Preis des Fahrzeuges ausgegangen werden.

Eine größere Anzahl von Gerichten geben dem Versicherungsnehmer die Möglichkeit, selbst Ansprüche aus dem Versicherungsvertrag geltend zu machen (so: OLG Hamm 20.11.87 − 20 U 135/87; LG Hannover 23.10.85, r + s 87, 247; LG Mainz 14.05.86, r + s 87, 247 f.; LG Gießen 10.12.86, r + s 87, 248; AG Flensburg 18.04.86, r + s 87, 247).

241 Ähnelt der Leasing- dem Mietvertrag, ist er also etwas langfristiger, erhält der Leasingnehmer keine Zuschläge und auch üblicherweise keine Mehrwertsteuer (z. B. Leasinggeber = Versicherungsnehmer). Die Abwicklung erfolgt dann wie bei Mietwagen (kein fabrikneues Fahrzeug). Fallweise wird dem Leasingnehmer allerdings immer die Mehrwertsteuer zugesprochen (LG Hamburg 12.02.87, ZfS 87, 184; LG Hannover 23.10.85, r + s 87, 247; LG Lüneburg 05.02.87, ZfS 87, 184; LG Mainz 14.05.86, DAR 87, 58 f.; LG Gießen 12.10.86, DAR 87, 122; AG Bottrop 18.12.83, r + s 87, 304; AG Flensburg 18.04.86, ZfS 86, 378

A. A. AG Kassel 15.01.87, ZfS 87, 185); aber nicht vorsteuerabzugsberechtigten Leasingnehmern (AG München 29.01.86, VersR 87, 78 f.).

So stellen zahlreiche Versicherungsunternehmen darauf ab, ob der Versicherungsnehmer vorsteuerabzugsberechtigt ist und sehen nur dort von der Erstattung der Mehrwertsteuer ab. Daher ist umgekehrt schlüssig, daß der Versicherungsnehmer die Mehrwertsteuer erhält, wenn er nach dem Leasingvertrag die Reparaturkosten zu tragen hat und selbst nicht vorsteuerabzugsberechtigt ist (AG Fürstenfeldbruck 04.03.86, r + s 87, 245 im Ergebnis gleich: AG München 24.09.87, ZfS 88, 148). Investiert er beim Totalschaden neu, dürfte die Lage nahezu dieselbe sein.

Auf das „wirtschaftliche Eigentum" stellt das AG München (21.07.87, ZfS 87, 264) ab. Muß also der Nichtvorsteuerabzugsberechtigte letztlich nach dem Leasingvertrag die Reparaturen bezahlen, erhält er vom Versicherungsunternehmen die Mehrwertsteuer ersetzt; reguliert hingegen der Leasinggeber (Unternehmer) vertragsgemäß, entfällt der Anspruch auf Mehrwertsteuer (AG Herford 20.05.87, ZfS 87, 264), denn dieser kann die Vorsteuer absetzen. In diesem Zusammenhang darf die Entscheidung des LG Hamburg (12.03.86, r + s 87, 8) nicht vergesen werden, die davon ausgeht, daß im Rahmen der Schadenminderungspflicht der Vorsteuerabzugsberechtigte den Reparaturauftrag erteilen muß.

242 Der Leasinggeber ist verpflichtet, die Entschädigung des Versicherungsunternehmens zur Finanzierung der Reparatur zu verwenden und darf sie nicht selbst behalten (BGH 12.02.85, ZfS 85, 247) oder mit Forderungen gegen den Leasingnehmer verrechnen. Den Reparaturauftrag erteilt der Leasingnehmer.

243 Da ein Versicherungsunternehmen vertragsgemäß nur an den Versicherungsnehmer zahlen darf, ist ein unmittelbares Forderungsrecht des Leasinggebers gegen den Versicherer, der regelmäßig nicht Versicherungsnehmer ist, von der Erteilung eines Sicherungsscheins abhängig (LG Aurich 04.04.85, ZfS 85, 181).

244 Der Sicherungsschein zugunsten des Leasinggebers ändert am Versicherungsvertrag mit Ausnahme einer Mitteilungspflicht über Prämienrückstände und Kündigung an den Leasinggeber regelmäßig nichts (LG Frankfurt 02.07.84, VersR 85, 658 f.).

Erhält der Leasinggeber die Entschädigung, wird die erhöhte Leistung für privilegierte Fahrzeuge auch erst beim Nachweis für Reinvestition gezahlt (LG Stuttgart 30.10.84, ZfS 85, 243). Diese ist aber – auch bei Vorliegen eines Sicherungsscheines – vom Versicherungsnehmer vorzunehmen (LG Köln 22.04.87, ZfS 87, 246), muß also durch den Leasingnehmer erfolgen (OLG Stuttgart 30.10.84, r + s 87, 307; LG Köln 22.04.87, r + s 87, 306 f. LG Essen 19.02.87, ZfS 88, 147). Als Reinvestition ist auch das Leasen eines weiteren Fahrzeuges anzusehen (LG Lüneburg 05.02.86, r + s 87, 245 f.). Der Leasingnehmer ist bei Vorlegen eines Sicherungsscheines nicht aktiv legitimiert, also nicht forderungsberechtigt (LG Traunstein 13.11.84, ZfS 85, 26; anders OLG Köln 14.06.84, ZfS 84, 374).

Hinweis für Sachverständige

Falls bekannt, Hinweis im Gutachten auf den Leasingvertrag. Ansonsten normales Gutachten. Höhe der Zahlung ist Sache der Regulierung.

Zahlung bei Leasing-Fahrzeugen

Grundsätzlich erhält der Versicherungsnehmer Leistungen aus dem Vertrag (§ 1 VVG), wenn nichts anderes vereinbart (Sicherungsschein) ist. 245

Hat also der Leasingnehmer das Fahrzeug versichert und ist kein Sicherungsschein ausgestellt, erhält dieser die Entschädigung. Der Leasinggeber hat in diesem Fall kein Forderungsrecht. Er kann sich auch nicht darauf berufen, daß der Versicherungsnehmer – also der Kunde des Leasinggebers – ihm die Forderung aus dem Versicherungsvertrag abgetreten hätte. Das widerspräche dem Abtretungsverbot des § 3 Abs. 4 AKB. Diese Abtretung ist im Verhältnis Versicherungsnehmer zu Versicherungsunternehmen sowie Leasinggeber und Versicherungsunternehmen unwirksam. Sie verstößt gegen eine vertragliche Absprache.

Leistet in einem solchen Fall das Versicherungsunternehmen an den Versicherungsnehmer, ist es von seiner Schuld aus dem Versicherungsvertrag frei geworden. Besteht ein Sicherungsschein (vgl. Abschnitt 8.2) zugunsten des Leasinggebers, muß das Versicherungsunternehmen diesem die Entschädigung zahlen, sonst wird es von seiner Schuld nicht frei.

Gegenüber dem Leasinggeber ist der Versicherungsnehmer regelmäßig gehalten das Geld für das Fahrzeug zu verwenden, soweit kein Sicherungsschein ausgestellt wurde. Erhält der Leasinggeber das Geld (Sicherungsschein), muß er es an den Reparateur weitergeben, wenn sein Kunde vertragsgemäß den Auftrag zur Instandsetzung gegeben hat (BGH 12.02.85, r + s 87, 304 ff.).

Die Zusatzleistung für privilegierte Fahrzeuge erhält der Leasinggeber nicht ohne weiteres. 246
Der Versicherungsnehmer ist zwar nicht Eigentümer des Kraftfahrzeuges, genießt aber wirtschaftlich beim Finanzierungsleasing wie beim Sicherungseigentum „die Früchte des Kraftfahrzeugs". Wenn die Leasing-Bedingungen so ausgestaltet sind, wie der Kauf (Ratenkauf), erhält der Versicherungsnehmer bei privilegierten Fahrzeugen den Zuschlag oder das neue Fahrzeug bezahlt, wenn er nach dem Schaden neu kauft oder least und die Entschädigung dafür verwendet. Beschafft er sich kein neues Kraftfahrzeug, kann der Leasinggeber nicht besser stehen, als ein Wagenvermieter, selbst wenn er Ersatzfahrzeuge kauft. Er erhält also nicht den Neupreis oder den Zuschlag (25 %) bei privilegierten Fahrzeugen.

Die Zahlung der Differenzen zwischen Wiederbeschaffungswert und Neupreis oder Zuschlag erfolgt erst nach deren Nachweis (Verwendung des Geldes durch den Leasingnehmer). Denn der Leasinggeber kann regelmäßig bei seinem Geschäftsbetrieb (ständiger An- und Verkauf von Fahrzeugen) praktisch die Ersatzinvestition gar nicht nachweisen.

Die Verwendung der Zuschläge gilt nicht nachgewiesen, wenn der Versicherungsnehmer 247
höhere Leasingkosten durch ein Ersatzfahrzeug hat (LG Augsburg 11.01.85, VersR 86, 822).

Hinweis für Sachverständige

– Eigentümer und Leasingnehmer angeben.
– Ist nur der Leasingnehmer bekannt, im Gutachten darauf hinweisen, daß es sich aller Voraussicht nach um ein Leasingfahrzeug handelt.

Hinweis für Schadenbearbeiter
Zahlungsempfänger prüfen (Sicherungsscheininhaber usw.).

21. Fälligkeit

Der Begriff der Fälligkeit ist im Zivilrecht geregelt. Er bestimmt sich im allgemeinen Vertragsrecht **248**

- nach Vertragsinhalt,
  (a) regelmäßig: unverzüglich,
  (b) Zug um Zug,
  (c) Datum,
- nach Üblichkeit (Handelsbrauch),
- nach Voraussetzungen (Arbeiten, Prüfungen usw.) von denen die Leistung abhängt.

Im Versicherungsrecht enthält § 11 VVG den Grundsatz, wonach beim Vorliegen folgender Voraussetzungen die Entschädigungsleistung fällig ist:

- Feststellung des Versicherungsfalles

  Zur Prüfung der Sachlage hat der Versicherer ein berechtigtes Interesse, die Strafakten einzusehen. Wenn ihm das trotz aller zumutbaren Bemühungen nicht gelingt, darf er die Zahlung zurückstellen. Der Versicherungsanspruch ist bis zur Akteneinsicht – und der Zeit zur Prüfung der Sache dann insgesamt – noch nicht fällig (OLG Hamm 17.11.87, r + s 88, 31).

- Feststellung des Umfanges der Leistungen

  In der bloßen Übersendung eines vom Versicherungsunternehmen in Auftrag gegebenen Gutachtens an den Versicherungsnehmer ist keine Feststellung oder kein Regulierungsangebot zu sehen. Dieses dient nur der Unterrichtung des Versicherungsnehmers, um ihm u. a. die Möglichkeit einer eigenen Prüfung einzuräumen (LG Köln 15.08.87 – 24 O 153/86). Läßt das Versicherungsunternehmen das eigene Gutachten überprüfen und ergeben sich dabei andere, zum Beispiel geringere Beträge, ist es dem Versicherer unbenommen, die Entschädigung danach zu bemessen.

Wenn die Prüfungen innerhalb einer Monatsfrist nach Eingang der Schadenmeldung nicht abgeschlossen sind, muß eine Abschlagszahlung im bis dahin festgestellten Rahmen erfolgen. Die Fristen werden gehemmt, wenn der Versicherungsnehmer die Ermittlungen verzögert (Auskünfte werden nicht gegeben).

Verzugszinsen fallen bis zur endgültigen Feststellung nicht an.

Prüfungen des Versicherungsunternehmens umfassen üblicherweise

- die Beschaffung der Unterlagen über den Schadenhergang, zum Beispiel der Strafakten bei unklarer Sachlage (LG Hamburg 13.11.85, VersR 86, 803),
- Gutachten/Klärung des Schadenumfanges,
- Beiziehung der Rechnungen und deren Prüfung,
- Zeugenerklärungen.

Besteht Streit über die Höhe der Entschädigung, ist vor Abschluß des Sachverständigenverfahrens die Entschädigung nicht fällig (§ 64 VVG, § 14 AKB i. V. m. § 15) – so beispielsweise LG Frankfurt 25.05.87, ZfS 88, 116, AG Remscheid 26.03.87, ZfS 87, 247; AG Kassel 10.07.87 – 902 C 6949/86).

Der unstreitige Teil muß aber gezahlt werden. Für privilegierte Fahrzeuge wird der Zuschlag erst nach Nachweis der Verwendung fällig (Analogie zu § 98 VVG: Gebäudeversicherung), vgl. § 13 Abs. 2 und 10 AKB. Die Regulierung kann erfolgen durch

- einfache Zahlung/Übersendung eines Schecks,
- Zahlung gegen Quittung (nicht Abfindungserklärung),
- Vergleich,
- formelle Schadenfeststellung (Vertrag oder Vergleich).

Der Versicherungsnehmer kann sich stets vertreten lassen (§ 65 VVG). Tritt für ihn ein Rechtsanwalt auf, sind die Kosten für diesen grundsätzlich nicht vom Versicherungsunternehmen zu tragen (§ 66 Abs. 2 VVG), es sei denn, die Beauftragung erfolgte wegen des Verzuges des Versicherers (Verzugsschaden, § 280 BGB) und nicht schon vorher.

Ein Schadenfeststellungsvertrag kann über die Höhe und gegebenenfalls die Voraussetzungen oder den Zeitpunkt der Leistung abgeschlossen werden, er ist also nicht erzwingbar (*Johannsen*, a.a.O., J 156).

Die Zahlung des Kaskoversicherers in Unkenntnis einer Obliegenheitsverletzung stellt keinen Verzicht etwa auf die Rückforderung der Gelder dar (OLG Köln 17.10.85, VersR 86, 1233 ff.) Selbst bei einem Vergleich dürfen beide Parteien sich auf den Wegfall der Vergleichsgrundlage berufen oder anfechten, wenn sie beispielsweise neue Tatsachen später erfuhren und nicht gerade diese Unklarheit durch den Vergleich oder Feststellungsvertrag beseitigt/überbrückt werden sollte. Es liegt auch kein Anerkenntnis des Versicherungsunternehmens vor, wenn die Werkstatt irrtümlich über eine „nicht erfolgte" Zahlung informiert wird (AG Düsseldorf 11.09.86, VersR 87, 63).

Die Zahlungsfrist beträgt vom Zeitpunkt der Feststellung an 2 Wochen.

Hinweise für Schadenbearbeiter

- Verzug und seine Folgen beachten.
- Rechtzeitig die Deckung prüfen, den Vorgang aufklären und die zur Regulierung nötigen Belege fordern.

22. Verjährung

Die Ansprüche aus dem Versicherungsvertrag verjähren nach 2 Jahren (§ 12 VVG). Auch im Versicherungsrecht gelten die gewöhnlichen Regeln des Zivilrechts über dieses Rechtsinstitut (§§ 194 ff. BGB). So ist das Gericht nicht gezwungen, die Verjährungsfrist zu prüfen, wenn sich keine der Vertragsparteien darauf beruft. Will also der Versicherer die Leistung wegen Ablauf der Verjährungsfrist verweigern, muß er dies sagen. Er muß die „Einrede der Verjährung" erheben. **249**

Der Lauf der Verjährungsfrist wird unterbrochen durch **250**

- Klage des Versicherungsnehmers gegen den Versicherer. Das gerichtliche Verfahren wegen einer Sachverständigenbenennung unterbricht den Lauf der Frist nicht, wenn sie nicht mit der Aufforderung zur Leistung der Entschädigung verbunden ist,
- einen Mahnbescheid,
- Anerkenntnis des Versicherers auf Zahlung eines bestimmten Entschädigungsbetrages oder zum Grunde hinsichtlich der Leistungspflicht.

Eine außergerichtliche Mahnung reicht also nicht aus.

Der Beginn des Ablaufs der Verjährungsfrist ist abweichend vom sonstigen deutschen Zivilrecht – im Interesse des Versicherungsnehmers – geregelt. Wenn sonst im BGB der Beginn der Verjährungsfrist auf die Entstehung der Forderung abstellt,

Beispiel:

Der Handwerker arbeitet am 31.12. eines Jahres. Folglich entsteht an diesem Tag sein Lohnanspruch und damit beginnt dessen Verjährungsfrist zu laufen;

ist das im Versicherungsrecht anders. Hier beginnt die Verjährungsfrist mit der Fälligkeit der Forderung zu laufen (BGH 04.11.87, r + s 88, 31). Die Frist darf also nicht vom Schadenereignis ab gerechnet werden, sondern erst ab dem Zeitpunkt, an dem der Entschädigungsanspruch festgesetzt worden ist. Es bedarf also der Mitwirkung des Versicherungsnehmers (Schadenmeldung, Vorlage der Belege u.ä.m.), um die Fälligkeit herbeizuführen.

Beispiel:

Schaden am 30.12.86, die Belege werden erst im Juni 87 vorgelegt. Der Versicherer prüft und setzt die Entschädigung nach Ablauf des Sachverständigenverfahrens am 04.01.88 fest. Von da an läuft dann die Verjährungsfrist.

Nun kann zwar der Versicherungsnehmer den Beginn dieser Frist beliebig hinausschieben, wenn er den Schaden nicht meldet. Dagegen kann sich aber der Versicherer schützen, indem er sich auf den Verstoß gegen die Meldefrist (§ 33 VVG, § 7 AKB) beruft und damit die Möglichkeit hat, den Versicherungsschutz wegen Nichtmeldung des Schadens zu versagen.

Meldet der Versicherungsnehmer rechtzeitig, verzögert oder verweigert dann aber weitere Auskünfte oder die Vorlage von Belegen, verstößt er gegen seine Auskunftspflicht (§ 34 VVG). Auch hier hätte der Versicherer unter bestimmten Voraussetzungen die Möglichkeit, den Versicherungsschutz zu versagen. Schließlich könnte durch Verzögerung der Regulierung die Aufklärungsmöglichkeit des Versicherungsunternehmens zunichte gemacht werden.

Die Verjährungsfrist läuft – wie die meisten verkürzten Fristen dieser Art im deutschen Zivilrecht – vom Beginn des Jahres, welches auf die Fälligkeit folgt. Sie endet damit regelmäßig am 31.12. eines Jahres.

Beispiel:

Die Forderung aus einem Schadenfall wird zum 28.02.86 fällig (durch Festsetzung durch das Versicherungsunternehmen oder Abschluß des Sachverständigenverfahrens). Die Verjährungsfrist beginnt am 01.01.87 und ist nach 2 Jahren, also am 31.12.88 abgelaufen.

251 Der Lauf der Verjährungsfrist wird gehemmt, wenn zwischen Versicherungsnehmer und Versicherer Verhandlungen stattfinden (§ 205 BGB und § 12 Abs. 2 VVG). Der Versicherungsnehmer braucht also den Zeitlauf einer Verhandlung mit dem Versicherungsunternehmen bis zum Zugang von dessen schriftlicher Stellungnahme (mag es eine Ablehnung oder die Zusage einer Zahlung sein) nicht zu seinen Lasten rechnen zu lassen. Zu beachten ist ferner:

- Einer Belehrung über den Wiederbeginn eines Fristlaufs durch das Versicherungsunternehmen ist nicht erforderlich (*Prölss*, a.a.O., § 12 VVG Anm. 2).
- Eine nur mündliche Erklärung des Versicherungsunternehmens läßt die Verjährungsfrist nicht weiter laufen.
- Nach Ende der Verhandlungen zählt die vor ihrem Beginn verstrichene Zeit mit.

  Beispiel:

  Verjährungsfrist 31.12.86,
  Verhandlungen vom 01.02.87 bis 31.05.87
  (Zugang der schriftlichen Entscheidung des Versicherungsunternehmens),
  Verjährungsablauf ist der 30.04.88.

- Die Hemmung der Verjährung (§ 12 Abs. 2 VVG) tritt aber nur ein, wenn das Versicherungsunternehmen in Verhandlungen treten will und zu erkennen gibt, daß es seine vorangegangene Entscheidung u.U. revidieren will (OLG Köln 17.09.87, VersR 87, 1210 f.).

  Beispiel:

  (a) Das Versicherungsunternehmen lehnt die Leistungen ab und der Versicherungsnehmer interveniert. Darauf lehnt das Versicherungsunternehmen binnen weniger Tage ab. Darauf schreibt der Versicherungsnehmer eine Gegendarstellung, die vom Versicherungsunternehmen abschlägig beschieden wird. Hier ist keine Hemmung der Verjährung eingetreten.

  (b) Auf die Ablehnung des Versicherungsunternehmens interveniert der Versicherungsnehmer. Das Versicherungsunternehmen fragt wegen verschiedener Einzelheiten und Belege zurück. Hier wäre eine Hemmung bis zum abschließenden schriftlichen Bescheid eingetreten, denn ein unbefangener Betrachter kann annehmen, daß das Versicherungsunternehmen seine Meinung gegebenenfalls revidieren will.

Der Lauf der Verjährungsfrist beginnt spätestens mit der Ablehnung der Leistung des Versicherungsunternehmens, d. h. mit Ablauf des letzten Tages des Jahres, an dem die Ablehnung dem Versicherungsnehmer zuging (OLG Köln 17.09.87, VersR 87, 1210 f.; OLG Hamm 14.05.86, VersR 87, 509).

252 Im Gegensatz zur Verjährungsfrist ist der Ablauf der Klagefrist des § 12 Abs. 3 VVG und § 8 AKB von amtswegen zu beachten. Hat also mit der Ablehnung der Leistung das Versicherungsunternehmen den Versicherungsnehmer belehrt, daß er seiner Rechte aus dem Versicherungsvertrag verlustig ginge, wenn er nicht binnen 6 Monaten nach Zugang der Ablehnung klage, müßte seine verspätet erhobene Klage vom Gericht auch dann abgewiesen werden, wenn das Versicherungsunternehmen diesen Einwand nicht erhebt. Es handelt sich hier um eine Ausschluß- und um keine Verjährungsfrist.

Hat das Versicherungsunternehmen seine Versicherungsschutzversagung nicht mit der Belehrung nach § 12 Abs. 3 VVG oder § 8 AKB verbunden, wäre der Fall so zu beurteilen, als wenn keine Ausschlußfrist, sondern nur die normale Verjährungsfrist liefe. Hat der Versicherungsnehmer gegen eine mit Belehrung versehene Ablehnung der Leistungen durch das Versicherungsunternehmen rechtzeitig das Mahnverfahren eingeleitet, dies aber längere Zeit nicht weiterbetrieben, ist die Versagung zwar rechtzeitig angefochten worden, aber die Frage der Verjährung der Ansprüche müßte gesondert geprüft werden (OLG Karlsruhe 02.04.87, r + s 87, 153).

Die Verjährungsfristen des § 12 VVG erfassen nur die Ansprüche aus dem Versicherungsvertrag samt Zinsen und Kosten. Sie gelten nicht im Verhältnis des geschädigten Dritten zum Haftpflichtversicherer (§ 3 Pflichtversicherungsgesetz) und auch nicht hinsichtlich der Ansprüche aus ungerechtfertigter Bereicherung, wenn er seine Leistungen, zum Beispiel wegen falscher Angaben vom Versicherungsnehmer, zurückfordert (BGH 14.01.60, BGH Z 32, 13 ff. und *Sieg*, a. a. O., S. 180).

253 Eine Verwirkung von Versicherungsansprüchen ist zwar rechtlich, aber praktisch ohne Bedeutung. Sie liegt vor, wenn

– ein längerer Zeitraum seit der Möglichkeit der Geltendmachung eines Anspruches verstrichen ist,
– der Berechtigte sich aber so verhält, als wolle er nicht fordern **und**
– der Verpflichtete sich vermögensmäßig darauf eingerichtet hat.

Hinweise für Schadenbearbeiter

– Auf Gegenvorstellungen des Versicherungsunternehmens stets unverzüglich schriftlich antworten.
– Bei klar unbegründeten Gegenvorstellungen möglichst sofort ablehnen.

---

23. Feststellung der Höhe der Entschädigung

254 Die Feststellung der Entschädigungsleistung setzt voraus eine

– Deckungsprüfung: Das Versicherungsunternehmen klärt folgende Fragen regelmäßig aus eigenen Unterlagen.
  (a) Bestand der Vertrag zum Zeitpunkt des Schadens (Neuanträge)?
  (b) War der Beitrag rechtzeitig bezahlt (Möglichkeiten der Verrechnung mit der Leistung)?
  (c) Bestand vorläufige Deckung (oft problematisch)?

– Sachprüfung: Dabei ist die Entstehung des Schadens, sein Hergang und der Umfang zu klären.
  (a) Wurden die Obliegenheiten beachtet?
  (b) Ist die Wahrheitspflicht der Beteiligten eingehalten?
  (c) Fällt der Schaden unter die übernommenen Risiken?

Die Prüfungen können nicht überzogen vorgenommen, müssen aber im Interesse der Versichertengemeinschaft sorgfältig durchgeführt werden. Anders *Johannsen*, a.a.O., J 156: Er spricht von der Schwerfälligkeit des Apparates und will wohl eine schnelle Regulierung, aber ein vorschnelles Vorgehen würde die Prämien für alle hochtreiben und brächte Gewinne für Schmarotzer. Dem Versicherungsunternehmen muß auch nach Vorliegen aller Unterlagen eine Überlegungsfrist eingeräumt werden (AG Bergheim 03.02.86, r + s 87, 8 f.). Die Gerichte gewähren meist 1 – 3 Monate Bearbeitungsfrist.

255 Ein Feststellungsvertrag über die Höhe der Entschädigung liegt vor, wenn das Versicherungsunternehmen nach Vorlage der Rechnung zahlt und der Versicherungsnehmer die Leistung widerspruchslos entgegengenommen hat (LG Kaiserslautern 02.09,75, r + s 75, 234) oder wenn sich die Beteiligten ausdrücklich (schriftlicher Vergleich, Abfindungserklärung usw.) auf einen Betrag einigten.

Ein Schreiben, in dem der Versicherer erklärt, „es sei offensichtlich auf Neuwagenbasis abzurechnen", obwohl das bedingungsgemäß falsch ist, enthält nur die Zusage des Versicherungsunternehmens bis zu dem in diesem Schreiben genannten Preis zu zahlen wenn ein neuer Wagen gekauft wird, nicht aber ein Anerkenntnis auf Neuwagenregulierung schlechthin (AG Nürnberg 15.05.87, ZfS 87, 340).

24. Vorschüsse

Ehe die Deckungsprüfung oder Prüfung des Schadenereignisses nicht abgeschlossen werden kann, erfolgt keine Zahlung. Besteht die Möglichkeit der Teilentschädigung, ist Teilzahlung zu leisten; § 15 Abs. 1 AKB bestimmt, daß nach Ablauf eines Monats ein Anspruch auf Teilzahlung besteht. Das gilt aber nur, soweit das Versicherungsunternehmen ohne schuldhaftes Zögern seine Prüfungen insoweit abschließen konnte.

Beispiele:

(a) Sachbeschädigung klar, Diebstahl nicht nachgewiesen: Zahlung der Schäden aus Sachbeschädigung, aber über die Restkosten wird später entschieden.
(b) Teil der Reparaturen als schadenbedingt klar: Zahlung sofort, Rest nach späterer Prüfung.

Wenn nicht innerhalb der Fristen gezahlt wird, gerät das Versicherungsunternehmen in Verzug.

Folgen des Verzuges sind:

– Zahlung des Verzugsschadens, eventuell Verzugszinsen,
– Rechtsanwaltsgebühren (entgegen § 66 VVG, wo Rechtsanwaltskosten und Sachverständigengebühren zur Vertretung oder Beratung des Versicherungsnehmers bei der normalen Abwicklung eines Schaden nicht übernommen werden, so AG Bergheim 03.02.86, ZfS 87, 76),
– eventuell Beauftragung eines eigenen Sachverständigen durch den Versicherungsnehmer auf Kosten des Versicherungsunternehmens (§ 280 BGB), wenn dieses nicht tätig wird und auch nicht eine Freigabe der Reparatur erklärt, obwohl es dazu aufgefordert wurde. Nach § 7 III AKB hat der Versicherungsnehmer Weisungen (auch für die Besichtigung) einzuholen. In Kasko besteht keine Üblichkeit, einen eigenen Sachverständigen durch die Versicherungsnehmer zu beauftragen. Daher kennt § 66 Abs. 2 VVG keine Erstattung der privaten Sachverständigenkosten im Normalfall.

Ein Verzug des Versicherungsunternehmens ist nicht gegeben, wenn es bei dubiosem Diebstahl das Ende des Strafverfahrens abwartet (LG Hamburg 13.11.85, VersR 86, 803).

Als Verzug (Folge wäre hier: Nutzungsausfallentschädigung für verspäteten Reparaturbeginn) kann auch nicht gewertet werden, wenn der Versicherungsnehmer mit dem Auftrag für die Instandsetzungsarbeiten wartet, bis er vom Versicherer das Sachverständigengutachten erhält (OLG Karlsruhe 16.07.87, r + s 87, 274 f.); denn der Versicherer ist nicht an das Gutachten gebunden. Es dient ihm nur intern zu seiner Meinungsbildung. Er ist auch nicht verpflichtet, dem Versicherungsnehmer eine Kopie zuzuleiten. Jedoch muß der Versicherer zügig arbeiten, sonst verstößt er gegen seine vertraglichen Pflichten, zum Beispiel bei der Erteilung von Weisungen, und macht sich gegebenenfalls schadenersatzpflichtig (OLG Frankfurt 30.04.70, VersR 72, 578 f.; OLG Hamm 09.04.86, VersR 87, 278).

25. Streitigkeiten

258 Streit entsteht oft bei der Regulierung. Er kann regelmäßig in gütlichen Verhandlungen zwischen den Beteiligten, teils mündlich oder fernmündlich, teils schriftlich beigelegt werden. Darüber soll hier nicht gesprochen werden, mit Ausnahme des Hinweises, daß mindestens das Ergebnis der Gespräche in einer Notiz festgehalten werden sollte. In ernsthafteren und prozeß- oder beschwerdeträchtigen Sachen sollte dem Verhandlungspartner das eigene Resumée der Gespräche mitgeteilt werden. Schweigt er darauf, bestätigt er u.U. stillschweigend die Absprache. Ein Schreiben an die letzte dem Versicherungsunternehmen mitgeteilte Adresse (Einschreibesendung) reicht aus, auch wenn es den Versicherungsnehmer wegen zwischenzeitlichem Wohnungswechsel, der dem Versicherungsunternehmen unbekannt war, nicht erreichte (§ 10 VVG).

Ist eine Einigung nicht möglich, muß notfalls eine streitige Klärung der Sache erwogen werden. Da ergeben sich zwei wesentliche Problemkreise, über die eine Regelung gefunden werden muß:

— Deckungsfragen (Art und Umfang der Versicherung, Prämienfragen usw.),
— Höhe des Anspruchs/Teilanspruchs.

Dabei ist zunächst zu prüfen, welcher Weg vom Gesetz/den AKB vorgeschrieben worden ist (ordentlicher Rechtsweg, Schiedsklausel: Sachverständigenverfahren).

Hinweise für Schadenbearbeiter
— Bei Streit über die Höhe auf Sachverständigenverfahren hinweisen.
— Bei Streit über Grund und Höhe auf Sachverständigenverfahren wegen Differenzen zur Höhe hinweisen.

25.1 Grund des Anspruches

259 Besteht Streit über

— das Bestehen der Versicherung,
— die Erfüllung der Rechtspflichten,
— Obliegenheitsverletzungen,
— die Verpflichtung zur Leistung bestimmter Positionen dem Grunde nach,
— die Auslegung der Bedingungen,
— den Umfang und Zeitpunkt der Regulierung, so über die Zulässigkeit der Abzüge „neu für alt" (AG Nürnberg 27.05.87, ZfS 88, 116),

so sind das rechtliche Fragen. Hier entscheiden die Gerichte unmittelbar.

Zuständig ist das Gericht am

- Sitz des Versicherungsunternehmens,
- Sitz der Agentur,
- Abschlußort des Vertrages,
- Wohnsitz des Versicherungsnehmers (eine Geschäftsplanerklärung verpflichtet das Versicherungsunternehmen, ohne die Einrede der mangelnden örtlichen Zuständigkeit zu erheben, sich auf den Prozeß einzulassen).

Das Verfahren ist der normale Zivilprozeß (auch Mahnverfahren). Eine Vertretung erfolgt wie im gewöhnlichen Zivilverfahren. Bei einer Forderung von mehr als DM 6.000,— wäre eine Klage beim Landgericht zu erheben und bei allen anderen Sachen einschließlich des Mahnverfahrens ist das Amtsgericht zuständig.

Beim Landgericht herrscht Anwaltszwang, d.h. die Parteien müssen sich von einem Rechtsanwalt vertreten lassen, der an dem Landgericht zugelassen ist, vor dem prozessiert werden soll.

25.2 Streit über die Höhe des Anspruches, insbesondere über die Höhe des Wiederbeschaffungswertes

Streitigkeiten über die Höhe einer Kaskoentschädigung müssen, ehe Gerichte entscheiden 260 dürfen, zunächst im Sachverständigenverfahren geprüft werden, auch wenn eine Seite kein Interesse an diesem Verfahren bekundet (LG Frankfurt vom 25.03.87 – 2/21 0 546/86). Das gilt auch für einen Streit über die Höhe des Wiederbeschaffungswertes (AG Nürnberg 11.04.86, ZfS 88, 149). Geregelt wird dies in § 64 VVG unter Verweis auf die AKB. § 14 AKB bestimmt die Einzelheiten.

Die ergänzenden Bestimmungen der AKB sind nötig, weil das VVG ein derartiges Verfahren an die Hand gibt, aber nicht vorschreibt (halbzwingendes Recht), und es den Beteiligten überläßt für die einzelnen Versicherungszweige das jeweils Zweckmäßige zu regeln.

Das Sachverständigenverfahren ist im Streitfall Voraussetzung für die Fälligkeiten des Anspruches des Versicherungsnehmers. Dies ist übliche Entscheidungspraxis der Gerichte, selbst wenn der Versicherungsnehmer vorher ein eigenes Gutachten eingeholt hat (AG Dortmund 29.05.85, ZfS 85, 244). Ein Berufen auf das Sachverständigenverfahren ist regelmäßig nicht arglistig (AG Detmold 01.07.82, ZfS 85, 58).

Verzichten beide Parteien (Versicherungsnehmer und Versicherer) auf das Sachverständigenverfahren, darf das Gericht sofort entscheiden. Dabei ist es unbeachtlich, ob der Richter die erforderliche Sachkunde hat oder sich der Hilfe eines von ihm beauftragten Sachverständigen bedient.

Ein Verzicht auf dieses Verfahren sieht das OLG Düsseldorf (VersR 56, 587) dann als gegeben, wenn beide Seiten, ohne sich auf die Schlichtung zu berufen, in erster Instanz rügelos verhandeln und erst im Laufe des Berufungsverfahrens diesen Einwand bringen. Zu weit geht wohl das AG Bonn (10.04.84, r + s 87, 62), das schon darin einen Verzicht des Versicherers auf das Vorverfahren sieht, wenn dieser in der Antwort auf eine Klageankündigung seines Versicherungsnehmers nicht auf das Verfahren nach § 14 AKB verweist. So sieht auch das AG Kassel (10.07.87 – 902 C 6949/86) im Schweigen eines Versicherers auf die Klageankündigung seines Kunden keinen Verzicht auf die Schlichtung.

Jedoch sollte der Versicherer stets dann, wenn ihm wegen der Höhe der angebotenen oder gezahlten Entschädigung eine Klage angedroht wird, auf das Sachverständigenverfahren verweisen. Es reicht ja hin, wenn im Antwortschreiben des Versicherers die AKB beigefügt werden und besser noch im Brieftext auf § 14 AKB verwiesen wird. Das klärt den Sachverhalt und bewahrt vor späterem Streit.

Klagt der Versicherungsnehmer nun, ohne einen Spruch im Sachverständigenverfahren vorweisen zu können und wird kein Verzicht auf die Schlichtung nachgewiesen, muß das Gericht die Klage abweisen, denn der Anspruch des Versicherungsnehmers ist noch nicht fällig. Das geschieht erst nach dem Spruch der Sachverständigen. Es kann auch das gerichtliche Verfahren aussetzen, bis der Spruch vorliegt (LG Trier 21.12.84, ZfS 85, 87).

Klagt der Versicherungsnehmer sowohl wegen Streitigkeiten über das Versicherungsverhältnis selbst als auch über die Höhe der Entschädigung, darf das Gericht nicht über die Höhe entscheiden, ohne den Spruch der Experten vorliegen zu haben. Es wird wohl in einem Teilurteil über den Grund des Anspruches (das Versicherungsverhältnis selbst) entscheiden und die Sache hinsichtlich der Höhe der Klageforderung aussetzen, bis das Sachverständigenverfahren erledigt ist.

Das Sachverständigenverfahren ist bei Meinungsverschiedenheiten über die Höhe des Schadens (Wert des Fahrzeugs, Umfang der Wiederherstellungskosten, Abschleppkosten, Zuschläge) vorgeschrieben. Unstrittige Teilbeträge müssen vorab bezahlt werden. Es besteht insoweit kein Zurückhaltungsrecht des Versicherungsunternehmens.

Beide Seiten können das Sachverständigenverfahren übergehen und bei gleicher Ansicht über das Problem sofort den Zivilprozeß einleiten. Eine stillschweigende Einigung darüber, daß die Forderungen vor Gericht sofort behandelt werden sollen, ist auch möglich. Sie liegt darin, daß sich keine der Parteien auf Sachverständigenverfahren beruft und zur Sache vor Gericht verhandelt. Kommt der Einwand, das Sachverständigenverfahren habe Vorrang, erst im letzten von 3 Termine, ist er unbeachtlich, da er treuwidrig ist.

Ein Sachverständigenverfahren kann von beiden Seiten eingeleitet werde. Es gibt keine Frist für die Einleitung des Verfahrens, jedoch muß eine Seite vorher zu erkennen geben, wieviel sie zahlt oder haben will.

Das Sachverständigenverfahren sollte nicht überraschend vom Versicherungsunternehmen in Gang gebracht werden, wenn der Versicherungsnehmer Wunschvorstellungen äußert, kann aber eingeleitet werden, wenn er auf seiner nach Ansicht des Versicherers unzutreffenden Meinung beharrt. Es ist zu vermeiden, daß der Versicherer Kosten verursacht, die unnötig sind. Üblich ist eine schriftliche Mitteilung an die andere Seite (Vertragspartner) über Einleitung des Verfahrens.

Das Verfahren setzt voraus, daß Versicherungsnehmer und Versicherungsunternehmen jeweils einen Sachverständigen benennen. Diese suchen eine Annäherung/Ausgleich für ihre unterschiedlichen Meinungen. Sie bilden den Ausschuß für die Abstimmung ihrer

Auffassungen. Üblich ist ferner, das eigene Mitglied des Ausschusses sofort bei Einleitung des Verfahrens zu benennen. Innerhalb von 2 Wochen muß die andere Seite ein zweites Mitglied (ihren Sachverständigen) benennen. Das kann auch der Angestellte einer Versicherung sein (so incidenter LG Frankfurt 25.05.87 – 2/21 0 546/86). Verzögert sie das oder unterläßt es, kann der das Verfahren Einleitende den zweiten Sachverständigen selbst bestellen, sofern die Unterrichtung der anderen Seite nachgewiesen ist.

Die Sachverständigen müssen von ihrer Benennung benachrichtigt werden. Sie sind von einer Partei benannt und haben nur Rechtsbeziehungen (Honoraranspruch) gegen diese. Die Ersetzung eines Sachverständigen durch einen anderen vom Auftraggeber ist jederzeit möglich.

Die Ausschußmitglieder müssen zunächst einen Obmann bestimmen. Wenn keine Einigung über dessen Person erfolgt, entscheidet auf Antrag das Amtsgericht, das dann den Obmann (Obergutachter) benennt. Zuständig ist das Amtsgericht, in dessen Bezirk der Unfall geschah oder sonst der Schaden entstand (§ 64 Abs. 2 VVG). Liegt dieser Ort im Ausland, wird man wohl auf dieses Verfahren nicht zurückgreifen können, es ist in diesen Fällen in Frage gestellt. Man wird da wohl unmittelbar den Klageweg beschreiten müssen. Die Ablehnung eines Sachverständigen wegen Befangenheit wie im Prozeß ist nicht möglich, da die Gutachter nicht unabhängig sind. Hingegen muß der Obmann eine neutralere Stellung haben.

Die Sachverständigen versuchen, sich zu einigen. Geht das nicht, kommen ihre Stellungnahmen (Rezensionen der anderen Gutachten) zum Obmann. Dieser entscheidet durch Spruch innerhalb der im Verfahren vorliegenden Schätzungen. Nach diesem Spruch ist dann ein normales Zivilverfahren möglich, denn die Forderung ist nun fällig.

Die Kosten des Sachverständigenverfahrens trägt der Unterliegende. Sie werden geteilt, wenn keiner voll durchdringt (Quotierung des Aufwandes). Der Obsiegende kann insoweit seinen Aufwand vom Unterlegenen einklagen.

Zu Beweiszwecken sollte im Sachverständigenverfahren alles schriftlich festgelegt werden (Protokolle der Besprechungen, Kopie dem anderen zur Billigung übersenden).

Eine Anfechtung des Spruches des Obmannes ist in der Regel nur möglich, wenn er

– offenbar von der wirklichen Sachlage abweicht, zum Beispiel Verkennung des Marktes (LG Landau 11.07.85, r + s 86, 276),
– Treu und Glauben widerspricht,
– offenbar unbillig ist.

Zweck des Verfahrens ist es, die Gerichte von technischen Fragen zu entlasten, also beispielsweise den Streit über den Wert des Fahrzeuges vom Gericht auf Sachverständigenverfahren zu verlagern.

Demnach ist eine sofortige Klage bei zu geringer Festsetzung der Fahrzeuge-/Reparaturwerte regelmäßig fehlerhaft. Vorrangig ist zunächst das Sachverständigenverfahren.

Hinweise für Sachverständige

- Auftrag abwarten.
- Kontakt mit anderen Sachverständigen aufnehmen.
- Zunächst Obmann vereinbaren.
- Erst dann Abstimmung der gegenseitigen Meinungen versuchen.
- Protokolle führen oder schriftlich verhandeln.

Hinweise für Schadenbearbeiter

- Bei Sachverständigenverfahren sofort einen Sachverständigen beauftragen.
- Der Gegenseite den Namen des eigenen Sachverständigen nennen.
- Den eigenen Sachverständigen voll unterrichten.

26. Regresse

Der Grundsatz des Versicherungsrechtes, daß der Versicherungsnehmer in der Schadenversicherung durch die Entschädigung des Versicherers nur vor finanziellen Verlusten bewahrt, aber nicht bereichert werden soll, der in dem ausdrücklichen Bereicherungsverbot des § 59 VVG seinen Niederschlag gefunden hat, spiegelt sich auch in der Bestimmung des § 67 VVG wider, in dem festgelegt ist, daß die Schadenersatzforderungen des Versicherungsnehmers – nicht aber andere Forderungen, zum Beispiel Garantieleistungen, Bereicherungsansprüche o. ä. m. – auf den Versicherer übergehen, wenn der Versicherungsnehmer die Leistungen aus dem Versicherungsvertrag in Anspruch nimmt. Diese Bestimmung soll die Versichertengemeinschaft auch vor zu hohem Schadenaufwand schützen. Diese soll ja so gestellt sein, als trüge jeder letztlich sein Risiko selbst (allerdings verteilt auf viele Schultern). Dazu gehört, daß in den Fällen, in denen der einzelne sein Geld von dritter Seite (Schädiger) zurückbekommt, diese Beträge von der Entschädigungsleistung des Versicherers abzusetzen sind, um die Gesamtheit zu entlasten.

261

Der Forderungsübergang erfolgt kraft Gesetzes. Das bestimmt § 67 VVG. Es bedarf also keiner gesonderten Abtretung durch den Versicherungsnehmer, um den Versicherer in den Genuß der Ansprüche zu bringen. Die sog. cessio legis vereinfacht insoweit auch den Verwaltungsablauf bei der Schadenregulierung.

Nun ist nicht alles, was der Versicherungsnehmer von Dritten fordern kann, versichert. Einige **Beispiele** mögen dies verdeutlichen:

(a) Der Versicherungsnehmer erleidet einen Körperschaden durch Verschulden eines Dritten und unterhält eine private Krankenversicherung, die die Heilbehandlungskosten deckt. Gemäß §§ 823 ff. BGB hat der Versicherungsnehmer Ansprüche wegen entgangener Einkünfte, vermehrter Bedürfnisse infolge des Schadens, Schmerzensgeld und Heilbehandlungskosten gegen den Schädiger. Von der Krankenkasse bekommt er aber nur die Heilbehandlung erstattet.

(b) Bei einem Autounfall hat der Versicherungsnehmer gegen den Schädiger Ansprüche wegen Nutzungsausfall, Verdienstentganges, Minderwertes, Abschlepp- und Reparaturkosten. Der Kaskoversicherer zahlt aber nur die Abschlepp- und Reparaturkosten.

Im Interesse des Versicherungsnehmers ist in § 67 VVG festgelegt, daß der Ersatzanspruch nur insoweit auf den Versicherer übergeht, als dieser Ersatz leistet (kongruente Forderungen). In den obigen Beispielen gehen die Ersatzansprüche für Verdienstausfall, Nutzungsausfall, Schmerzensgeld, vermehrte Bedürfnisse und Minderwert nicht auf den Versicherer über. Hierfür leistete er keinen Ersatz. Soweit die Krankenversicherung angesprochen ist, zahlt sie nur die Heilbehandlungskosten – und die in aller Regel nicht voll – und bei der Kaskoversicherung die Reparatur- und Abschleppkosten.

262

Nun ist weiter bestimmt, der Forderungsübergang darf nicht zum Nachteil des Versicherungsnehmers erfolgen. Der Gesetzgeber wollte dem, der seinen privaten Schaden durch eine Versicherung abdeckt, möglichst umfassend schützen. Der Versicherungsnehmer soll seinen Aufwand zur Schadendeckung soweit wie möglich voll erstattet bekommen. Schließlich hat er einen oft nicht unbeträchtlichen Prämienaufwand zu seiner Sicherung

263

erbracht. Man kann aus der Bestimmung des § 67 Abs. 1 Satz 2 VVG folgende Faustregel ableiten:

Der Versicherer erhält erst dann etwas, wenn der Versicherungsnehmer seinen gesamten kongruenten Schaden ersetzt bekommen hat, insbesondere die Positionen für die der Versicherer nicht aufkam (zum Beispiel Selbstbehalt).

In Kasko ist die Rechtsprechung etwas weiter gegangen und hat den Kreis der kongruenten Forderungen vergrößert. Als kongruent werden angesehen:
– Reparaturkosten,
– Wiederbeschaffungswert,
– Wiederbeschaffungszuschläge,
– Abschleppkosten,
– Minderwert,
– Sachverständigenkosten, auch die vom Versicherungsnehmer aufgewandten. (ArbG Paderborn 06.01.83, ZfS 85, 28).

Beispiele:

(a) Zu prüfen ist der Regreß bei folgendem Schadenfall: Es liegt Totalschaden vor. Der Sachverständige des Versicherungsunternehmens taxt den Wert des Fahrzeuges. Seine Kosten trägt der Kaskoversicherer. Der Versicherungsnehmer läßt nach 10 Tagen den Ersatzwagen zu und macht im Haftpflichtschaden, in dem ihm 50 % der Ansprüche nach Haftungsquote zustehen, geltend:

Wiederbeschaffungswert	DM 10.000,—
Restwert laut Gutachten	DM 2.000,—
Zulassungskosten	DM 100,—
Nutzungsausfall für 10 Tage	DM 450,—
Summe	DM 8.550,—

Da er vom Privat-Haftpflichtversicherer des anderen Unfallbeteiligten keine volle Regulierung zu erwarten hat, stellt er den Antrag auf Entschädigung beim Kaskoversicherer, der wie folgt die obigen Positionen abrechnet:

Wiederbeschaffungswert	DM 10.000,—
Restwerte laut Gutachten	DM 2.000,—
Zulassungskosten*	DM 0,—
Nutzungsausfall für 10 Tage*	DM 0,—
Kaskoversicherung ohne Selbstbehalt	DM 8.000,—

---

* nicht in Kasko gedeckt.

Beim Haftpflichtversicherer werden nun unmittelbar vom Versicherungsnehmer der Kaskoversicherung geltend gemacht, weil sein Versicherer dafür nicht leistet

Zulassungskosten	DM 100,—
Nutzungsausfall	DM 450,—
	DM 500,—

die der Haftpflichtversicherer gemäß Haftungsquote mit 50%, also mit einer Entschädigung im Haftpflichtfall von DM 225,— reguliert, wobei er die Zulassungskosten ablehnt, weil haftpflichtmäßig kein Totalschaden gegeben wäre.

Auf den Kaskoversicherer sind nun in Höhe von DM 8.000,— (gemäß § 67 VVG) die Ansprüche seines Versicherungsnehmers gegen den anderen Unfallbeteiligten (belastet mit der Quote von 50% und dem Quotenvorrecht seines eigenen Versicherungsnehmers) übergegangen. Jetzt muß nun geprüft werden, ob die Forderungen kongruent sind. Diese Frage ist zu bejahen, denn es handelt sich nur um Beträge, die für den Sachbegriff „Fahrzeuge" unmittelbar aufgewandt worden sind.

Zu prüfen ist vorab, ob im Haftpflicht- und im Kaskofall die Restwerte mit dem gleichen Betrag abgesetzt werden können. Das soll hier unterstellt werden.

Ob nach den, den BGH-Entscheidungen zugrunde liegenden Gedankengängen gegebenenfalls eine Kongruenz bei den Zulassungskosten anzunehmen wäre, verdient der Überlegung. Im vorliegenden Fall kann dies jedoch unerörtert bleiben, da der Versicherungsnehmer hinsichtlich der kongruenten Position voll entschädigt wird. Sein Quotenrecht wäre hier irrelevant. Der Kaskoversicherer kann seine Quote von DM 4.000,— (= 50% von DM 8.000,— Kasko-Entschädigung) von der anderen Seite fordern. Der Versicherungsnehmer muß den Verlust bei den nicht kongruenten Forderungen, die aus der quotierten Abrechnung des Haftpflichtversicherers resultieren, hinnehmen. Er erhält letztlich

Kaskoentschädigung	DM 4.000,—
Restwerte	DM 2.000,—
Privathaftpflichtversicherung	DM 225,—
Summe	DM 6.225,—

(b) Ändert man obiges Beispiel dahingehend, daß der Versicherungsnehmer der Kaskoversicherung einen Selbstbehalt von DM 1.000,— vereinbart hat, so ändert sich die Abrechnung des Kaskoversicherers wie folgt:

Wiederbeschaffungswert	DM 10.000,—
Restwerte laut Gutachten	DM 2.000,—
Selbstbehalt	DM 1.000,—
Entschädigung	DM 7.000,—

Nun muß der Versicherungsnehmer auch wegen der Fahrzeugwerte an den Privathaftpflichtversicherer herantreten und hat insoweit den Quotenvorteil des § 67 Abs. 1 VVG vor seinem Kaskoversicherer. Er erhält für die kongruenten Positionen im Rahmen der Haftungsquote zunächst all das, was ihm noch – nach Abzug der Kaskoversicherung – offen geblieben ist. Das ist der Selbstbehalt von DM 1.000,—, denn bis zu

DM 4.000,— ist – im Rahmen der Haftungsquote – der Privathaftpflichtversicherer zur Leistung verpflichtet.

Der Versicherungsnehmer der Kaskoversicherung rechnet in diesem Fall seinen Haftpflichtanspruch wie folgt ab:

Fahrzeugschaden: Wiederbeschaffungswert	DM 10.000,—
Restwert	DM 2.000,—
	DM 8.000,—

Daher verbleibt nach Haftungsquote ein Anspruch beim Gegner in Höhe von DM 4.000,—. Nach der Kasko-Abrechnung entsteht ein Ausfall in Höhe von DM 1.000,—. Da obige Differenz unter dem Haftpflichtanspruch liegt, bleibt dem Versicherungsnehmer ein Anspruch von DM 1.000,— zuzüglich 50 % des Nutzungsausfalls (DM 225,—). Demnach zahlt der Privathaftpflichtversicherer an den Versicherungsnehmer der Kaskoversicherung DM 1.225,—. Dazu bekommt er die Kaskoentschädigung von DM 7.000,—.

Der Kaskoversicherer erhält für seinen Regreß vom Privathaftpflichtversicherer

Wiederbeschaffungswert gemäß Quote	DM 4.000,—
Zahlung an den Versicherungsnehmer der Kaskoversicherung nach Quotenvorteil	DM 1.000,—
	DM 3.000,—

Damit hat der Versicherungsnehmer im Rahmen der Quote alles erhalten und der Privathaftpflichtversicherer nicht mehr als die Quote gezahlt.

(c)
Fahrzeugreparatur	DM 10.000,—	mit Kasko-Entschädigung kongruent
Minderwert	DM 2.000,—	
Abschleppkosten	DM 500,—	
Sachverständigenkosten	DM 500,—	
	DM 13.000,—	
Mietwagen	DM 4.000,—	nicht kongruent

Die Kasko-Entschädigung beträgt DM 9.000,—. (Reparaturkosten ohne Selbstbehalt).

Der Kaskoversicherer übernimmt nicht:

Selbstbehalt	DM 1.000,—
Minderwert	DM 2.000,—
Sachverständigenkosten	DM 500,—
	DM 3.500,—

Bei Abrechnung erhält der Versicherungsnehmer vom Gegner neben der Kasko-Entschädigung vom kongruenten Teil der Forderungen seine DM 3.500,— voll, dann erst bekommt der Versicherer etwas:

Haftungsquote	25 %	50 %	75 %
kongruenter Schaden	DM 3.250,—	DM 6.500,—	DM 9.750,—
nicht kongruenter Schaden	DM 1.000,—	DM 2.000,—	DM 3.000,—
Versicherungsnehmer erhält*	DM 3.250,—	DM 3.500,—	DM 3.500,—
Versicherungsnehmer erhält für nicht Kongruentes	DM 1.000,—	DM 2.000,—	DM 3.000,—
Versicherungsunternehmen erhält	./.	DM 3.000,—	DM 6,250,—

Eine Entscheidung (AG Krefeld 04.08.87, ZfS 87, 294) hält das Quotenvorrecht des Versicherten für ungerecht, weil ein Mitverursacher des Schadens zum vollen Ersatz käme, wenn er eine Kaskoversicherung unterhält. Mag die Entscheidung erzieherisch gut begründet sein, so widerspricht sie doch geltendem Recht und übersieht, daß ein Versicherungsnehmer gerade für derartige Fälle der selbstverschuldeten Schäden die Versicherung abschließt und dafür Prämien zahlt.

Schäden durch Stationierungskräfte müssen binnen 3 Monaten beim örtlich zuständigen Amt für Verteidigungslasten gemeldet werden, sonst geht der Anspruch verloren (Ausschlußfrist). Die Anmeldung durch den Versicherungsnehmer wahrt auch die Frist für die Regreßansprüche des Versicherungsunternehmens (LG Osnabrück 23.10.85 – 8 O 285/85). **264**

Ein Schadenersatzanspruch muß bestehen, gleich, ob aus Vertrag oder Gesetz. **265**

Der Anspruch muß gegen einen Dritten bestehen, aber nicht gegen Familienangehörige des Versicherungsnehmers, die mit ihm im gleichen Haushalt leben. Sie gehen nur auf den Versicherer über, wenn die Tat grob fahrlässig oder vorsätzlich begangen worden ist. Den Grad des Verschuldens müßte der Versicherer beweisen, den allerdings der Versicherungsnehmer voll informieren muß (§ 67 Abs. 2 VVG). **266**

Die häusliche Gemeinschaft muß zur Zeit der Tat- und Regreßnahme bestanden haben (*Bruck,* a.a.O., § 57 Anm. 107). Eine spätere Aufnahme in den Haushalt des Versicherungsnehmers ändert nichts mehr daran, daß die Ersatzansprüche auf den Versicherer übergehen. Man geht jedoch davon aus, daß der Versicherungsnehmer diese Ansprüche dann selbst nicht verfolgt haben würde, da er die Versicherung für alle in seinem Haushalt Lebenden abgeschlossen hat (*Prölss,* a.a.O., § 67 Anm. 8). Die Familie muß aber im Rechtssinne bestehen. Auf Unterhaltsverpflichtungen kommt es hierbei nicht an. Allerdings sind eheähnliche Verhältnisse nicht unter dem Schutzzweck der Norm des § 67 VVG zu verstehen (BGH 01.12.87, ZfS 88, 136).

Voraussetzung für den Übergang ist natürlich das Bestehen des Ersatzanspruches. Ist er mit Einreden (zum Beispiel Verjährung) oder Einwendungen (zum Beispiel Verzicht, Erfüllung) behaftet, geht er mit diesen Nachteilen auf den Versicherer über. Dieser steht nicht besser als der Versicherungsnehmer. Weitere Voraussetzungen sind: **267**

– Der Versicherungsnehmer muß selbst Empfangsberechtigter der Forderung sein. Ein Vertrag zugunsten Dritter, aus dem der Versicherungsnehmer nicht selbst Ansprüche geltend machen kann, bleibt hier unberücksichtigt.

---

* Versicherungsnehmer erhält daneben DM 9.000,— Entschädigung.

- Der Anspruch muß übertragbar sein. Wurde – wie beim Kasko-Anspruch in § 3 Abs. 4 AKB – ein Abtretungsverbot vereinbart, kann ein Übergang nicht erfolgen, auch nicht im Wege der cessio legis nach § 67 VVG. Allerdings ist der Versicherungsnehmer in diesem Fall verpflichtet, seinen Anspruch auszukehren und das Erhaltene dem Versicherungsunternehmen zuzuleiten (*Prölss,* a.a.O., § 67 VVG Anm. 4).

268 Ehe der Anspruch des Versicherungsnehmers auf den Kaskoversicherer übergeht, muß dieser natürlich geleistet haben. Leistet das Versicherungsunternehmen die Entschädigung in Teilbeträgen, geht der Anspruch des Versicherungsnehmers auch nur im Rahmen der jeweiligen Teilzahlungen auf das Versicherungsunternehmen über (*Prölss,* a.a.O., § 67 VVG Anm. 4). Einschränkungen der Regreßnahme bestehen gemäß:

- Arbeitsrecht (gefahrgeneigte Tätigkeit): Ein Arbeitnehmer haftet nicht für jedes Verschulden, da ein Mensch beispielsweise physisch nicht in der Lage ist, 8 Stunden mit einer auf das äußerste angespannten Aufmerksamkeit zu arbeiten. Mit einer Fehlerquote muß gerechnet werden. Das kalkuliert jeder Arbeitgeber ein, und für diese Fälle darf er sich nicht bei seinen Beschäftigten schadlos halten können.

Die Fehlerquote steigt und damit sinkt der Umfang der Ersatzansprüche des Arbeitgebers bei gefahrgeneigten Tätigkeiten. Damit mindern sich die übergehenden Forderungen auf den Versicherer.

- § 15 Abs. 2 AKB: Ansprüche gegen Fahrer und mitversicherte Personen (§ 10 AKB), Mieter und Entleiher. Diese können unabhängig vom Anspruch des Versicherungsnehmers vom Versicherer nur wegen eines Regresses in Anspruch genommen werden, wenn Vorsatz oder grobe Fahrlässigkeit vorliegen, was das LG Köln (17.09.86, ZfS 88, 117) erstaunlicherweise nicht einmal bei Unfallflucht immer annimmt.

Kulanzzahlungen (über den eigentlichen Schadenrahmen/Vertragsrahmen hinaus) gehen nicht über, auch nicht der Anspruch auf ein Neufahrzeug gemäß § 13 Abs. 2 AKB. Die Ansprüche auf Erstattung der Regulierungskosten (Sachverständigenkosten, Reisekosten, Bankspesen usw.) erwirbt der Versicherer. Eine Verjährung der übergegangenen Forderungen tritt ein, wenn der Anspruch selbst verjährte.

269 Es besteht ein Aufgabeverbot, d.h. der Versicherungsnehmer darf auf Ersatzansprüche nicht verzichten. Tut er es doch, dann tritt Leistungsfreiheit des Kaskoversicherers ein.

Der Zeitpunkt des Verzichts und der Leistung ist zu beachten (ein Verzicht des Versicherungsnehmers nach Erhalt der Entschädigung wäre rechtlich unbeachtlich. Die Ersatzansprüche sind zu diesem Zeitpunkt bereits auf das Versicherungsunternehmen übergegangen. Eine etwaige Verfügung des Versicherungsnehmers über diese Ansprüche ist rechtlich unwirksam, es wäre die Verfügung eines Nichtberechtigten. Bei solchen Abtretungen über die Forderungen wird der gute Glaube des Erwerbenden regelmäßig nicht geschützt (Ausnahme: Vorlage einer Zessionsurkunde, die dem Versicherungsnehmer nicht weitergereicht wurde).

270 Der Versicherungsnehmer hat eine Informationspflicht gegenüber dem Versicherungsunternehmen hinsichtlich der Regreßansprüche. Meist wird er vom Versicherungsunternehmen bei Übersendung der Schadenanzeige darüber belehrt.

Zwischen den meisten deutschen und einigen ausländischen Kraftfahrthaftpflicht- und Kraftfahrzeugversicherern bestehen Verträge, nach denen an die Stelle der gemäß § 67 VVG übergehenden Ersatzansprüche andere Regeln treten (Teilungsabkommen). Das heißt, die Vertragspartner verzichten untereinander auf die Rechtsfolgen des § 67 VVG und ordnen ihre Regresse nach folgenden Grundsätzen:

Geteilt wird in diesen Abkommen der Aufwand, den der Kaskoversicherer bedingungsgemäß zu erbringen hätte. Darüber hinausgehende Zahlungen, zum Beispiel des Kraftfahrthaftpflichtversicherers für Nutzungsausfall, Minderwert, Neufahrzeug usw., werden bei diesem Abkommen nicht berücksichtigt. Diese Positionen werden zwischen Gesamtschuldnern (Kraftfahrthaftpflichtversicherern) entweder nach Rechtslage oder dem Teilungsabkommen zwischen Kraftfahrthaftpflichtversicherern behandelt.

Das Teilungsabkommen zwischen Kasko- und Haftpflichtversicherern (Standardteilungsabkommen) regelt die Teilung der Ansprüche bis zu einem Höchstbetrag von DM 15.000,— (nationales Abkommen oder DM 5.000,— internationales Teilungsabkommen) möglicher Leistungen des Kaskoversicherers. Hinsichtlich der überschießenden Beträge wird dann nach Rechtslage verfahren. Auf die Bezahlung von Teilungsquoten unter DM 500,— verzichtet der jeweilige Gläubiger.

Eine Berührung ist Voraussetzung für die Teilung. Fehlt es daran, übernimmt der Kaskoversicherer alles, was er zu leisten gehabt hätte, wenn er in Anspruch genommen wäre und verzichtet im Rahmen der Abkommen auf den Regreß. Die Rechtslage spielt hier keine Rolle. Haben sich die Fahrzeuge berührt, wird der Kaskoaufwand geteilt. Eine Berührung wird auch dann unterstellt, wenn sich die einzelnen Fahrzeuge nicht unmittelbar berührten, sondern in einer ununterbrochenen Kette zusammenstießen, zum Beispiel mehrere Fahrzeuge sind aufgefahren. Ist jedoch die Kette unterbrochen, wird nur zwischen den Fahrzeug- und Haftpflichtversicherern geteilt, deren Fahrzeuge in einer ununterbrochenen Reihe Berührung hatten. Fehlt diese, übernimmt der Kaskoversicherer allein den von ihm zu tragenden Aufwand, unabhängig davon, wer den Betrag zahlte.

Weitere Voraussetzung ist, daß dem Versicherungsnehmer Deckung zu gewähren ist, wobei es keine Rolle spielt, ob diese nur vorläufig gewährt wird (Ausnahme: rückwirkender Wegfall bei Nichtzahlung der Erstprämie). Die Deckung wird unterstellt, wenn auf ein Regreßschreiben mehr als 2 Monate keine Deckungsbedenken erhoben werden. Dabei muß es sich aber um ein förmliches Regreßbegehren gehandelt haben, um diese Wirkung zu erzielen. Eine Anfrage über das Bestehen einer Kaskoversicherung verbunden mit der unverbindlichen Ankündigung eines Regresses reicht nicht aus.

Der Regreß erfolgt wegen eines einheitlichen Schadenereignisses. Ein örtlicher und zeitlicher Zusammenhang muß gegeben sein. Er liegt nicht vor, wenn zwischen den Ereignissen mehrere hundert Meter gefahren wurden, allerdings ist es auch nicht nötig, daß alles in einem Augenblick geschah. So wird bei einem Kettenunfall der Zusammenhang angenommen.

Die Berührung der Fahrzeuge muß in einer gewissen „Kette" erfolgen. Es reicht aus, wenn ein Fahrzeug sich mit einem anderen berührt hat, wobei nicht alle anderen Fahrzeuge inländische und versicherte zu sein brauchen, jedoch darf die Berührung nicht nur mit einem vom Wagen losgelösten unwesentlichen Teil (zum Beispiel Glassplitter, Rad) erfolgt sein.

Geteilt wird der Regulierungsbetrag, sofern er nicht unverhältnismäßig hoch ist. Die Treuepflicht der Abkommenspartner verbietet es, eigene Regulierungsvorteile (zum Beispiel kleinliche Abzüge „neu für alt") abzusetzen.

Beispiele:

(a) A rast aus einer Grundstücksausfahrt und zwingt B zu einer Notbremsung und zum Ausweichen. Deshalb fährt C, der A folgt, auf diesen. D kollidiert mit den beiden ineinander verkeilten Fahrzeugen B und C. Der Kraftfahrthaftpflichtversicherer des D teilt seinen Entschädigungsbetrag mit den Kraftfahrthaftpflichtversicherern B und C. Jeder zahlt also ein Drittel. A hat den Unfall zwar weitgehend herbeigeführt, die anderen Fahrzeuge aber nicht berührt. Daher wird sein Kraftfahrthaftpflichtversicherer von der Teilung der Aufwendungen nicht betroffen. Müßte der Kraftfahrthaftpflichtversicherer des A regulieren, hätte er hinsichtlich der Kaskoaufwendungen für D Regreßansprüche zu je einem Drittel der Kaskoentschädigung gegenüber den Kraftfahrthaftpflichtversicherern des B und C sowie den Kaskoversicherer des D.

(b) A schleudert beim Fahren mit seinem Fahrzeug einen großen Stein auf den ihm folgenden Personenkraftwagen des B, dessen Windschutzscheibe dadurch zu Bruch geht. Da keine Berührung der Fahrzeuge vorliegt, muß der Kaskoversicherer des B den in Kasko gedeckten Aufwand allein übernehmen.

Die Zahl der berührten Fahrzeuge ergibt die Teilungsquote. Anhänger und Auflieger, die mit dem Zugfahrzeug eine Einheit bilden, werden nicht getrennt gezählt.

Der Aufwand des Kaskoversicherers ergibt den teilbaren Betrag. Geteilt wird das, was der Kaskoversicherer aufgewandt hätte. Reguliert der Haftpflichtsicherer vor, erhält er den Kaskoaufwand (bis zur Höhe seiner Teilungsquote) zurück.

Beispiel:

Vollkaskoversicherung mit DM 1.000,—, Selbstbehalt, Reparaturkosten DM 6.000,—, Abschleppkosten DM 500,—, Haftungsquote 30%, beteiligt 2 Fahrzeuge.

– Der Kraftfahrthaftpflichtversicherer zahlt DM 1.900,— (30% von 6.000,— DM + DM 500,—).
– Der Kaskoversicherer hätte zuerst regulieren müssen

Reparaturkosten	DM 6.000,—
+ Abschleppkosten	DM 500,—
– Selbstbehalt	DM 1.000,—
	DM 5.500,—

Quote 50% nach Abkommensteilung = DM 2.750,—

Die Teilung bei quotierter Haftung zwischen regulierendem Haftpflichtversicherer und dem Kaskoversicherer hat gemäß Spruch des Schiedsgerichtes beim HUK-Verband nach § 7 des Teilungsabkommens zwischen Kasko- und Haftpflichtversicherern (KF/KH-TA) und § 11 des Teilungsabkommens zwischen Kasko- und Haftpflichtversicherern (KF/KH-TA) vom 06.10. – 434 c/KF-H 1/86 – zwei Obergrenzen, und zwar

(a) die Leistung, die der Kaskoversicherer zu erbringen gehabt hätte, wenn er selbst in Anspruch genommen worden wäre und
(b) den Betrag, den der zahlende Kraftfahrthaftpflichtversicherer für die in dem Kasko-Regreß in Anspruch genommenen Parteien erbracht hat, wenn dieser geringer ist, als die mögliche Kaskoentschädigung (§ 5a KF/KH-TA).

Dabei geht das Schiedsgericht davon aus, daß wegen der Schadenfreiheitsrabattbelastung meist nur der Kraftfahrthaftpflichtversicherer wegen der Entschädigung angegangen würde. Doch braucht das Kraftfahrthaftpflichtversicherungsunternehmen bei seinem Regreß nicht zu prüfen, ob es allein geleistet hat. Es darf also immer nach denn Varianten (a) und (b) vorgehen. Einwände dagegen muß der Kaskoversicherer prüfen und nachweisen.

Beispiel für die Abrechnungen:

Bezeichnung	Variante A (in DM)	Variante B (in DM)
Reparaturkosten	3.000,—	3.000,—
Abschleppkosten	500,—	500,—
Summe	3.500,—	3.500,—
Mithaftungsquote	− 875,—	− 2.625,—
Leistung in Kraftfahrthaftpflicht	2.625,—	875,—
Regreß gemäß § 5a KF/KH-TA		
Kaskoaufwand	3.500,—	3.500,—
Selbstbehalt	− 1.000,—	− 1.000,—
Abzüge „neu für alt"	− 200,—	− 200,—
zu zahlende Kaskoentschädigung	2.300,—	2.300,—
davon 50% Teilungsabkommen-Quote	1.150,—	437,50

In Variante A liegt die vom Kraftfahrthaftpflichtversicherer gezahlte Entschädigung für die in Kasko ansatzfähige Positionen über der Teilungsquote bei 100 %iger Haftung. In Variante B liegt die Entschädigung unter der Quote bei 100 %iger Haftung. Deshalb wird nur der dort gezahlte Betrag geteilt.

Tritt nun der Kaskoversicherte später an seinen Kaskoversicherer heran, wird nach dessen Entschädigung geteilt. Der Bagatellbetrag kann da nicht zum Zuge kommen, denn es handelt sich um eine Fortsetzung der Regulierung.

Die Regresse der Mitglieder des nationalen Teilungsabkommens werden erst durchgeführt nach
— Ausschöpfung der Rechtslageregresse gegen Nicht-Mitglieder des Abkommens, zum Beispiel gegen nicht kraftfahrthaftpflichtversicherte Schädiger oder die wenigen

Kraftfahrthaftpflichtversicherten, deren Versicherer nicht am Abkommen beteiligt sind, soweit die Aussichtslosigkeit des Beitreibens der Forderung nicht auf der Hand liegt (der Schuldner hat kein verwertbares Vermögen oder ist total überschuldet und nicht privat-haftpflichtversichert). Die Beweissituation gegen ihn in einem wahrscheinlichen Prozeß ist für das Versicherungsunternehmen ungünstig.

— Durchführung der Regresse nach anderen Abkommen (zum Beispiel Internationales Teilungsabkommen).

Zwischen einer Vielzahl europäischer Versicherer besteht das internationale Teilungsabkommen zwischen Kasko- und Haftpflichtversicherern, das im wesentlichen dem nationalen Standardteilungsabkommen entspricht. Der internationale Vertrag hat allerdings geringere Höchstbeträge des zu teilenden Aufwandes, und er kommt nur zum Zuge zwischen den Mitgliedern dieses Abkommens, soweit sie nicht alle dem deutschen Teilungsabkommen zwischen Kasko- und Haftpflichtversicherern angehören. Sollte dies der Fall sein, geht das deutsche Abkommen vor. Die Abwicklung der Regresse nach dem Teilungsabkommen zwischen Kasko- und Haftpflichtversicherern erfolgt vor der Regreßnahme gemäß Teilungsabkommen der Kraftfahrthaftpflichtversicherer.

Ist ein Kraftfahrthaftpflichtversicherer leistungsfrei (Beitragsdifferenzen, Obliegenheitsverletzungen usw.), scheidet er aus der Zahl der zu beteiligenden Versicherer bei der Teilung der Beträge aus. Gegen seinen Versicherungsnehmer wird dann vor der Beteiligung an den Restquoten nach Rechtslage regressiert, sofern das nicht aussichtslos ist.

Ist ein Kaskoversicherer leistungsfrei, entfällt der Regreß hinsichtlich dieses Versicherten, da dieser keine Kaskoentschädigung erhält.

Nicht geteilt werden Regulierungskosten des bearbeitenden Versicherers. Das sind zum Beispiel Reisekosten, Sachverständigengebühren, Gehälter, Bürokosten usw. Die Anmeldefrist beträgt 2 Monate. Der Widerspruch wegen mangelnder Deckung muß binnen 1 Monat erfolgen, sonst ist dieser Einwand wirkungslos. Wird die Regreßforderung nicht binnen 3 Jahren angemeldet und gefordert, gilt dies zwischen den Abkommenspartnern als Verzicht auf den Regreß. Der zahlende Versicherer verzichtet im übrigen auf einen Regreß, wenn der geteilte Betrag unter DM 500,— liegt.

Hinweise für Schadenbearbeiter
— Schweigen auf Anmeldung eines Teilungsabkommen-Regresses (auch zum Grunde) schneidet Deckungseinwand ab,
— Zahl der beteiligten Fahrzeuge prüfen.

27. Rückforderung zuviel gezahlter Beträge

Hat das Versicherungsunternehmen zuviel gezahlt, kann es diesen Betrag nach den Regeln der ungerechtfertigten Bereicherung zurückverlangen (§§ 812 ff. BGB), das heißt, der Zahlungsempfänger muß das erstatten, was er über die berechtigt empfangenen Gelder hinaus erhalten hat. Das gilt nicht, wenn er „entreichert" ist, also das Geld für etwas nicht Notwendiges ausgab, was er sich sonst nicht geleistet hätte. Kannte er den Mangel des Rechtsgrundes der Zahlung oder erfuhr er ihn später

272

Beispiel:

(a) Bewußt falsche Angaben zum Schadenhergang,
(b) Verschweigen von Vor- oder Altschäden,
(c) Verschweigen der Doppelversicherung,
(d) Verschweigen später bekannt gewordener Vorschäden,

kann er sich nicht mehr auf die Entreicherung berufen (§ 819 BGB). Die verschärfte Haftung für die Rückgabe beginnt mit dem Zeitpunkt der Kenntnis des Versicherungsnehmers.

In Verzug gerät der Versicherungsnehmer dann, wenn ihm die Mahnung des Versicherungsunternehmens nicht zuging, weil er einen Wohnungswechsel dem Versicherer nicht angezeigt hatte und dieser deshalb den (eingeschriebenen) Mahnbrief falsch adressierte (§ 10 VVG), wenn er die Rückzahlungsfrist in Unkenntnis der Anforderung verstreichen ließ.

Das Versicherungsunternehmen hat die Beweislast für das Fehlen des Rechtsgrundes der Zahlung, etwa einer Obliegenheitsverletzung (subjektive und objektive Seite) – OLG Köln 17.10.86, r+s 87, 90 und LG Köln 15.10.86, r+s 87, 89 f. – des Versicherungsnehmers, die zur Versagung des Versicherungsschutzes geführt hätte. Bei einem dubiosen Diebstahlschaden muß demnach das Versicherungsunternehmen, um das Geleistete vom Versicherungsnehmer zurückzuerhalten, die naheliegende Möglichkeit der Vortäuschung des Versicherungsfalles nachweisen (OLG Hamm 23.07.86, VersR 87, 480).

273

Außerdem ist der Regreß nicht nur dann gegeben, wenn das Versicherungsunternehmen den Nachweis für die Vortäuschung des Leistungstatbestandes des Versicherers erbringt (zum Beispiel der Vortäuschung eines Autodiebstahls). Es muß nur beweisen, daß der Diebstahl nicht hinreichend wahrscheinlich und damit fingiert sein dürfte. In diesen Fällen hat der Versicherungsnehmer nur dann Anspruch auf die Versicherungsentschädigung, wenn er den Diebstahl voll beweist. Hat er dies nicht getan, so besteht ein Rückforderungsrecht des Versicherungsunternehmens hinsichtlich der inzwischen erbrachten Geldleistung (OLG Hamm 14.10.87, r+s 88, 67 ff.).

Allerdings muß es sich etwaige Erlöse für die Verwertung eines nach einem Diebstahl wieder aufgefundenen Fahrzeuges voll auf den Rückzahlungsanspruch anrechnen lassen (OLG Düsseldorf 15.03.88 – 4 U 111/87).

Der Rückzahlungsanspruch umfaßt nicht nur die reine Entschädigung, sondern auch die Kosten, die der Versicherer aufwandte, um den Schaden zu regulieren, also die Kosten für

274

den Kraftfahrzeug-Sachverständigen. Sie wären nicht entstanden, wenn der Versicherungsnehmer bei der Schadenmeldung sofort richtige Angaben (zum Beispiel über die Person des letzten Benutzers und den wahren Sachverhalt, der zum Schaden geführt hatte) gemacht hätte. Durch die vorsätzlich falschen Angaben hat der Versicherungsnehmer seinen Versicherer getäuscht und in seinen Reaktionen auf die Schadenmeldung irre geleitet. Dafür muß der Versicherungsnehmer einstehen (OLG Frankfurt 19.03.87, ZfS 88, 86). Die vorprozessualen Gutachterkosten muß der Versicherungsnehmer deshalb erstatten, weil und insoweit ein Gutachten nötig ist, um die Interessen des Versicherers — auch in einem späteren Rechtsstreit — sachgerecht vertreten zu können (LG Düsseldorf 20.10.87, r+s 88, 70 und AG Essen 24.02.88, ZfS 88, 132). Dieser Weg der Kostenerstattung ist nicht unumstritten. Verschiedene Gerichte fordern, daß diese Beträge gleich im Hauptverfahren geltend gemacht werden.

Beispiel:

Besteht Streit, ob der Versicherungsnehmer das Fahrzeug verschlossen gehabt hatte, ist ein vom Versicherungsunternehmen im Auftrag gegebenes Schloßgutachten im Kostenfestsetzungsverfahren des Deckungsprozesses zu ersetzen.

275 Der Rückforderungsanspruch ist nicht gegeben, wenn das Versicherungsunternehmen trotz bekannter falscher Angaben (§ 813 BGB) oder trotz starker Zweifel an den Angaben des Versicherungsnehmers zahlte.

Der Rückzahlungsanspruch verjährt erst nach 30 Jahren und nicht in der vom VVG für Versicherungsansprüche vorgesehenen kürzeren Frist (LG Kleve 15.12.88, r+s 88, 215).

Hinweis für Schadenbearbeiter
Rückbriefe mit Mahnungen — möglichst ungeöffnet — bei der Akte verwahren.

---

28. Einfluß der Regulierung auf den Schadenfreiheitsrabatt

In der Vollkaskoversicherung erhalten die Versicherten – wie auch in der Kraftfahrthaftpflichtversicherung – einen Schadenfreiheitsrabatt. Dieser wird gewährt, wenn die Versicherung in einem oder mehreren Jahren nicht in Anspruch genommen worden ist. Wird ein berechtigter Anspruch erhoben (zum Beispiel durch Vorlage einer Schadenmeldung oder eines Schreibens, in dem ein Vorgang angezeigt und – mindestens incident – Regulierung angestrebt wird, oder Vorlage einer Rechnung), muß der Versicherer zumindest eine Rückstellung bilden. Das belastet den Vertrag, der deswegen im Folgejahr in eine schlechtere Schadenfreiheitsklasse eingestuft wird. Die Belastung wird endgültig, wenn der Versicherer eine Entschädigung zahlt.

276

Die Rückstufung erfolgt nicht, wenn der Versicherungsnehmer bei einem Haftpflichtschadenfall, bei dem der andere Kraftfahrthaftpflichtversicherer leistungsfrei ist (er hat den Versicherungsschutz seinem Versicherungsnehmer versagt) und deshalb den Versicherungsnehmer der Kaskoversicherung auf seine Fahrzeugversicherung verweisen mußte (§ 158c Abs. 4 VVG), seine Kaskoversicherung in Anspruch nimmt.

Eine Rückstufung erfolgt ebenfalls nicht, wenn der Kaskoversicherer wegen eines Abkommensregresses von einem anderen Versicherungsunternehmen in Anspruch genommen wird, zum Beispiel weil sein Versicherungsnehmer – wohl auch wegen der Erhaltung eines Kaskoschadenfreiheitsrabatts – vom anderen Kraftfahrthaftpflichtversicherer die volle Entschädigung fordert und erhält. Nach Abkommensgrundsätzen muß hier eine Teilung des Kaskoaufwandes zwischen Kasko- und Kraftfahrthaftpflichtversicherern erfolgen. Übrigens ist der Versicherungsnehmer der Kaskoversicherung zu diesem Schritt gehalten. Er bekommt als Schadenersatz nur dann seine Verluste an Beitragsrabatt erstattet, wenn der andere Versicherer mit der Regulierung zögert (vgl. OLG Saarbrücken 08.11.85, ZfS 86, 70).

Nimmt der Versicherungsnehmer der Kaskoversicherung seine Fahrzeugversicherung in Anspruch, weil er

- eine quotierte Haftung erwartet und erst einmal seinen vollen Fahrzeugschaden abgedeckt haben will,
- nicht auf die Regulierungsbereitschaft der anderen Seite reagiert oder dazu ausreichend Zeit läßt,

verstößt er gegen seine Schadenminderungspflicht in der Kraftfahrthaftpflichtsache und muß die Herabstufung in Kasko selbst tragen.

Auch die Rechtsprechung ist der hier vertretenen Auffassung, daß der Geschädigte eines Haftpflichtschadens grundsätzlich die Verluste des Schadenfreiheitsrabattes in Kasko vom Schädiger erstattet bekommt. Nimmt er aber die Kaskoversicherung wegen ihres besseren Leistungskataloges in Anspruch, muß er den Verlust selbst tragen (AG Husum 06.03.87, ZfS 88, 40; AG Lauterbach 25.08.87, ZfS 88, 40; LG Aachen 28.05.86, VersR 87, 1232).

Die Rückstufung wird rückwirkend aufgehoben, wenn der Versicherungsnehmer trotz Meldung des Schadens und Reservebildung auf die Leistung des Kaskoversicherers verzichtet.

Einen Schadenfreiheitsrabatt kennt die Teilkaskoversicherung nicht. Allerdings darf nicht vergessen werden, daß der Vollkaskoversicherte, der einen Teil-Kaskoschaden reguliert begehrt, auch keine Rückstufung zu erwarten hat. Das Problem der Schadenersatzposition hinsichtlich der − teils satzungsgemäßen − Prämienrückerstattung soll hier nur erwähnt werden. Es folgt im wesentlichen den Regeln für die Gewährung des Schadenfreiheitsrabattes.

277 Neben dem Schadenfreiheitsrabatt gewähren Versicherer, die in einem Geschäftsjahr in einzelnen Sparten Überschüsse erwirtschaftet haben, eine Prämienrückgewähr. Sie ist in aller Regel davon abhängig, ob im letzten Jahr für Schäden eine Entschädigung gewährt oder eine noch nicht aufgelöste Rückstellung gebildet werden mußte. Das gilt sowohl für die Teil- als auch für die Vollkaskoversicherung. Dies sollte bei der Beratung der Kunden, inwieweit sie einen Schaden regulieren lassen sollen, stets mit einkalkuliert werden.

278 Von der Rückstufung darf − wenn die Gewährung von Rabatten oder Rückzahlungen zur Debatte steht − nicht aus Kulanzgründen Abstand genommen werde. (LG Hamburg 10.06.76 VersR 77, 467).

29. Freigabe der Kaskoversicherung

Die Kaskoversicherung ist freigegeben. Damit entfällt eine behördliche Genehmigung von Bedingungen und Prämien. Es könnte – die Billigung der Aufsichtsbehörde vorausgesetzt – jeder Versicherer eine oder mehrere Typen von Kaskoverträgen anbieten. Das würde die Überschaubarkeit des Marktes sehr beeinträchtigen und einen echten Preis-/Leistungs-Vergleich für die Kunden nahezu unmöglich machen. Das dürfte einer der Gründe sein, warum bislang noch ein einheitliches Bedingungswerk (AKB) besteht.

Ein weiterer Grund für diese Tatsache liegt in der Ermittlung sachgerechter Kalkulationsunterlagen für neue Vertragstypen, die sehr schwer zu schaffen sind. Die Beiträge, für die nach den AKB abgeschlossene Verträge werden gemäß §§ 12a ff. AKB weitgehend nach dem Schadenaufwand der noch nicht lange zurückliegenden Zeit kalkuliert. Da nun in den vergangenen Jahren der Leistungskatalog der Kaskoversicherung ständig erweitert wurde (Einschränkungen waren ausgesprochen selten) und die Ermittlungen der Unternehmen pauschal nach dem Gesamtaufwand für die einzelnen Beitragskategorien geführt werden – nicht gesondert nach den Verträgen, für die alte AKBs gelten – bietet das einen Anreiz für die Kunden und deren Betreuer, möglichst sofort bei jeder Vertragsänderung die neueste AKB-Fassung in die Verträge zu übernehmen.

> **Hinweise für Sachverständige und Schadenbearbeiter**
> – Bei Gutachten fragen, wann Vertrag abgeschlossen und wann geändert (meist dabei Anpassung an neue Bedingungen), dann nach Historie Gutachten fertigen. Im Zweifel Rückfrage bei dem Versicherungsunternehmen (Vertragsakte).
> – Oft Mitnahme der Vorteile für alte Verträge bei günstigen Neuerungen, aber kein Anspruch darauf.

Literaturhinweise

Asmus	Kraftfahrtversicherung 3. Auflage, Th. Gabler Verlag, Wiesbaden, 1985
Bauer	Kraftfahrtversicherung 3. Auflage, CH Beck Verlag, München, 1985
Bisle	Die Rechtsnatur des Sicherungsscheins in der Kaskoversicherung Diplomarbeit an der FHS Köln, 1982
Bruck-Möller- Sieg-Johannsen	Versicherungsvertragsgesetz 8. Auflage, Walter de Gruyter Verlag, Berlin-New York, 1985
Eichler	Versicherungsrecht Verlag Versicherungswirtschaft, Karlsruhe, 1966
Greb. u.a.	Betriebliches Versicherungshandbuch 2. Auflage, Kiehl Verlag, Ludwigshafen, 1983
Helwig	Der Schaden Loseblattsammlung, Walhalla und Pretoria Verlag, Regensburg
Hofmann	Privatversicherungsrecht 3. Auflage, CH Beck Verlag, München, 1978
Palandt	BGB 46. Auflage, CH Beck Verlag, München, 1986
Pienitz-Flöter	AKB Loseblattsammlung, Erich Schmidt Verlag, Berlin
Prölss-Martin	Versicherungsvertragsgesetz 24. Auflage, CH Beck Verlag, München, 1988
Sieg	Allgemeines Versicherungsvertragsrecht 2. Auflage, Th. Gabler Verlag, Wiesbaden, 1988
Staudinger	BGB 12. Auflage, J. Schweitzer Verlag, Berlin, 1978
Stiefel-Hofmann	Kraftfahrtversicherung 13. Auflage, CH Beck Verlag, München, 1986
Weigelt	Kraftverkehrsrecht von A – Z Loseblattsammlung, Erich Schmidt Verlag, Berlin

Abkürzungsverzeichnis

aA	anderer Ansicht
aaO	am angeführten Ort
AG	Amtsgericht
AKB	Allgemeine Bedingungen für die Kraftfahrtversicherung
Anm	Anmerkung
ArbG	Arbeitsgericht
AVB	Allgemeine Versicherungs-Bedingungen
AVSB	Allgemeine Bedingungen für die Verkehrs-Service-Versicherung
BAB	Bundesautobahn
BAK	Blutalkoholgehalt
BAV	Bundesaufsichtsamt für das Versicherungswesen
BArbG	Bundesarbeitsgericht
BB	Betriebsberater (Zeitschrift)
BGH	Bundesgerichtshof
BGHZ	Entscheidungen des Bundesgerichtshofes in Zivilsachen
Bj	Baujahr
BJG	Bundesjagdgesetz
BSG	Bundessozialgericht
BVerfG	Bundesverfassungsgericht
CUV	Caravan-Universal-Versicherung
DAR	Deutsches Autorecht (Zeitschrift)
Fbl	Formblatt
Fz.	Fahrzeug
gem.	gemäß
HUK-Verband	Verband der Haftpflichtversicherer, Unfallversicherer, Autoversicherer und Rechtsschutzversicherer e.V., Hamburg
inkl.	inklusiv
jhrg.	jährig
JR	Juristische Rundschau für die Privatversicherung
K	Kraftfahrt
KF/KH-TA	Teilungsabkommen zwischen Kasko- und Haftpflichtversicherern (Standardteilungsabkommen)
KH	Kraftfahrthaftpflichtversicherung
KH/KH-TA	Teilungsabkommen zwischen Kraftfahrthaftpflichtversicherern
KK	Fahrzeugversicherung (Auto-Kasko)
KKT	Fahrzeugteilversicherung (Teilkasko)
KKV	Fahrzeugvollversicherung (Vollkasko)
km	Kilometer
Krad	Kraftrad
LArbG	Landesarbeitsgericht
LG	Landgericht
LSG	Landessozialgericht
Lkw	Lastkraftwagen

lt.	laut
MDR	Monatsschrift für Deutsches Recht (Zeitschrift)
MwSt	Mehrwertsteuer
NJW	Neue juristische Wochenschrift (Zeitschrift)
NZV	Neue Zeitschrift für Verkehrsrecht
o.ä.m.	oder ähnliches mehr
o.g.	obengenannt
OLG	Oberlandesgericht
PflVG	Pflichtenversicherungsgesetz
PH	Privathaftpflichtversicherung
RG	Reichsgericht
RGZ	entscheidungen des Reichsgerichtes in Zivilsachen
RS	Rechtsschutzversicherung
r + s	Recht und Schaden (Zeitschrift)
rückw	rückwirkend
RZ	Randziffer
s	siehe
SB	Selbstbehalt
SFR	Schadenfreiheitsrabatt
SG	Sozialgericht
StTA	Standardteilungsabkommen (vergleiche KF/KH-TA)
StVO	Straßenverkehrsordnung
StVZO	Straßenverkehrszulassungsordnung
TA	Teilungsabkommen
TB	Tarifbestimmungen
tlw	teilweise
Tz.	Textziffer
U	Urteil
u.a.	unter anderem
u.ä.m.	und ähnliches mehr
usw.	und so weiter
u.U.	unter Umständen
V	Versicherung
VerBAV	Veröffentlichungen des Bundesaufsichtsamtes für das Versicherungswesen
VerkSVers	Verkehrsserviceversicherung
VersR	Versicherungsrecht (Zeitschrift)
Vf	Verfügung
vgl.	vergleiche
VK	Versicherungskaufmann (Zeitschrift)
VN	Versicherungsnehmer
VS	Versicherungsschein / Police
VU	Versicherungsunternehmen
VW	Versicherungswirtschaft (Zeitschrift)
WW	Wiederbeschaffungswert

ZfS	Zeitschrift für Schadensrecht
ZPO	Zivilprozeßordnung
ZW	Zeitwert

Stichwortverzeichnis

Die Ziffern verweisen auf die jeweiligen Randziffern im Text.

A

Abschleppkosten 198, 230 234
Abschlußagent 100, 154
Abtretung 169, 171 ff.
Abtretungsverbot 171 ff., 267
Affektionsinteresse 209
Agent
– Abschlußagent 10
– allgemein 154
– Vermittlungsagent 10, 11, 223
– Wissen des Agenten 141
Aggregate, Ersatz der 214 ff.
Aggregatetheorie 214 ff.
Aktivenversicherung 1, 187
Antenne, Diebstahl der 121, 228
Alkohol 151 f., 161
Alliierte, Schäden durch 264
Änderung der AKB 65, 67
Angaben, falsche 84, 86 ff., 141, 151 ff., 274
Anscheinsbeweis 84 ff., 129, 159, 188
Anspruchsberechtigter 170, 243, 267
Antrag auf Abschluß einer Versicherung 141
Antragsformular für Versicherung 6 f.
Anweisung 172
Anzeigepflicht
– bei Polizei usw. 91, 95, 149
– beim Versicherungsunternehmen 75, 92, 149
Aufgabeverbot (Ansprüche gegen Dritte) 269
Aufhebungsvertrag 46
Aufklärungspflicht 150 ff.
Aufruhr 24 f., 129
Auskunftpflicht 151
Auslagenersatz 169
Ausländer 18
Auslandsschaden
– allgemein 76, 197, 200, 231
– Rücktransport 200, 232
– Verschrottung 200, 234
– Verzollung 200, 232, 234
Automobilclubs, Leistungen der 97

B

Bagatellklausel 178
Bedingungsänderung
– allgemein 65 ff., 226
– Verbindlichkeitserklärung 66
Beitrag
– Abbuchung 37, 54, 58
– allgemein 2, 14, 37, 40, 51 ff., 64, 183
– erster 40, 51 ff., 57, 61 ff.
– Folge 52, 58, 62
– Rückgewähr 277
– Scheckzahlung 55
– Stundung 59
– Teilzahlung 60, 64
– Zahlungsfristen 40, 58
– Zurückbehaltungsanspruch 51
Belehrung bei Versagungen 130
Belohnung 184
Bereicherung
– ungerechtfertigte 272 ff.
– Verbot der 261
Bergen 232, 234
Betrieb, beschäftigt bei 83
Betriebsschäden 99, 102, 109 f., 165 ff.
Bindungsfrist 40, 42
Blitzschlagschäden 25, 101
Brand/Brandschäden 25, 104 ff.
Bremsschäden 91, 165 ff.
Bruchschäden
– allgemein 91, 110, 165 ff.
– an der Verglasung 25, 111 ff.
Bundesaufsichtsamt für das Versicherungswesen
  (Genehmigung) 4

C

Caravan-Universal-Versicherung
– allgemein 74, 91
– Totalschaden 202
Chemische Umwandlung 72, 166

D

Dachlawinen 103
Deckung
– Beginn 33
– Ende 34
– vorläufige 32 ff., 39
Deckungsgebiet 23, 25
Deckungsklage 19 f., 252
Diebstahl
– allgemein 25, 83 ff.
– Beweis 84
– Eigentumsübergang auf Versicherungsunternehmen 229
Dienstfahrtkasko-Versicherung 74, 80
Dienstreisekasko-Versicherung 74, 80
Doppelversicherung 74, 76 ff., 261
Drogen 162

E
Eigentumsübergang auf Versicherungsunternehmen 229
Einlösungsklausel 37
Einstellraumversicherung 75
Einziehungsermächtigung 54
Elektrizität, Schäden durch 72
Ende des Vertrages 44 ff.
Entwendung 25, 83 ff.
Erdbeben 129
Ermüdungsschäden 165 ff.
Ersatzschlösser 90
Ersatzvertrag 57
Europa, Deckungsgebiet 23, 25
Explosionsschäden 25, 109

F
Fahrer, unbefugter 14, 146
Fahrerlaubnis 14, 146
Fahrlässigkeit
 – allgemein 25
 – grobe 25, 120, 155, 158 ff.
Fälligkeit der Entschädigung 248, 260
Falsche Angaben 86 ff., 151 ff., 274
Feststellung der Entschädigung 173, 248, 254 f.
Feuerlöscher 184
Flamme, offene 104
Folgevertrag 57
Formeller Beginn der Versicherung 41
Frachtkosten 230 ff.
Freigabe der AKB 67, 279
Führerschein 14, 146 ff.

G
Gebrauchsentwendung 25
Gefahrerhöhung
 – allgemein 136 ff.
 – Dauer 139
Gefahrtragung 40
Gemeinkosten 198
Geschäftsfähigkeit 29
Geschäftsplanerklärung 4
Gesetzliche Obliegenheiten 136
Glasschäden 25, 94, 111 ff., 195
Grobe Fahrlässigkeit 14, 25, 120, 133, 146, 151, 155, 158 ff.
Gutachterbasis, Abrechnung auf 189

H
Haarwildschäden 14, 25, 93 ff.
Hagelschäden 25, 100
Handel-, Handwerk-Kasko-Versicherung 75
Helme 226
Hochwasser 25, 102
Hohe Hand, Verfügungen der 24 f., 129

I
Implosionsschäden 109
Informationspflicht 150 ff., 270
Innere Unruhen 24 f., 109, 129
Interesse, versichertes 1, 68 ff., 76, 187

K
Kabelschäden 25, 107, 195
Kasko-Versicherung, Aufbau der 68, 73
Kenntnis von der Gefahrerhöhung 136 ff.
Kollisionsschäden 93, 120
Kontrahierungszwang 7, 36, 40
Kreditkosten 169
Krieg 24 f., 129
Kündigung
 – Beitragsschuld 45 ff., 58
 – Obliegenheitsverletzungen 45 ff.
 – vorläufige Deckung 34
 – Zugang 49
Kurzschlußschäden 25, 107, 195

L
Ladung, Schäden an der 168
Lagerhaltung, Kosten der 198
Lautsprecher 221 ff., 228
Lawinenschäden 103
Leasing 175, 236 ff.
Leistung, Anspruch auf 170 f., 181
Leistungsgrenze 155, 187, 199 ff.
Leistungsumfang 187, 199 ff.
Leistungsverweigerung, Recht zur 18, 38 f., 130 ff.
Liebhaberpreise 209
Listenpreis 200, 203, 211
Luftfracht, Übernahme der Kosten der 231, 234

M
Mahnung, Beitrag 58
Marderbisse 94
Materieller Beginn der Versicherung 37 ff., 41
Mechanische Gewalt 72
Mehrwertsteuer 219, 239, 241
Meldepflicht 149 ff.
Mietwagenkosten 169, 187, 234
Minderwert 169, 212
Mittelmeeranrainerstaaten, Deckungsgebiet 75
Modifizierte Vertragsannahme 42 ff.

N
Nachtrunk 152
Nato-Streitkräfte, Schäden durch 264
Naturgewalten 98 ff.
Neu für alt, Abzüge 213 ff.
Neupreis
 – privilegierte Fahrzeuge 199 ff., 244, 246

- sonstige Fahrzeuge 199 ff.
- Teile 208

Neuwertversicherung 187, 246 f.
Nukleartransporte 24 f., 129
Nutzungsausfall 169, 212, 257

O

Obliegenheiten
- allgemein 14, 16 f., 131 ff., 248
- Dauer 139
- Geringfügigkeit der Verletzung 137
- gesetzliche 136
- Kausaligtät der Verletzung 14, 137
- Kündigung bei Verletzung 45 ff., 136
- nach dem Versicherungsfall 149 ff., 155
- verhüllte 135
- vor dem Versichungsfall 45, 127, 142 ff., 155
- vorvertragliche 140 f.

Obmann im Sachverständigenverfahren 260
Öl 166, 169, 212
Oldtimer 210

P

Pannenschutzversicherung 37, 75, 234
Parkhausversicherung 75
Parkplatzversicherung 75
Prämie, siehe Beitrag
Preisbindung 211
Preisempfehlung, unverbindliche 200, 211
Primäre Risikobegrenzung 23, 25, 129
Privilegierte Fahrzeuge 199, 201, 204, 244, 246
Prognoserisiko 191

Q

Quotenvorrecht des Versicherten 262 f.

R

Rabatte
- allgemein 193, 206
- Arbeitnehmer 193, 206
- Verwandte 193

Rabattgesetz 211
Radio 221, 228
Raub, siehe Entwendung
Rechtsanwalt, Erstattung der Kosten 169, 187, 248, 257
Rechtspflichten 14, 51 ff.
Rechtsquellen 3, 4
Regresse
- allgemein 261 ff., 272 ff.
- Familienangehörige 266

Regulierungskosten 169, 274
Reifenschäden 117, 136, 213
Reisekosten, Erstattung an Versicherungsnehmer 235
Rennen 14, 24 f., 129
Reparaturfehler 192, 194
Reparaturkosten 189, 198, 211
Reparaturkosten-Übernahme-Erklärung 172
Repräsentant 14, 121, 128, 132
Restteile 190, 198, 220
Restwerte 190
Rettungskosten 90, 184 ff.
Risikobegrenzung
- primäre 23, 25, 129
- sekundäre 24 f., 129

Rückforderung überbezahlter Beträge 272 ff.
Rückholkosten für gestohlene Sachen 186, 229, 235
Rücknahme gestohlener Sachen 229
Rücktransport, Ausland 232
Rückwärtsversicherung 37 f., 41
Ruheversicherung 122 ff., 148

S

Sachbeschädigung 25, 90, 121
Sachverständigenkosten 169, 257, 260
Sachverständigenverfahren 248, 258, 260
Schaden, Begriff des 72
Schadenfall, Kündigung 45
Schadenfeststellungsvertrag 196, 248, 255
Schadenfreiheitsrabatt 37, 276
Scheckhingabe für Beitrag 55
Schlösser 90, 185, 198
Schlüssel 90, 151, 161, 185, 198
Schmorschäden 25, 105, 107, 195
Schwarzfahrt
- allgemein 25, 145
- Diebstahl 25, 83 ff.
- Ruheversicherung 127

Sekundäre Risikobegrenzung 24 f., 129
Sengschäden 105
Selbstbehalt 82, 114, 118
Selbstreparatur 189
Sicherungsschein 164, 175 ff., 205, 244, 245 ff.
Spezialwerkstatt 169
Sportfahrtenversicherung 74, 80
Stationierungskräfte, Regreß bei 264
Stillegung 14, 122 ff., 148
Streit über
- Grund des Anspruches 258 ff.
- Höhe des Anspruches 258, 260

Stundung, Beitrag 59
Sturmschäden 99
Subsidiaritätsklausel 75

T

Taschengeldparagraph 13
Technischer Beginn 41
Teile
- Diebstahl der 89
- gebrauchte, Einbau der 197, 213, 216

- Liste der mitversicherten 68 ff., 197, 221 ff.
- mitversicherte 68 ff., 221 ff.
- Neupreis 208
- Wiederbeschaffungspreis 214, 225

Teilkasko-Versicherung, Umfang der 80 ff., 119
Teilungsabkommen 271
Teilzahlung
- Beitrag 56, 59 f., 64
- Entschädigung 256 f., 260, 268

Telefon, Auto 226
Tonbandgeräte 228
Totalschaden
- allgemein 153, 195, 218, 240
- Glasschadenabrechnung bei 111 ff., 195

Transport
- Erstattung der Kosten 198, 230 f.
- Fahrzeug 198, 230 f.
- Teile 198, 231

Treibstoff 212
Trickdiebstahl 83
Tumultschäden 24 f., 109, 129

U

Überführungskosten 169, 212
Überschwemmungsschäden 25, 102
Unbefugter Gebrauch 25, 83 ff.
Unfallflucht 152
Unruhe, innere 24 f., 109, 129
Unterschlagung 25, 83 ff.
Unterstellkosten 234
Unverbindliche Preisempfehlung 200, 211

V

Vandalismus 25, 90
Veränderungen am Fahrzeug 217, 228
Veräußerung des Fahrzeuges
- Anzeige der 14, 143
- Wirkung auf die Versicherung 48

Verbesserung des Fahrzeugwertes 211, 217, 228
Verbindlichkeitserklärung 66
Verfügung von Hoher Hand 24 f., 129
Verjährung
- allgemein 249 ff., 267
- Beginn 250
- Hemmung 251 f.
- Unterbrechung 250

Verkabelung, Schäden an der 25, 107, 195
Verkehrs-Service-Versicherung 37, 75, 234
Versagung des Versicherungsschutzes 127 ff., 130 ff.
Verschleißschäden 91, 165 ff., 169
Versicherung
- Beginn der 27 ff.
- Ende der 44 ff.
- Fall 22
- für fremde Rechnung 81, 176 f., 187, 236 ff.

Versicherungsschein
- Anspruch auf 14, 51
- Zugang, Beweis des 34, 43, 51

Versicherungsschutz-Versagung 18, 19, 130 ff.
Versuch der Entwendung 83
Vertrag
- Ablehnung des Antrages 7
- Abschluß 6, 27
- Änderung 65 f.
- Annahme 6 f.
- Ausschlüsse 23 ff., 129
- Beginn 27 ff.
- Bindungsfrist an Antrag 40, 42
- Dauer 6
- Ende 44 ff.
- modifiziert 40, 42 f.

Versicherungsvertrag
- für Rechnung Dritter 81, 176 f., 187, 236 ff.
- Obliegenheiten 14, 122 ff., 131 ff.
- Rechtspflichten 14, 51 ff.
- Vollmacht zum Abschluß 8

Vertretung
- allgemein 8, 132
- gesetzliche 13, 132

Verwendungsklausel 14, 144, 199
Verwirkung 253
Verzug, Entschädigungszahlung 187, 248, 256 f., 260, 272 f.
Vögel, Schäden durch 94
Vollkaskoversicherung, Umfang der 80, 118 ff.
Vollmacht zum Vertragsabschluß 11, 13, 29 f.
Vorläufige Deckung
- allgemein 32 ff., 39
- Beginn 33
- Ende 34
- Erteilung 32

Vorsatz 14, 25, 120 f., 155 ff.
Vorschüsse des Versicherers 256 f.

W

Wartefrist, Diebstahlentschädigung 92
Wasserschlag 102
Weisungen des Versicherers 14, 153, 189, 257
Werksrabatte 193, 206
Werkstatt, Spezial- 189
Wertminderung 169, 212
Wettfahrten 14, 24 f., 129
Wiederbeschaffungswert
- Fahrzeug 199 ff., 203 f., 211, 218
- jahreszeitliche Schwankungen 200, 202
- Radio 228
- Teile 225
- Zubehör 225

Wildschaden 14, 25, 93
Wissensvertreter 14, 132 ff.
Wohnwagen 91, 199, 202

Wrack
- Weisung für Verwertung 153
- Wert 220

Z

Zahlung
- Entschädigung 248, 268
- Fristen 248, 254

Zeitwert
- Begriff des 199 ff.
- Berechnung des 200 ff.

Zession 169, 171 ff., 261

Zollkosten 232, 234
Zubehör 68 ff., 213, 218, 221
Zugang
- alte Anschrift 50, 58, 258, 272
- Rechnung 58
- Versagung 50
- Versicherungsschein 50

Zulassungskosten 169, 212
Zuschläge zum Fahrzeugwert 200 f., 204, 207, 244, 246 f.
Zweiradfahrzeuge 202

Anhang

A 1 Wichtige Bestimmungen des VVG

§ 2
Vereinbarte Rückwirkung

(1) Die Versicherung kann in der Weise genommen werden, daß sie in einem vor der Schließung des Vertrags liegenden Zeitpunkt beginnt.

(2) ¹Weiß in diesem Falle der Versicherer bei der Schließung des Vertrags, daß die Möglichkeit des Eintritts des Versicherungsfalls schon ausgeschlossen ist, so steht ihm ein Anspruch auf die Prämie nicht zu. ²Weiß der Versicherungsnehmer bei der Schließung des Vertrags, daß der Versicherungsfall schon eingetreten ist, so ist der Versicherer von der Verpflichtung zur Leistung frei; dem Versicherer gebührt, sofern er nicht bei der Schließung von dem Eintritt des Versicherungsfalls Kenntnis hatte, die Prämie bis zum Schluß der Versicherungsperiode, in welcher er diese Kenntnis erlangt.

(3) Wird der Vertrag durch einen Bevollmächtigten oder einen Vertreter ohne Vertretungsmacht geschlossen, so kommt in den Fällen des Absatzes 2 nicht nur die Kenntnis des Vertreters, sondern auch die des Vertretenen in Betracht.

§ 5
Billigungsklausel

(1) Weicht der Inhalt des Versicherungsscheins von dem Antrag oder den getroffenen Vereinbarungen ab, so gilt die Abweichung als genehmigt, wenn der Versicherungsnehmer nicht innerhalb eines Monats nach Empfang des Versicherungsscheins schriftlich widerspricht.

(2) ¹Diese Genehmigung ist jedoch nur dann anzunehmen, wenn der Versicherer den Versicherungsnehmer bei Aushändigung des Versicherungsscheins darauf hingewiesen hat, daß Abweichungen als genehmigt gelten, wenn der Versicherungsnehmer nicht innerhalb eines Monats nach Empfang des Versicherungsscheins schriftlich widerspricht. ²Der Hinweis hat durch besondere schriftliche Mitteilung oder durch einen auffälligen Vermerk in dem Versicherungsschein, der aus dem übrigen Inhalt des Versicherungsscheins hervorgehoben ist, zu geschehen; auf die einzelnen Abweichungen ist besonders aufmerksam zu machen.

(3) Hat der Versicherer den Vorschriften des Absatzes 2 nicht entsprochen, so ist die Abweichung für den Versicherungsnehmer unverbindlich und der Inhalt des Versicherungsantrags insoweit als vereinbart anzusehen.

(4) Eine Vereinbarung, durch welche der Versicherungsnehmer darauf verzichtet, den Vertrag wegen Irrtums anzufechten, ist unwirksam.

§ 6
Obliegenheitsverletzung

(1) ¹Ist im Vertrag bestimmt, daß bei Verletzung einer Obliegenheit, die vor dem Eintritt des Versicherungsfalls dem Versicherer gegenüber zu erfüllen ist, der Versicherer von der Verpflichtung zur Leistung frei sein soll, so tritt die vereinbarte Rechtsfolge nicht ein, wenn die Verletzung als eine unverschuldete anzusehen ist. ²Der Versicherer kann den Vertrag innerhalb eines Monats, nachdem er von der Verletzung Kenntnis erlangt hat, ohne Einhaltung einer Kündigungsfrist kündigen, es sei denn, daß die Verletzung als eine unverschuldete anzusehen ist. ³Kündigt der Versicherer innerhalb eines Monats nicht, so kann er sich auf die vereinbarte Leistungsfreiheit nicht berufen.

(2) Ist eine Obliegenheit verletzt, die von dem Versicherungsnehmer zum Zweck der Verminderung der Gefahr oder der Verhütung einer Gefahrerhöhung dem Versicherer gegenüber zu erfüllen ist, so kann sich der Versicherer auf die vereinbarte Leistungsfreiheit nicht berufen, wenn die Verletzung keinen Einfluß auf den Eintritt des Versicherungsfalls oder den Umfang der ihm obliegenden Leistung gehabt hat.

(3) ¹Ist die Leistungsfreiheit für den Fall vereinbart, daß eine Obliegenheit verletzt wird, die nach dem Eintritt des Versicherungsfalls dem Versicherer gegenüber zu erfüllen ist, so tritt die vereinbarte Rechtsfolge nicht ein, wenn die Verletzung weder auf Vorsatz noch auf grober Fahrlässigkeit beruht. ²Bei grobfahrlässiger Verletzung bleibt der Versicherer zur Leistung insoweit verpflichtet, als die Verletzung Einfluß weder auf die Feststellung des Versicherungsfalls noch auf die Feststellung oder den Umfang der dem Versicherer obliegenden Leistung gehabt hat.

(4) Eine Vereinbarung, nach welcher der Versicherer bei Verletzung einer Obliegenheit zum Rücktritt berechtigt sein soll, ist unwirksam.

§ 10
Wohnungsänderung

(1) ¹Hat der Versicherungsnehmer seine Wohnung geändert, die Änderung aber dem Versicherer nicht mitgeteilt, so genügt für eine Willenserklärung, die dem Versicherungsnehmer gegenüber abzugeben ist, die Absendung eines eingeschriebenen Briefes nach der letzten dem Versicherer bekannten Wohnung. ²Die Erklärung wird in dem Zeitpunkt wirksam, in welchem sie ohne die Wohnungsänderung bei regelmäßiger Beförderung dem Versicherungsnehmer zugegangen sein würde.

(2) Hat der Versicherungsnehmer die Versicherung in seinem Gewerbebetrieb genommen, so finden bei einer Verlegung der gewerblichen Niederlassung die Vorschriften des Absatzes 1 entsprechende Anwendung.

§ 11
Fälligkeit der Geldleistungen des Versicherers

(1) Geldleistungen des Versicherers sind mit Beendigung der zur Feststellung des Versicherungsfalls und des Umfangs der Leistung des Versicheres nötigen Erhebungen fällig.

(2) Sind diese Erhebungen bis zum Ablauf eines Monats seit der Anzeige des Versicherungsfalls nicht beendet, so kann der Versicherungsnehmer in Anrechnung auf die Gesamtforderung Abschlagszahlungen in Höhe des Betrages verlangen, den der Versicherer nach Lage der Sache mindestens zu zahlen hat.

(3) Der Lauf der Frist ist gehemmt, solange die Beendigung der Erhebungen infolge eines Verschuldens des Versicherungsnehmers gehindert ist.

(4) Eine Vereinbarung, durch welche der Versicherer von der Verpflichtung, Verzugszinsen zu zahlen, befreit wird, ist unwirksam.

§ 16
Anzeigepflicht des Versicherungsnehmers

(1) [1]Der Versicherungsnehmer hat bei der Schließung des Vertrags alle ihm bekannten Umstände, die für die Übernahme der Gefahr erheblich sind, dem Versicherer anzuzeigen. [2]Erheblich sind die Gefahrumstände, die geeignet sind, auf den Entschluß des Versicherers, den Vertrag überhaupt oder zu dem vereinbarten Inhalt abzuschließen, einen Einfluß auszuüben. [3]Ein Umstand, nach welchem der Versicherer ausdrücklich und schriftlich gefragt hat, gilt im Zweifel als erheblich.

(2) [1]Ist dieser Vorschrift zuwider die Anzeige eines erheblichen Umstandes unterblieben, so kann der Versicherer von dem Vertrag zurücktreten. [2]Das gleiche gilt, wenn die Anzeige eines erheblichen Umstandes deshalb unterblieben ist, weil sich der Versicherungsnehmer der Kenntnis des Umstandes arglistig entzogen hat.

(3) Der Rücktritt ist ausgeschlossen, wenn der Versicherer den nicht angezeigten Umstand kannte oder wenn die Anzeige ohne Verschulden des Versicherungsnehmers unterblieben ist.

§ 17
Unrichtige Anzeige

(1) Der Versicherer kann von dem Vertrag auch dann zurücktreten, wenn über einen erheblichen Umstand eine unrichtige Anzeige gemacht worden ist.

(2) Der Rücktritt ist ausgeschlossen, wenn die Unrichtigkeit dem Versicherer bekannt war oder die Anzeige ohne Verschulden des Versicherungsnehmers unrichtig gemacht worden ist.

§ 18
Rücktritt des Versicherers

Hatte der Versicherungsnehmer die Gefahrumstände an Hand schriftlicher, von dem Versicherer gestellter Fragen anzuzeigen, so kann der Versicherer wegen unterbliebener Anzeige eines Umstandes, nach welchem nicht ausdrücklich gefragt worden ist, nur im Fall arglistiger Verschweigung zurücktreten.

§ 19
Vertragsabschluß durch Vertreter

[1]Wird der Vertrag von einem Bevollmächtigten oder von einem Vertreter ohne Vertretungsmacht geschlossen, so kommt für das Rücktrittsrecht des Versicherers nicht nur die Kenntnis und die Arglist des Vertreters, sondern auch die Kenntnis und die Arglist des Versicherungsnehmers in Betracht. [2]Der Versicherungsnehmer kann sich darauf, daß die Anzeige eines erheblichen Umstandes ohne Verschulden unterblieben oder unrichtig gemacht ist, nur berufen, wenn weder dem Vertreter noch ihm selbst ein Verschulden zur Last fällt.

§ 20
Rücktritt

(1) [1]Der Rücktritt kann nur innerhalb eines Monats erfolgen. [2]Die Frist beginnt mit dem Zeitpunkt, in welchem der Versicherer von der Verletzung der Anzeigepflicht Kenntnis erlangt.

(2) [1]Der Rücktritt erfolgt durch Erklärung gegenüber dem Versicherungsnehmer. [2]Im Fall des Rücktritts sind, soweit dieses Gesetz nicht in Ansehung der Prämie ein anderes bestimmt, beide Teile verpflichtet, einander die empfangenen Leistungen zurückzugewähren; eine Geldsumme ist von der Zeit des Empfangs an zu verzinsen.

§ 21
Leistungspflicht trotz Rücktritts

Tritt der Versicherer zurück, nachdem der Versicherungsfall eingetreten ist, so bleibt seine Verpflichtung zur Leistung gleichwohl bestehen, wenn der Umstand, in Ansehung dessen die Anzeigepflicht verletzt ist, keinen Einfluß auf den Eintritt des Versicherungsfalls und auf den Umfang der Leistung des Versicherers gehabt hat.

§ 22
Anfechtung wegen arglistiger Täuschung

Das Recht des Versicherers, den Vertrag wegen arglistiger Täuschung über Gefahrumstände anzufechten, bleibt unberührt.

§ 23
Gefahrerhöhung nach Vertragsabschluß

(1) Nach dem Abschluß des Vertrags darf der Versicherungsnehmer nicht ohne Einwilligung des Versicherers eine Erhöhung der Gefahr vornehmen oder deren Vornahme durch einen Dritten gestatten.

(2) Erlangt der Versicherungsnehmer Kenntnis davon, daß durch eine von ihm ohne Einwilligung des Versicherers vorgenommene oder gestattete Änderung die Gefahr erhöht ist, so hat er dem Versicherer unverzüglich Anzeige zu machen.

§ 24
Fristlose Kündigung wegen Gefahrerhöhung

(1) ¹Verletzt der Versicherungsnehmer die Vorschrift des § 23 Abs. 1, so kann der Versicherer das Versicherungsverhältnis ohne Einhaltung einer Kündigungsfrist kündigen. ²Beruht die Verletzung nicht auf einem Verschulden des Versicherungsnehmers, so braucht dieser die Kündigung erst mit dem Ablauf eines Monats gegen sich gelten zu lassen.

(2) Das Kündigungsrecht erlischt, wenn es nicht innerhalb eines Monats von dem Zeitpunkt an ausgeübt wird, in welchem der Versicherer von der Erhöhung der Gefahr Kenntnis erlangt, oder wenn der Zustand wiederhergestellt ist, der vor der Erhöhung bestanden hat.

§ 25
Leistungsfreiheit wegen Gefahrerhöhung

(1) Der Versicherer ist im Fall einer Verletzung der Vorschrift des § 23 Abs. 1 von der Verpflichtung zur Leistung frei, wenn der Versicherungsfall nach der Erhöhung der Gefahr eintritt.

(2) ¹Die Verpflichtung des Versicherers bleibt bestehen, wenn die Verletzung nicht auf einem Verschulden des Versicherungsnehmers beruht. ²Der Versicherer ist jedoch auch in diesem Fall von der Verpflichtung zur Leistung frei, wenn die in § 23 Abs. 2 vorgesehene Anzeige nicht unverzüglich gemacht wird und der Versicherungsfall später als einen Monat nach dem Zeitpunkt, in welchem die Anzeige dem Versicherer hätte zugehen müssen, eintritt, es sei denn, daß ihm in diesem Zeitpunkt die Erhöhung der Gefahr bekannt war.

(3) Die Verpflichtung des Versicherers zur Leistung bleibt auch dann bestehen, wenn zur Zeit des Eintritts des Versicherungsfalls die Frist für die Kündigung des Versicherers abgelaufen und eine Kündigung nicht erfolgt ist oder wenn die Erhöhung der Gefahr keinen Einfluß auf den Eintritt des Versicherungsfalls und auf den Umfang der Leistung des Versicherers gehabt hat.

§ 26
Ausnahmen

Die Vorschriften der §§ 23 bis 25 finden keine Anwendung, wenn der Versicherungsnehmer zu der Erhöhung der Gefahr durch das Interesse des Versicherers oder durch ein Ereignis, für welches der Versicherer haftet, oder durch ein Gebot der Menschlichkeit veranlaßt wird.

§ 27
Ungewollte Gefahrerhöhung

(1) ¹Tritt nach dem Abschluß des Vertrags eine Erhöhung der Gefahr unabhängig von dem Willen des Versicherungsnehmers ein, so ist der Versicherer berechtigt, das Versicherungsverhältnis unter Einhaltung einer Kündigungsfrist von einem Monat zu kündigen. ²Die Vorschriften des § 24 Abs. 2 finden Anwendung.

(2) Der Versicherungsnehmer hat, sobald er von der Erhöhung der Gefahr Kenntnis erlangt, dem Versicherer unverzüglich Anzeige zu machen.

§ 28
Leistungsfreiheit wegen unterlassener Anzeige

(1) Wird die in § 27 Abs. 2 vorgesehene Anzeige nicht unverzüglich gemacht, so ist der Versicherer von der Verpflichtung zur Leistung frei, wenn der Versicherungsfall später als einen Monat nach dem Zeitpunkt eintritt, in welchem die Anzeige dem Versicherer hätte zugehen müssen.

(2) ¹Die Verpflichtung des Versicherers bleibt bestehen, wenn ihm die Erhöhung der Gefahr in dem Zeitpunkt bekannt war, in welchem ihm die Anzeige hätte zugehen müssen. ²Das gleiche gilt, wenn zur Zeit des Eintritts des Versicherungsfalls die Frist für die Kündigung des Versicherers abgelaufen und eine Kündigung nicht erfolgt ist oder wenn die Erhöhung der Gefahr keinen Einfluß auf den Eintritt des Versicherungsfalls und auf den Umfang der Leistung des Versicherers gehabt hat.

§ 29
Unerhebliche Gefahrerhöhung

¹Eine unerhebliche Erhöhung der Gefahr kommt nicht in Betracht. ²Eine Gefahrerhöhung kommt auch dann nicht in Betracht, wenn nach den Umständen als vereinbart anzusehen ist, daß das Versicherungsverhältnis durch die Gefahrerhöhung nicht berührt werden soll.

§ 29a
Gefahrerhöhung zwischen Stellung und Annahme des Antrags

Die Vorschriften der §§ 23 bis 29 finden auch Anwendung auf eine in der Zeit zwischen Stellung und Annahme des Versicherungsantrags eingetretene Gefahrerhöhung, die dem Versicherer bei der Annahme des Antrags nicht bekannt war.

§ 30
Teilrücktritt

(1) Liegen die Voraussetzungen, unter denen der Versicherer nach den Vorschriften dieses Titels zum Rücktritt oder zur Kündigung berechtigt ist, in Ansehung eines Teils der Gegenstände oder Personen vor, auf welche sich die Versicherung bezieht, so steht dem Versicherer das Recht des Rücktritts oder der Kündigung für den übrigen Teil nur zu, wenn anzunehmen ist, daß für diesen allein der Versicherer den Vertrag unter den gleichen Bestimmungen nicht geschlossen haben würde.

(2) Macht der Versicherer von dem Recht des Rücktritts oder der Kündigung in Ansehung eines Teiles der Gegenstände oder Personen Gebrauch, so ist der Versicherungsnehmer berechtigt, das Versicherungsverhältnis in Ansehung des übrigen Teils zu kündigen; die Kündigung kann nicht für einen späteren Zeitpunkt als den Schluß der Versicherungsperiode geschehen, in welcher der Rücktritt des Versicherers oder seine Kündigung wirksam wird.

(3) Liegen in Ansehung eines Teiles der Gegenstände oder Personen, auf welche sich die Versicherung bezieht, die Voraussetzungen vor, unter denen der Versicherer wegen einer Verletzung der Vorschriften über die Gefahrerhöhung von der Verpflichtung zur Leistung frei ist, so findet auf die Befreiung die Vorschrift des Absatzes 1 entsprechende Anwendung.

§ 32
Verminderung der Gefahr

Eine Vereinbarung, durch welche der Versicherungsnehmer bestimmte Obliegenheiten zum Zweck der Verminderung der Gefahr oder zum Zweck der Verhütung einer Gefahrerhöhung übernimmt, wird durch die Vorschriften dieses Titels nicht berührt.

§ 33
Anzeige des Versicherungsfalls

(1) Nach dem Eintritt des Versicherungsfalls hat der Versicherungsnehmer, sobald er von dem Eintritt Kenntnis erlangt, dem Versicherer unverzüglich Anzeige zu machen.

(2) Auf eine Vereinbarung, nach welcher der Versicherer von der Verpflichtung zur Leistung frei sein soll, wenn der Pflicht zur Anzeige des Versicherungsfalls nicht genügt wird,

kann sich der Versicherer nicht berufen, sofern er in anderer Weise von dem Eintritt des Versicherungsfalls rechtzeitig Kenntnis erlangt hat.

§ 34
Auskunftspflicht

(1) Der Versicherer kann nach dem Eintritt des Versicherungsfalls verlangen, daß der Versicherungsnehmer jede Auskunft erteilt, die zur Feststellung des Versicherungsfalls oder des Umfanges der Leistungspflicht des Versicherers erforderlich ist.

(2) Belege kann der Versicherer insoweit fordern, als die Beschaffung dem Versicherungsnehmer billigerweise zugemutet werden kann.

§ 34a
Schutz des Versicherungsnehmers

[1]Auf eine Vereinbarung, durch welche von den Vorschriften der §§ 16 bis 29a und des § 34 Abs. 2 zum Nachteil des Versicherungsnehmers abgewichen wird, kann sich der Versicherer nicht berufen. [2]Jedoch kann für die dem Versicherungsnehmer obliegenden Anzeigen die schriftliche Form bedungen werden.

§ 35
Fälligkeit der Prämie

[1]Der Versicherungsnehmer hat die Prämie und, wenn laufende Prämien bedungen sind, die erste Prämie sofort nach dem Abschluß des Vertrags zu zahlen. [2]Er ist zur Zahlung nur gegen Aushändigung des Versicherungsscheins verpflichtet, es sei denn, daß die Ausstellung eines Versicherungsscheins ausgeschlossen ist.

§ 38
Verspätete Zahlung der ersten Prämie

(1) [1]Wird die erste oder einmalige Prämie nicht rechtzeitig gezahlt, so ist der Versicherer, solange die Zahlung nicht bewirkt ist, berechtigt, vom Vertrag zurückzutreten. [2]Es gilt als Rücktritt, wenn der Anspruch auf die Prämie nicht innerhalb von drei Monaten vom Fälligkeitstage an gerichtlich geltend gemacht wird.

(2) Ist die Prämie zur Zeit des Eintritts des Versicherungsfalls noch nicht gezahlt, so ist der Versicherer von der Verpflichtung zur Leistung frei.

§ 39
Fristbestimmung für Folgeprämie

(1) ¹Wird eine Folgeprämie nicht rechtzeitig gezahlt, so kann der Versicherer dem Versicherungsnehmer auf dessen Kosten schriftlich eine Zahlungsfrist von mindestens zwei Wochen bestimmen; zur Unterzeichnung genügt eine Nachbildung der eigenhändigen Unterschrift. ²Dabei sind die Rechtsfolgen anzugeben, die nach den Absätzen 2, 3 mit dem Ablauf der Frist verbunden sind. ³Eine Fristbestimmung, die ohne Beachtung dieser Vorschriften erfolgt, ist unwirksam.

(2) Tritt der Versicherungsfalls nach dem Ablauf der Frist ein und ist der Versicherungsnehmer zur Zeit des Eintritts mit der Zahlung der Prämie oder der geschuldeten Zinsen oder Kosten im Verzuge, so ist der Versicherer von der Verpflichtung zur Leistung frei.

(3) ¹Der Versicherer kann nach dem Ablauf der Frist, wenn der Versicherungsnehmer mit der Zahlung im Verzuge ist, das Versicherungsverhältnis ohne Einhaltung einer Kündigungsfrist kündigen. ²Die Kündigung kann bereits bei der Bestimmung der Zahlungsfrist dergestalt erfolgen, daß sie mit Fristablauf wirksam wird, wenn der Versicherungsnehmer in diesem Zeitpunkt mit der Zahlung im Verzuge ist; hierauf ist der Versicherungsnehmer bei der Kündigung ausdrücklich hinzuweisen. ³Die Wirkungen der Kündigung fallen fort, wenn der Versicherungsnehmer innerhalb eines Monats nach der Kündigung oder, falls die Kündigung mit der Fristbestimmung verbunden worden ist, innerhalb eines Monats nach dem Ablauf der Zahlungsfrist die Zahlung nachholt, sofern nicht der Versicherungsfall bereits eingetreten ist.

(4) Soweit die in den Absätzen 2, 3 bezeichneten Rechtsfolgen davon abhängen, daß Zinsen oder Kosten nicht gezahlt worden sind, treten sie nur ein, wenn die Fristbestimmung die Höhe der Zinsen oder den Betrag der Kosten angibt.

§ 44
Kenntnis des Vermittlungsagenten

Soweit nach den Vorschriften dieses Gesetzes die Kenntnis des Versicherers von Erheblichkeit ist, steht die Kenntnis eines nur mit der Vermittlung von Versicherungsgeschäften betrauten Agenten der Kenntnis des Versicherers nicht gleich.

§ 45
Abschlußagent

Ist ein Versicherungsagent zum Abschluß von Versicherungsverträgen bevollmächtigt, so ist er auch befugt, die Änderung oder Verlängerung solcher Verträge zu vereinbaren sowie Kündigungs- und Rücktrittserklärungen abzugeben.

§ 55
Nur Ersatz des Schadens

Der Versicherer ist, auch wenn die Versicherungssumme höher ist als der Versicherungswert zur Zeit des Eintritts des Versicherungsfalls, nicht verpflichtet, dem Versicherungsnehmer mehr als den Betrag des Schadens zu ersetzen.

§ 59
Doppelversicherung

(1) Ist ein Interesse gegen dieselbe Gefahr bei mehreren Versicherern versichert und übersteigen die Versicherungssummen zusammen den Versicherungswert oder übersteigt aus anderen Gründen die Summe der Entschädigungen, die von jedem einzelnen Versicherer ohne Bestehen der anderen Versicherung zu zahlen wäre, den Gesamtschaden (Doppelversicherung), so sind die Versicherer in der Weise als Gesamtschuldner verpflichtet, daß dem Versicherungsnehmer jeder Versicherer für den Betrag haftet, dessen Zahlung ihm nach seinem Vertrage obliegt, der Versicherungsnehmer aber im ganzen nicht mehr als den Betrag des Schadens verlangen kann.

(2) [1]Die Versicherer sind im Verhältnis zueinander zu Anteilen nach Maßgabe der Beträge verpflichtet, deren Zahlung ihnen dem Versicherungsnehmer gegenüber vertragsmäßig obliegt. [2]Findet auf eine der Versicherungen ausländisches Recht Anwendung, so kann der Versicherer, für den das ausländische Recht gilt, gegen den anderen Versicherer einen Anspruch auf Ausgleichung nur geltend machen, wenn er selbst nach dem für ihn maßgebenden Recht zur Ausgleichung verpflichtet ist.

(3) Hat der Versicherungsnehmer eine Doppelversicherung in der Absicht genommen, sich dadurch einen rechtswidrigen Vermögensvorteil zu verschaffen, so ist jeder in dieser Absicht geschlossene Vertrag nichtig; dem Versicherer gebührt, sofern er nicht bei der Schließung des Vertrags von der Nichtigkeit Kenntnis hatte, die Prämie bis zum Schluß der Versicherungsperiode, in welcher er diese Kenntnis erlangt.

§ 61
Schuldhafte Herbeiführung des Versicherungsfalls

Der Versicherer ist von der Verpflichtung zur Leistung frei, wenn der Versicherungsnehmer den Versicherungsfall vorsätzlich oder durch grobe Fahrlässigkeit herbeiführt.

§ 62
Abwendung und Minderung des Schadens

(1) [1]Der Versicherungsnehmer ist verpflichtet, bei dem Eintritt des Versicherungsfalls nach Möglichkeit für die Abwendung und Minderung des Schadens zu sorgen und dabei die Weisungen des Versicherers zu befolgen; er hat, wenn die Umstände es gestatten, sol-

che Weisungen einzuholen. ²Sind mehrere Versicherer beteiligt und sind von ihnen entgegenstehende Weisungen gegeben, so hat der Versicherungsnehmer nach eigenem pflichtmäßigen Ermessen zu handeln.

(2) ¹Hat der Versicherungsnehmer diese Obliegenheiten verletzt, so ist der Versicherer von der Verpflichtung zur Leistung frei, es sei denn, daß die Verletzung weder auf Vorsatz noch auf grober Fahrlässigkeit beruht. ²Bei grobfahrlässiger Verletzung bleibt der Versicherer zur Leistung insoweit verpflichtet, als der Umfang des Schadens auch bei gehöriger Erfüllung der Obliegenheiten nicht geringer gewesen wäre.

§ 63
Aufwendungen für Minderung des Schadens

(1) ¹Aufwendungen, die der Versicherungsnehmer gemäß § 62 macht, fallen, auch wenn sie erfolglos bleiben, dem Versicherer zur Last, soweit der Versicherungsnehmer sie den Umständen nach für geboten halten durfte. ²Der Versicherer hat Aufwendungen, die in Gemäßheit der von ihm gegebenen Weisungen gemacht worden sind, auch insoweit zu ersetzen, als sie zusammen mit der übrigen Entschädigung die Versicherungssumme übersteigen. ³Er hat den für die Aufwendungen erforderlichen Betrag auf Verlangen des Versicherungsnehmers vorzuschießen.

(2) Bei einer Unterversicherung sind die Aufwendungen nur nach dem in den §§ 56, 57 bezeichneten Verhältnis zu erstatten.

§ 64
Feststellungen durch Sachverständige

(1) ¹Sollen nach dem Vertrag einzelne Voraussetzungen des Anspruchs aus der Versicherung oder die Höhe des Schadens durch Sachverständige festgestellt werden, so ist die getroffene Feststellung nicht verbindlich, wenn sie offenbar von der wirklichen Sachlage erheblich abweicht. ²Die Feststellung erfolgt in diesem Fall durch Urteil. ³Das gleiche gilt, wenn die Sachverständigen die Feststellung nicht treffen können oder wollen oder sie verzögern.

(2) ¹Sind nach dem Vertrag die Sachverständigen durch das Gericht zu ernennen, so ist für die Ernennung das Amtsgericht zuständig, in dessen Bezirk der Schaden entstanden ist. ²Durch eine ausdrückliche Vereinbarung der Beteiligten kann die Zuständigkeit eines anderen Amtsgerichts begründet werden. ³Eine Anfechtung der Verfügung, durch welche dem Antrag auf Ernennung der Sachverständigen stattgegeben wird, ist ausgeschlossen.

(3) Eine Vereinbarung, durch welche von der Vorschrift des Absatzes 1 Satz 1 abgewichen wird, ist nichtig.

§ 65
Vertretung des Versicherungsnehmers

Auf eine Vereinbarung, nach welcher sich der Versicherungsnehmer bei den Verhandlungen zur Ermittlung und Feststellung des Schadens nicht durch einen Bevollmächtigten vertreten lassen darf, kann sich der Versicherer nicht berufen.

§ 66
Ermittlungskosten

(1) Der Versicherer hat die Kosten, welche durch die Ermittlung und Feststellung des ihm zur Last fallenden Schadens entstehen, dem Versicherungsnehmer insoweit zu erstatten, als ihre Aufwendungen den Umständen nach geboten war.

(2) Die Kosten, welche dem Versicherungsnehmer durch die Zuziehung eines Sachverständigen oder eines Beistandes entstehen, hat der Versicherer nicht zu erstatten, es sei denn, daß der Versicherungsnehmer nach dem Vertrag zu der Zuziehung verpflichtet war.

(3) Bei einer Unterversicherung sind die dem Versicherer zur Last fallenden Kosten nur nach dem in den §§ 56, 57 bezeichneten Verhältnis zu erstatten.

§ 67
Gesetzlicher Forderungsübergang

(1) [1]Steht dem Versicherungsnehmer ein Anspruch auf Ersatz des Schadens gegen einen Dritten zu, so geht der Anspruch auf den Versicherer über, soweit dieser dem Versicherungsnehmer den Schaden ersetzt. [2]Der Übergang kann nicht zum Nachteil des Versicherungsnehmers geltend gemacht werden. [3]Gibt der Versicherungsnehmer seinen Anspruch gegen den Dritten oder ein zur Sicherung des Anspruchs dienendes Recht auf, so wird der Versicherer von seiner Ersatzpflicht insoweit frei, als er aus dem Anspruch oder dem Recht hätte Ersatz erlangen können.

(2) Richtet sich der Ersatzanspruch des Versicherungsnehmers gegen einen mit ihm in häuslicher Gemeinschaft lebenden Familienangehörigen, so ist der Übergang ausgeschlossen; der Anspruch geht jedoch über, wenn der Angehörige den Schaden vorsätzlich verursacht hat.

§ 68
Mangel des Interesses

(1) Besteht das versicherte Interesse bei dem Beginn der Versicherung nicht oder gelangt, falls die Versicherung für ein künftiges Unternehmen oder sonst für ein künftiges Interesse genommen ist, das Interesse nicht zur Entstehung, so ist der Versicherungsnehmer von der Verpflichtung zur Zahlung der Prämie frei; der Versicherer kann eine angemessene Geschäftsgebühr verlangen.

(2) Fällt das versicherte Interesse nach dem Beginn der Versicherung weg, so gebührt dem Versicherer die Prämie, die er hätte erheben können, wenn die Versicherung nur bis zu dem Zeitpunkt beantragt worden wäre, in welchem der Versicherer von dem Wegfall des Interesses Kenntnis erlangt.

(3) Fällt das versicherte Interesse nach dem Beginn der Versicherung durch ein Kriegsereignis oder durch eine behördliche Maßnahme aus Anlaß eines Krieges weg oder ist der Wegfall des Interesses die unvermeidliche Folge eines Krieges, so gebührt dem Versicherer nur der Teil der Prämie, welcher der Dauer der Gefahrtragung entspricht.

(4) Fällt das versicherte Interesse weg, weil der Versicherungsfalls eingetreten ist, so gebührt dem Versicherer die Prämie für die laufende Versicherungsperiode.

§ 69
Eintritt des Erwerbers

(1) Wird die versicherte Sache von dem Versicherungsnehmer veräußert, so tritt an Stelle des Veräußerers der Erwerber in die während der Dauer seines Eigentums aus dem Versicherungsverhältnis sich ergebenden Rechte und Pflichten des Versicherungsnehmers ein.

(2) Für die Prämie, welche auf die zur Zeit des Eintritts laufende Versicherungsperiode entfällt, haften der Veräußerer und der Erwerber als Gesamtschuldner.

(3) Der Versicherer hat in Ansehung der durch das Versicherungsverhältnis gegen ihn begründeten Forderungen die Veräußerung erst dann gegen sich gelten zu lassen, wenn er von ihr Kenntnis erlangt; die Vorschriften der §§ 406 bis 408 des Bürgerlichen Gesetzbuchs finden entsprechende Anwendung.

§ 70
Kündigungsrecht

(1) ¹Der Versicherer ist berechtigt, dem Erwerber das Versicherungsverhältnis unter Einhaltung einer Frist von einem Monat zu kündigen. ²Das Kündigungsrecht erlischt, wenn der Versicherer es nicht innerhalb eines Monats von dem Zeitpunkt an ausübt, in welchem er von der Veräußerung Kenntnis erlangt.

(2) ¹Der Erwerber ist berechtigt, das Versicherungsverhältnis zu kündigen; die Kündigung kann nur mit sofortiger Wirkung oder auf den Schluß der laufenden Versicherungsperiode erfolgen. ²Das Kündigungsrecht erlischt, wenn es nicht innerhalb eines Monats nach dem Erwerb ausgeübt wird; hatte der Erwerber von der Versicherung keine Kenntnis, so bleibt das Kündigungsrecht bis zum Ablauf eines Monats von dem Zeitpunkt an bestehen, in welchem der Erwerber von der Versicherung Kenntnis erlangt.

(3) Wird das Versicherungsverhältnis auf Grund dieser Vorschriften gekündigt, so hat der Veräußerer dem Versicherer die Prämie zu bezahlen, jedoch nicht über die zur Zeit der Beendigung des Versicherungsverhältnisses laufende Versicherungsperiode hinaus; eine Haftung des Erwerbers für die Prämie findet in diesen Fällen nicht statt.

§ 71
Anzeige der Veräußerung

(1) ¹Die Veräußerung ist dem Versicherer unverzüglich anzuzeigen. ²Wird die Anzeige weder von dem Erwerber noch von dem Veräußerer unverzüglich gemacht, so ist der Versicherer von der Verpflichtung zur Leistung frei, wenn der Versicherungsfalls später als einen Monat nach dem Zeitpunkt eintritt, in welchem die Anzeige dem Versicherer hätte zugehen müssen.

(2) ¹Die Verpflichtung des Versicherers zur Leistung bleibt bestehen, wenn ihm die Veräußerung in dem Zeitpunkt bekannt war, in welchem ihm die Anzeige hätte zugehen müssen. ²Das gleiche gilt, wenn zur Zeit des Eintritts des Versicherungsfalls die Frist für die Kündigung des Versicherers abgelaufen und eine Kündigung nicht erfolgt ist.

§ 152
Vorsätzliche Herbeiführung des Versicherungsfalls

Der Versicherer haftet nicht, wenn der Versicherungsnehmer vorsätzlich den Eintritt der Tatsache, für die er dem Dritten verantwortlich ist, widerrechtlich herbeigeführt hat.

A 2 Auszug aus den AKB

§ 1
Beginn des Versicherungsschutzes

(1) Der Versicherungsschutz beginnt mit Einlösung des Versicherungsscheins durch Zahlung des Beitrages und der Versicherungsteuer, jedoch nicht vor dem vereinbarten Zeitpunkt.

(2) Soll der Versicherungsschutz schon vor Einlösung des Versicherungsscheines beginnen, bedarf es einer besonderen Zusage des Versicherers oder der hierzu bevollmächtigten Personen (vorläufige Deckung). Die Aushändigung der zur behördlichen Zulassung notwendigen Versicherungsbestätigung gilt nur für die Kraftfahrzeug-Haftpflichtversicherung als Zusage einer vorläufigen Deckung. Die vorläufige Deckung endet mit der Einlösung des Versicherungsscheines. Sie tritt rückwirkend außer Kraft, wenn der Antrag unverändert angenommen, der Versicherungsschein aber nicht spätestens innerhalb von vierzehn Tagen eingelöst wird und der Versicherungsnehmer die Verspätung zu vertreten hat. Der Versicherer ist berechtigt, die vorläufige Deckung mit Frist von einer Woche schriftlich zu kündigen. Dem Versicherer gebührt in diesem Falle der auf die Zeit des Versicherungsschutzes entfallende anteilige Beitrag.

§ 2
Einschränkung des Versicherungsschutzes

(1) Geltungsbereich:
Die Versicherung gilt für Europa, soweit keine Erweiterung dieses Geltungsbereichs vereinbart ist.

(2) Obliegenheiten vor Eintritt des Versicherungsfalles:
Der Versicherer ist von der Verpflichtung zur Leistung frei,
a) wenn das Fahrzeug zu einem anderen als dem im Antrag angegebenen Zweck verwendet wird;
b) wenn ein unberechtigter Fahrer das Fahrzeug gebraucht. Die Verpflichtung zur Leistung bleibt jedoch gegenüber dem Versicherungsnehmer, dem Halter oder Eigentümer bestehen;
c) wenn der Fahrer des Fahrzeugs bei Eintritt des Versicherungsfalles auf öffentlichen Wegen oder Plätzen nicht die vorgeschriebene Fahrerlaubnis hat. Die Verpflichtung zur Leistung bleibt gegenüber dem Versicherungsnehmer, dem Halter oder dem Eigentümer bestehen, wenn dieser das Vorliegen der Fahrerlaubnis bei dem berechtigten Fahrer ohne Verschulden annehmen durfte oder wenn ein unberechtigter Fahrer das Fahrzeug gebraucht;
d) in der Kraftfahrzeug-Haftpflichtversicherung, wenn das Fahrzeug zu behördlich nicht genehmigten Fahrtveranstaltungen, bei denen es auf Erzielung einer Höchstgeschwindigkeit ankommt, oder bei den dazugehörigen Übungsfahren verwendet wird.

(3) Ausschlüsse:
Versicherungsschutz wird nicht gewährt,
a) in der Fahrzeug- und Kraftfahrtunfallversicherung für Schäden, die durch Aufruhr, innere Unruhen, Kriegsereignissen, Verfügungen von hoher Hand oder Erdbeben unmittelbar oder mittelbar verursacht werden,
b) für Schäden, die bei Beteiligung an Fahrtveranstaltungen, bei denen es auf Erzielung einer Höchstgeschwindigkeit ankommt, oder bei den dazugehörigen Übungsfahrten entstehen; in der Kraftfahrzeug-Haftpflichtversicherung gilt dies nur bei Beteiligung an behördlich genehmigten Fahrtveranstaltungen oder den dazugehörigen Übungsfahrten;
c) für Schäden durch Kernenergie.

§ 3
Rechtsverhältnisse am Vertrag beteiligter Personen

(1) Die in § 2 Abs. 2, §§ 5, 7, 8, 9, 10 Abs. 9, § 13 Abs. 3 und 7, § 14 Abs. 2 und 5, §§ 15 und 22 für den Versicherungsnehmer getroffenen Bestimmungen gelten sinngemäß für mitversicherte und sonstige Personen, die Ansprüche aus dem Versicherungsvertrag geltend machen.

(2) Die Ausübung der Rechte aus dem Versicherungsvertrag steht, wenn nichts anderes vereinbart ist (siehe insbesondere § 10 Abs. 4 und § 17 Abs. 3 Satz 2), ausschließlich dem Versicherungsnehmer zu; dieser ist neben dem Versicherten für die Erfüllung der Obliegenheiten verantwortlich. In der Kraftfahrtunfallversicherung darf die Auszahlung der auf einen Versicherten entfallenden Versicherungssumme an den Versicherungsnehmer nur mit Zustimmung des Versicherten erfolgen.

(3) Ist der Versicherer dem Versicherungsnehmer gegenüber von der Verpflichtung zur Leistung frei, so gilt dies auch gegenüber allen mitversicherten und sonstigen Personen, die Ansprüche aus dem Versicherungsvertrag geltend machen. Beruht die Leistungsfreiheit auf der Verletzung einer Obliegenheit, so kann der Versicherer wegen einer dem Dritten gewährten Leistung Rückgriff nur gegen diejenigen mitversicherten Personen nehmen, in deren Person die der Leistungsfreiheit zugrunde liegenden Umstände vorliegen.

(4) Die Versicherungsansprüche können vor ihrer endgültigen Feststellung ohne ausdrückliche Genehmigung des Versicherers weder abgetreten noch verpfändet werden.

§ 4
Vertragsdauer, Kündigung

(1 a) Der Versicherungsvertrag kann für die Dauer eines Jahres oder für einen kürzeren Zeitraum abgeschlossen werden. Beträgt die vereinbarte Vertragsdauer ein Jahr, so verlängert sich der Vertrag jeweils um ein Jahr, wenn er nicht spätestens drei Monate vor Ablauf gekündigt wird. Dies gilt auch, wenn die Vertragsdauer nur deshalb weniger als ein Jahr beträgt, weil als Beginn der nächsten Versicherungsperiode ein vom Vertragsbeginn

abweichender Termin vereinbart worden ist. Bei anderen Verträgen mit einer Vertragsdauer von weniger als einem Jahr endet der Vertrag, ohne daß es einer Kündigung bedarf. Fällt in den Zeitraum von drei Monaten vor Vertragsablauf das Inkrafttreten einer Änderung des genehmigten Tarifs, die eine Beitragserhöhung zur Folge hat, so ist eine Kündigung der einzelnen Versicherungsart oder des gesamten Vertrages auch noch bis 14 Tage vor Vertragsablauf zulässig.

(1 b) Auf Verträge, die sich auf ein Fahrzeug beziehen, welches ein Versicherungskennzeichen führen muß, finden keine Anwendung die Bestimmung des Abs. 1 a Satz 2, wenn die Parteien die Verlängerung des Vertrages ausgeschlossen haben, und die Bestimmung des Abs. 1 a Satz 4, sofern die Parteien vereinbart haben, daß der Vertrag sich jeweils um ein Jahr verlängert, wenn er nicht spätestens drei Monate vor Ablauf gekündigt wird.

(2) Hat nach dem Eintritt eines Versicherungsfalles der Versicherer die Verpflichtung zur Leistung der Entschädigung anerkannt oder die Leistung der fälligen Entschädigung verweigert, so ist jede Vertragspartei berechtigt, den Versicherungsvertrag zu kündigen. Das gleiche gilt, wenn der Versicherer dem Versicherungsnehmer die Weisung erteilt, es über den Anspruch des Dritten zum Rechtsstreite kommen zu lassen, oder wenn der Ausschuß (§§ 14, 20) angerufen wird.

(3) Die Kündigung im Versicherungsfall ist nur innerhalb eines Monats seit der Anerkennung der Entschädigungspflicht oder der Verweigerung der Entschädigung, seit der Rechtskraft des im Rechtsstreite mit dem Dritten ergangenen Urteils oder seit der Zustellung des Spruchs des Ausschusses zulässig. Für den Versicherungsnehmer beginnt die Kündigungsfrist erst von dem Zeitpunkt an zu laufen, in welchem er von dem Kündigungsgrund Kenntnis erlangt. Der Versicherer hat eine Kündigungsfrist von einem Monat einzuhalten. Der Versicherungsnehmer kann nicht für einen späteren Zeitpunkt als den Schluß des laufenden Versicherungsjahres (bzw. der vereinbarten kürzeren Vertragsdauer) kündigen.

(4 a) Kündigt der Versicherungsnehmer im Versicherungsfall, so gebührt dem Versicherer gleichwohl der Beitrag für das laufende Versicherungsjahr bzw. die vereinbarte kürzere Vertragsdauer. Kündigt der Versicherer, so gebührt ihm derjenige Teil des Beitrages, welcher der abgelaufenen Versicherungszeit entspricht.

(4 b) Kündigt der Versicherer wegen nicht rechtzeitiger Zahlung einer Folgeprämie, so gebührt dem Versicherer derjenige Teil des Beitrages, welcher der abgelaufenen Versicherungszeit entspricht. Fällt die Kündigung in das erste Versicherungsjahr, so gebührt dem Versicherer ein entsprechend der Dauer der Versicherungszeit nach Kurztarif berechneter Beitrag.

(5) Eine Kündigung kann sich sowohl auf den gesamten Vertrag als auch auf einzelne Versicherungsarten beziehen; sie kann ferner, wenn sich ein Vertrag auf mehrere Fahrzeuge bezieht, sowohl für alle als auch für einzelne Fahrzeuge erklärt werden. Ist der Versicherungsnehmer mit der Kündigung von Teilen des Vertrages nicht einverstanden, was er dem Versicherer innerhalb von zwei Wochen nach Empfang der Teilkündigung mitzuteilen hat, so gilt der gesamte Vertrag als gekündigt.

§ 5
Vorübergehende Stillegung

(1) Wird das Fahrzeug vorübergehend aus dem Verkehr gezogen (Stillegung im Sinne des Straßenverkehrsrechts), so wird dadurch der Versicherungsvertrag nicht berührt. Der Versicherungsnehmer kann jedoch Unterbrechung des Versicherungsschutzes verlangen, wenn er eine Abmeldebescheinigung der Zulassungsstelle vorlegt und die Stillegung mindestens zwei Wochen beträgt. In diesem Fall richten sich die beiderseitigen Verpflichtungen nach den Abstäzen 2 bis 6.

(2) In der Kraftfahrzeug-Haftpflichtversicherung wird Versicherungsschutz nach den §§ 10 und 11, in der Fahrzeugversicherung nach § 12 Abs. 1 I und Abs. 2 und 3 gewährt. Das Fahrzeug darf jedoch außerhalb des Einstellraumes oder des umfriedeten Abstellplatzes nicht gebraucht oder nicht nur vorübergehend abgestellt werden. Wird diese Obliegenheit verletzt, so ist der Versicherer von der Verpflichtung zur Leistung frei, es sei denn, daß die Verletzung ohne Wissen und Willen des Versicherungsnehmers erfolgt und von ihm nicht grobfahrlässig ermöglicht worden ist.

(3) In der Kraftfahrtunfallversicherung, die sich auf ein bestimmtes Fahrzeug bezieht, wird kein Versicherungsschutz gewährt.

(4) Wird das Fahrzeug zum Verkehr wieder angemeldet (Ende der Stillegung im Sinne des Straßenverkehrsrechts), lebt der Versicherungsschutz uneingeschränkt wieder auf. Dies gilt bereits für Fahrten im Zusammenhang mit der Abstempelung des Kennzeichens. Das Ende der Stillegung ist dem Versicherer unverzüglich anzuzeigen.

(5) Der Versicherungsvertrag verlängert sich um die Dauer der Stillegung.

(6) Wird nach Unterbrechung des Versicherungsschutzes das Ende der Stillegung dem Versicherer nicht innerhalb eines Jahres seit der behördlichen Abmeldung angezeigt und hat sich der Versicherer innerhalb dieser Frist dem Versicherungsnehmer oder einem anderen Versicherer gegenüber nicht auf das Fortbestehen des Vertrages berufen, endet der Vertrag mit Ablauf dieser Frist, ohne daß es einer Kündigung bedarf. Das gleiche gilt, wenn das Fahrzeug nicht innerhalb eines Jahres seit der Stillegung wieder zum Verkehr angemeldet wird. Für die Beitragsberechnung gilt § 6 Abs. 3 mit der Maßgabe, daß an die Stelle des Tages des Wagniswegfalls der Tag der Abmeldung des Fahrzeuges tritt.

(7) Die Bestimmungen des Absatzes 1 Satz 2 und 3 und der Absätze 2 bis 6 finden keine Anwendung auf Verträge für Fahrzeuge, die ein Versicherungskennzeichen führen müssen, auf Verträge für Wohnwagenanhänger sowie auf Verträge mit kürzerer Vertragsdauer als ein Jahr mit Ausnahmen von Verträgen im Sinne des § 4 Abs. 1 a Satz 3.

§ 6
Veräußerung

(1) Wird das Fahrzeug veräußert, so tritt der Erwerber in die Rechte und Pflichten des Versicherungsnehmers aus dem Versicherungsvertrag ein. Dies gilt nicht für Kraftfahrtunfallversicherungen. Für den Beitrag, welcher auf das zur Zeit der Veräußerung laufende

Versicherungsjahr entfällt, haften Veräußerer und Erwerber als Gesamtschuldner. Die Veräußerung ist dem Versicherer unverzüglich anzuzeigen.

(2) Im Falle der Veräußerung sind Versicherer und Erwerber berechtigt, den Versicherungsvertrag zu kündigen. Das Kündigungsrecht des Versicherers erlischt, wenn es nicht innerhalb eines Monats, nachdem er von der Veräußerung Kenntnis erlangt, dasjenige des Erwerbers, wenn es nicht innerhalb eines Monats nach dem Erwerb bzw. nachdem er Kenntnis von dem Bestehen der Versicherung erlangt, ausgeübt wird. Der Erwerber kann nur mit sofortiger Wirkung, zum Ende des laufenden Versicherungsjahres oder der vereinbarten kürzeren Vertragsdauer, der Versicherer mit einer Frist von einem Monat kündigen. § 4 Abs. 5 bis 7 findet Anwendung.

(3) Kündigt der Versicherer oder der Erwerber, gebührt dem Versicherer nur der auf die Zeit des Versicherungsschutzes entfallende anteilige Beitrag. Hat das Versicherungsverhältnis weniger als ein Jahr bestanden, so wird für die Zeit vom Beginn bis zur Veräußerung der Beitrag nach Kurztarif oder, wenn innerhalb eines Jahres eine neue Kraftfahrtversicherung bei demselben Versicherer abgeschlossen wird, der Beitrag anteilig nach der Zeit des gewährten Versicherungsschutzes berechnet.

(4) Für Fahrzeuge, die ein Versicherungskennzeichen führen müssen, gilt abweichend von den Bestimmungen des Absatzes 3:
Dem Versicherer gebührt der Beitrag für das laufende Verkehrsjahr, wenn der Vertrag für das veräußerte Fahrzeug vom Versicherer oder dem Erwerber gekündigt wird. Dem Versicherer gebührt jedoch nur der Beitrag für die Zeit des Versicherungsschutzes nach Kurztarif, wenn der Versicherungsnehmer ihm den Versicherungsschein sowie das Versicherungskennzeichen des veräußerten Fahrzeugs aushändigt und die Kündigung des Erwerbers vorliegt.

§ 7
Obliegenheiten im Versicherungsfall

I (1) Versicherungsfall im Sinne dieses Vertrages ist das Ereignis, das einen unter die Versicherung fallenden Schaden verursacht oder – bei der Haftpflichtversicherung – Ansprüche gegen den Versicherungsnehmer zur Folge haben könnte.

(2) Jeder Versicherungsfall ist dem Versicherer vom Versicherungsnehmer innerhalb einer Woche schriftlich anzuzeigen. Einer Anzeige bedarf es nicht, wenn der Versicherungsnehmer einen Schadenfall nach Maßgabe der Sonderbedingung zur Regelung von kleinen Sachschäden selbst regelt. Der Versicherungsnehmer ist verpflichtet, alles zu tun, was zur Aufklärung des Tatbestandes und zur Minderung des Schadens dienlich sein kann. Er hat hierbei die etwaigen Weisungen des Versicherers zu befolgen. Wird ein Ermittlungsverfahren eingeleitet oder wird ein Strafbefehl oder ein Bußgeldbescheid erlassen, so hat der Versicherungsnehmer dem Versicherer unverzüglich Anzeige zu erstatten, auch wenn er den Versicherungsfall selbst angezeigt hat.

II (1) Bei Haftpflichtschäden ist der Versicherungsnehmer nicht berechtigt, ohne vorherige Zustimmung des Versicherers einen Anspruch ganz oder zum Teil anzuerkennen oder zu befriedigen. Das gilt nicht, falls der Versicherungsnehmer nach den Umständen die Anerkennung oder die Befriedigung nicht ohne offenbare Unbilligkeit verweigern konnte.

(2) Macht der Geschädigte seinen Anspruch gegenüber dem Versicherungsnehmer geltend, so ist dieser zur Anzeige innerhalb einer Woche nach der Erhebung des Anspruches verpflichtet.

(3) Wird gegen den Versicherungsnehmer ein Anspruch gerichtlich (Klage oder Mahnbescheid) geltend gemacht, Prozeßkostenhilfe beantragt oder wird ihm gerichtlich der Streit verkündet, so hat er außerdem unverzüglich Anzeige zu erstatten. Das gleiche gilt im Falle eines Arrestes, einer einstweiligen Verfügung oder eines Beweissicherungsverfahrens.

(4) Gegen Mahnbescheid, Arrest und einstweilige Verfügung hat der Versicherungsnehmer zur Wahrung der Fristen die erforderlichen Rechtsbehelfe zu ergreifen, wenn eine Weisung des Versicherers nicht bis spätestens zwei Tage vor Fristablauf vorliegt.

(5) Wenn es zu einem Rechtsstreit kommt, hat der Versicherungsnehmer die Führung des Rechtsstreites dem Versicherer zu überlassen, auch dem vom Versicherer bestellten Anwalt Vollmacht und jede verlangte Aufklärung zu geben.

III Bei einem unter die Fahrzeugversicherung fallenden Schaden hat der Versicherungsnehmer vor Beginn der Wiederinstandsetzung die Weisung des Versicherers einzuholen, soweit ihm dies billigerweise zugemutet werden kann. Übersteigt ein Entwendungs- oder Brandschaden sowie ein Wildschaden (§ 12 (1) I d) den Betrag von DM 300,— so ist er auch der Polizeibehörde unverzüglich anzuzeigen.

§ 9 a
Bedingungs- und Tarifänderungen

(3) Änderungen der Allgemeinen Bestimmungen (§§ 1 – 9 a) finden auch auf die zu diesem Zeitpunkt bestehenden Versicherungsverhältnisse in der Fahrzeug- und Kraftfahrtunfallversicherung vom Beginn der nächsten Versicherungsperiode ab Anwendung, es sei denn, daß bei der Genehmigung etwas anderes bestimmt wird; dasselbe gilt für Änderungen der Liste der mitversicherten Fahrzeug- und Zubehörteile (§ 12 Abs. 1).

§ 12
Umfang der Versicherung

(1) Die Fahrzeugversicherung umfaßt die Beschädigung, die Zerstörung und den Verlust des Fahrzeugs und seiner unter Verschluß verwahrten oder an ihm befestigten Teile einschließlich der durch die beigefügte Liste in der jeweiligen Fassung als zusätzlich mitversichert ausgewiesenen Fahrzeug- und Zubehörteile

I. in der Teilversicherung
a) durch Brand oder Explosion;
b) durch Entwendung, insbesondere Diebstahl, unbefugten Gebrauch durch betriebsfremde Personen, Raub und Unterschlagung. Die Unterschlagung durch denjenigen,

an den der Versicherungsnehmer das Fahrzeug unter Vorbehalt seines Eigentums veräußert hat, oder durch denjenigen, dem es zum Gebrauch oder zur Veräußerung überlassen wurde, ist von der Versicherung ausgeschlossen;
c) durch unmittelbare Einwirkung von Sturm, Hagel, Blitzschlag oder Überschwemmung auf das Fahrzeug. Als Sturm gilt eine wetterbedingte Luftbewegung von mindestens Windstärke 8. Eingeschlossen sind Schäden, die dadurch verursacht werden, daß durch diese Naturgewalten Gegenstände auf oder gegen das Fahrzeug geworfen werden. Ausgeschlossen sind Schäden, die auf ein durch diese Naturgewalten veranlaßtes Verhalten des Fahrers zurückzuführen sind;
d) durch einen Zusammenstoß des in Bewegung befindlichen Fahrzeugs mit Haarwild im Sinne vom § 2 Abs. 1 Nr. 1 des Bundesjagdgesetzes;

II. in der Vollversicherung darüber hinaus
e) durch Unfall, d. h. durch ein unmittelbar von außen her plötzlich mit mechanischer Gewalt einwirkendes Ereignis; Brems-, Betriebs- und reine Bruchschäden sind keine Unfallschäden;
f) durch mut- oder böswillige Handlungen betriebsfremder Personen.

(2) Der Versicherungsschutz erstreckt sich in der Voll- und Teilversicherung auch auf Bruchschäden an der Verglasung des Fahrzeugs und Schäden der Verkabelung durch Kurzschluß.

(3) Eine Beschädigung oder Zerstörung der Bereifung wird nur ersetzt, wenn sie durch ein Ereignis erfolgt, das gleichzeitig auch andere versicherungsschutzpflichtige Schäden an dem Fahrzeug verursacht hat.

§ 12 d
Sonderkündigungs- und Umwandlungsrechte in der Fahrzeugversicherung

Bewirkt eine Änderung der Zuordnung eines Fahrzeugtyps zu einer der 31 Typenklassen gemäß § 12 a Abs. 3 oder eine Beitragsangleichung gemäß § 12 b Abs. 3 oder Änderung der Zuordnung einer Region zu einer Regionalklasse gemäß § 12 c Abs. 2, daß sich der Beitrag erhöht, kann der Versicherungsnehmer zu dem Zeitpunkt, zu dem die Beitragserhöhung wirksam wird,
- die Fahrzeugversicherung kündigen oder
- verlangen, daß eine Fahrzeugvollversicherung mit einer Selbstbeteiligung oder mit einer höheren Selbstbeteiligung fortgesetzt oder in eine Fahrzeugteilversicherung mit oder ohne Selbstbeteiligung umgewandelt wird, oder eine Fahrzeugteilversicherung ohne Selbstbeteiligung in eine Fahrzeugteilversicherung mit Selbstbeteiligung umgewandelt wird.

Beitragsveränderungen durch die Zuordnung zu einer neuen Typklasse, durch eine Beitragsangleichung und durch die Zuordnung zu einer neuen Regionalklasse werden zusammengefaßt, wenn sie gleichzeitig in Kraft treten.

§ 13
Ersatzleistung

(1) Der Versicherer ersetzt einen Schaden bis zur Höhe des Wiederbeschaffungswertes des Fahrzeugs oder seiner Teile am Tage des Schadens, soweit in den folgenden Absätzen nichts anderes bestimmt ist. Wiederbeschaffungswert ist der Kaufpreis, den der Versicherungsnehmer aufwenden muß, um ein gleichwertiges gebrauchtes Fahrzeug oder gleichwertige Teile zu erwerben.

(2) Bei Personenkraftwagen im Sinne der Tarifbestimmungen – mit Ausnahme von Droschken, Mietwagen, Selbstfahrervermietwagen und Campingfahrzeugen bzw. Wohnmobilen – erhöht sich für Schäden, die in den ersten beiden Jahren nach der Erstzulassung des Fahrzeugs eintreten, die Leistungsgrenze auf den Neupreis des Fahrzeugs, wenn sich das Fahrzeug bei Eintritt des Versicherungsfalles im Eigentum dessen befindet, der es als Neufahrzeug unmittelbar vom Kraftfahrzeughändler oder Kraftfahrzeughersteller erworben hat. Neupreis ist der vom Versicherungsnehmer aufzuwendende Kaufpreis eines neuen Fahrzeugs in der versicherten Ausführung oder – falls der Fahrzeugtyp nicht mehr hergestellt wird – eines gleichartigen Typs in gleicher Ausführung.

(3) a) Leistungsgrenze ist in allen Fällen der vom Hersteller unverbindlich empfohlene Preis am Tage des Schadens.
   b) Rest- und Altteile verbleiben dem Versicherungsnehmer. Sie werden zum Veräußerungswert auf die Ersatzleistung angerechnet.

(4) a) Bei Zerstörung oder Verlust des Fahrzeugs gewährt der Versicherer die nach den Absätzen 1 bis 3 zu berechnende Höchstentschädigung.
   b) Die Höchstentschädigung nach Abs. 2 Satz 1 I. V. mit Abs. 3 wird auch gewährt bei Beschädigung von Personenkraftwagen im Sinne der Tarifbestimmungen – mit Ausnahme von Droschken, Mietwagen, Selbstfahrervermietwagen und Campingfahrzeugen bzw. Wohnmobilen –, wenn sich das Fahrzeug bei Eintritt des Versicherungsfalles im Eigentum dessen befindet, der es als Neufahrzeug unmittelbar vom Kraftfahrzeughändler oder Kraftfahrzeughersteller erworben hat und die erforderlichen Kosten der Wiederherstellung im 1. Jahr nach der Erstzulassung 80 v. H., im 2. Jahr nach der Erstzulassung 70 v. H. des Neupreises (Abs. 2) erreichen oder übersteigen.

(5) In allen sonstigen Fällen der Beschädigung des Fahrzeugs ersetzt der Versicherer bis zu dem nach den Absätzen 1 bis 3 sich ergebenden Betrag die erforderlichen Kosten der Wiederherstellung und die hierfür notwendigen einfachen Fracht- und sonstigen Transportkosten. Entsprechendes gilt bei Zerstörung, Verlust oder Beschädigung von Teilen des Fahrzeugs. Von den Kosten der Ersatzteile und der Lackierung wird ein dem Alter und der Abnutzung entsprechender Abzug gemacht (neu für alt). Der Abzug beschränkt sich bei Krafträdern, Personenkraftwagen sowie Omnibussen bis zum Schluß des vierten, bei allen übrigen Fahrzeugen bis zum Schluß des dritten auf die Erstzulassung des Fahrzeuges folgenden Kalenderjahres auf Bereifung, Batterie und Lackierung.

(6) Veränderungen, Verbesserungen, Verschleißreparaturen, Minderung an Wert, äußerem Ansehen oder Leistungsfähigkeit, Überführungs- und Zulassungskosten, Nutzungsausfall oder Kosten eines Ersatzwagens und Treibstoff ersetzt der Versicherer nicht.

(7) Werden entwendete Gegenstände innerhalb eines Monats nach Eingang der Schadenanzeige wieder zur Stelle gebracht, so ist der Versicherungsnehmer verpflichtet, sie zurückzunehmen. Nach Ablauf dieser Frist werden sie Eigentum des Versicherers. Wird das entwendete Fahrzeug in einer Entfernung von in der Luftlinie gerechnet mehr als 50 km von seinem Standort (Ortsmittelpunkt) aufgefunden, so zahlt der Versicherer die Kosten einer Eisenbahnfahrkarte zweiter Klasse für Hin- und Rückfahrt bis zu einer Höchstentfernung von 1500 km (Eisenbahnkilometer) vom Standort zu dem dem Fundort nächstgelegenen Bahnhof.

(8) Eine Selbstbeteiligung gilt für jedes versicherte Fahrzeug besonders.

(9) In der Teilversicherung wird nur der Teil des Schadens ersetzt, der DM 300,— übersteigt. Es kann jedoch auch eine Teilversicherung ohne Selbstbeteiligung vereinbart werden. In der Vollversicherung wird der Schaden abzüglich einer vereinbarten Selbstbeteiligung ersetzt. Eine in der Vollversicherung vereinbarte Selbstbeteiligung von mehr als DM 300,— gilt jedoch nur in den Fällen des § 12 Abs. 1 II.

(10) Ergibt die Berechnung der Entschädigungsleistung nach Absatz 2 in Verbindung mit Absatz 3 eine höhere Leistung als bei Zugrundelegung des Wiederbeschaffungswertes nach Absatz 1 in Verbindung mit Absatz 3, so erwirbt der Versicherungsnehmer einen Anspruch auf Zahlung des Teiles der Entschädigung, der über diesen Wert hinausgeht, nur insoweit, als die Verwendung der Entschädigung zur Wiederherstellung oder zur Wiederbeschaffung eines anderen Fahrzeugs innerhalb von 2 Jahren nach Feststellung der Entschädigung sichergestellt ist.

§ 14
Sachverständigenverfahren

(1) Bei Meinungsverschiedenheiten über die Höhe des Schadens einschließlich der Feststellung des Wiederbeschaffungswertes oder über den Umfang der erforderlichen Wiederherstellungsarbeiten entscheidet ein Sachverständigenausschuß.

(2) Der Ausschuß besteht aus zwei Mitgliedern, von denen der Versicherer und der Versicherungsnehmer je eines benennt. Wenn der eine Vertragsteil innerhalb zweier Wochen nach schriftlicher Aufforderung sein Ausschußmitglied nicht benennt, so wird auch dieses von dem anderen Vertragsteil benannt.

(3) Soweit sich die Ausschußmitglieder nicht einigen, entscheidet innerhalb der durch ihre Abschätzung gegebenen Grenzen ein Obmann, der vor Beginn des Verfahrens von ihnen gewählt werden soll. Einigen sie sich über die Person des Obmanns nicht, so wird er durch das zuständige Amtsgericht ernannt.

(4) Ausschußmitglieder und Obleute dürfen nur Sachverständige für Kraftfahrzeuge sein.

(5) Bewilligt der Sachverständigenausschuß die Forderung des Versicherungsnehmers, so hat der Versicherer die Kosten voll zu tragen. Kommt der Ausschuß zu einer Entscheidung, die über das Angebot des Versicherers nicht hinausgeht, so sind die Kosten des Ver-

fahrens vom Versicherungsnehmer voll zu tragen. Liegt die Entscheidung zwischen Angebot und Forderung, so tritt eine verhältnismäßige Verteilung der Kosten ein.

§ 15
Zahlung der Entschädigung

(1) Die Entschädigung wird innerhalb zweier Wochen nach ihrer Feststellung gezahlt. Im Falle der Entwendung jedoch nicht vor Ablauf der Frist von einem Monat (§ 13 Abs. 7). Ist die Höhe eines unter die Versicherung fallenden Schadens bis zum Ablauf eines Monats nicht festgestellt, werden auf Verlangen des Versicherungsnehmers angemessene Vorschüsse geleistet.

(2) Ersatzansprüche des Versicherungsnehmers, die nach § 67 VVG auf den Versicherer übergegangen sind, können gegen den berechtigten Fahrer und andere in der Haftpflichtversicherung mitversicherte Personen sowie gegen den Mieter oder Entleiher nur geltend gemacht werden, wenn von ihnen der Versicherungsfall vorsätzlich oder grobfahrlässig herbeigeführt worden ist.

A 3 Teileliste

Liste der mitversicherten Fahrzeug- und Zubehörteile
Präambel
Stand 01.07.1988

Die Liste der mitversicherten Fahrzeug- und Zubehörteile ist in ihrer jeweiligen Fassung Vertragsinhalt gemäß § 9 a Abs. 3 AKB. Sie erläutert die Begriffe „unter Verschluß verwahrte" und „am Fahrzeug befestigte" Fahrzeugteile und umschreibt gleichzeitig den Deckungsumfang der Fahrzeugversicherung bezüglich weiterer, in der Liste als mitversichert ausgewiesener Fahrzeug- und Zubehörteile. Die prämienfrei mitversicherten und die gegen Zuschlag versicherbaren Zubehörteile sind in der Liste erschöpfend aufgezählt; für in der Liste nicht erwähnte Teile bleibt es bei der Grundregel des § 12 Abs. 1 AKB, soweit sie für das versicherte Fahrzeug zugelassen und unter Vershcluß verwahrt oder an dem Fahrzeug befestigt sind.

1) Prämienfrei mitversichert sind folgende Teile, soweit sie im Fahrzeug eingebaut oder unter Verschluß gehalten oder mit dem Fahrzeug durch entsprechende Halterungen fest verbunden sind:

Ablage-Vorrichtungen
Abschlepp-Vorrichtungen
Abschleppseil
Airbag Gurtstrammer-Rückhaltesystem
Alarmanlage
Anhänger-Vorrichtung
Antiblockiersystem (ABS)
Auspuffblenden
Außenspiegel (auch mechanisch oder elektrisch einstellbar)
Außenthermometer
Autoapotheke
Automatisches Getriebe
Batterien
Batterie-Starterkabel
Beinschilder für Mofa, Moped
Bremskraftverstärker
CB-Funk-Gerät (nur Einzelgerät, Kombigeräte siehe unter Radio)
Cockpit Persenning
Cockpit Verkleidung für Krafträder
Dachträger für Fahrräder, Ski- und Surfbretter
Diebstahlsicherung einschließlich Zentralverriegelung
Drehzahlmesser
Elektrische Betätigung für Schiebedach, Türfenster
Ersatzbirnenset
Fahrtschreiber
Feuerlöscher

Fotoapparat (bis DM 70,—)
Funkanlage in Taxen mit Antenne (fest oder in Halterung eingebaut)
Fußbodenbelag
Gepäckabdeckung (Netz, Rollo oder dergl. zum Insassenschutz)
Gepäckträger
Halogen-Lampen
Hardtop mit/ohne Haftlampen
Heizbare Heckscheibe
Heizung (auch nachträglich zusätzlich eingebaut)
Hydraulische Strömungsbremse oder elektrische Wirbelstrombremse
Jod-Lampen
Katalysatoren und andere schadstoffverringernden Anlagen
Kennzeichen (auch reflektierende)
Kennzeichen-Unterlage
Kindersitz
Klappspaten
Klimaanlage (außer in Omnibussen)
Kopf-/Nacken-Stützen
Kotflügel-Schmutzfänger
Kühlerabdeckschutz
Kühlerjalousie
Lautsprecher (auch mehrere) bis zusammen DM 1000,—
Leichtmetallfelgen
Leichtmetallräder
Leselampe
Liegesitze
Mehrklanghorn (soweit zulässig)
Nebellampen (vorne und hinten)
Niveauregulierung
Packtaschen an Zweirädern
(verschweißt oder verschraubt oder mit integriertem Sicherheitsschloß am Träger befestigt)
Panoramaspiegel
Parkleuchten
Plane und Gestell für Güterfahrzeuge
1 Radio, 1 Tonbandgerät, 1 Plattenspieler oder 1 Cassetten-Recorder oder 1 CB-Funk-Gerät kombiniert mit Radio (auch Mehrzweckgerät), fest oder in Halterung eingebaut bis zusammen DM 1000,—
Radioantenne
Radzierkappen und -zierringe
Räder mit Winterbereifung (1 Satz)
Reifenwächteranlage
Reservekanister (einer)
Reserveräder (soweit serienmäßig)
Rückfahrscheinwerfer
Rück-Sonnenschutzjalousie
Rücken-Stützen

Scheibenantenne
Scheibenwischer für Heckscheibe
Scheinwerferwasch- und -wischanlage
Schiebedach
Schlafkojen in Güterfahrzeugen
Schneeketten
Schonbezüge — auch mit Bändern oder Gurten befestigte Sitzfelle
(keine losen Decken und keine Edelpelze)
Schutzhelme für Zweiradfahrer, wenn über Halterung mit Zweirad so verbunden, daß unbefugte Entfernung ohne Beschädigung des Helmes und/oder Fahrzeugs nicht möglich ist
Seitenschürze
Servolenkung
Signalhorn
Sitzheizung
Sitzhöhenverstellung
Skihalterung
Sondergetriebe (z. B. 5-Gang-Getriebe)
Sonnendach
Speichenblenden
Sperrdifferential
Spezialsitze
Spiegel
Spoiler
Sportlenkrad
Stoßdämpfer (verstärkte)
Stoßstangen (zusätzlich)
Sturzbürgel für Krafträder
Suchscheinwerfer
Tankdeckel (auch abschließbar)
Taxameter
Taxibügel mit Taxischild
Trennscheibe bei Droschken und Mietwagen
Überrollbügel
Ventilator
Verbundglas
Verkehrsrundfunk-Decoder
Wagenheber (soweit serienmäßig)
Wärmedämmende Verglasung
Warndreieck
Warnfackel
Warnlampe
Werkzeug (soweit serienmäßig)
Windabweiser am Schiebedach
Windschutzscheiben für Krafträder und Beiwagen

Zusatzarmaturen (Öl-Temperatur- und -Druckmesser, Amperemeter, Voltmeter, Verbrauchsmeßgerät)
Zusatztank (soweit serienmäßig)

2) Gegen Zuschlag versicherbare Teile, soweit sie im Fahrzeug eingebaut oder unter Verschluß gehalten oder mit dem Fahrzeug durch entsprechende Halterungen fest verbunden sind:

Wenn der Neuwert der gegen Zuschlag versicherbaren Teile insgesamt DM 1000,— nicht erreicht, wird auf eine Zuschlagsberechnung verzichtet. Wird dieser Wert nicht erreicht, besteht keine Meldepflicht. Überschreitet der Neuwert DM 1000,—, so errechnet sich der Zuschlag aus dem gesamten Neuwert (nicht abzüglich DM 1000,—).

Automatischer Geschwindigkeitsregler (Tempomat)
Bar
Beschläge (Monogramm usw.)
Beschriftung (Reklame)
Bordcomputer (soweit nicht serienmäßig)
Bootsträger (Dach)
Dachkoffer
Diktiergerät (fest oder in Halterung eingebaut)
Doppelpedalanlage
Doppel- und Mehrfachvergaseranlage, soweit zulässig (soweit nicht serienmäßig)
Fernseher mit Antenne (fest oder in Halterung eingebaut)
Funkanlage mit Antenne (außer in Taxen) fest oder in Halterung eingebaut
Gas-Anlage
Gasflaschen für Wohnwagenanhänger und Wohnmobile
Hydraulische Ladebordwand für LKW
Kaffeemaschine (fest oder in Halterung eingebaut)
Klima-Anlage (für Omnibusse)
Kotflügelverbreiterung (soweit zulässig)
Kühlbox (fest eingebaut)
Lautsprecher (auch mehrere) sofern durch 1) nicht gedeckt
Lederpolsterung (soweit nicht serienmäßig)
Mikrofon und Lautsprecheranlage (außer in Omnibussen)
Panzerglas
Postermotive unter Klarlack
1 Radio, 1 Tonbandgerät, 1 Plattenspieler, 1 Cassettenrecorder oder ein CB-Funkgerät kombiniert mit Radio (auch Mehrzweckgerät) fest oder in Halterung eingebaut (sofern durch 1) nicht gedeckt)
Rundumlicht (Blaulicht etc.)
Schutzhelme mit Lautsprecher bzw. Funkanlage für Zweiradfahrer, wenn über Halterung mit Zweirad so verbunden, daß unbefugte Entfernung ohne Beschädigung des Helmes und/oder Fahrzeugs nicht möglich ist
Spezialaufbau
Spezial-Auspuffanlage
Telefon
Turbolader (soweit nicht serienmäßig)

Vollverkleidung für Krafträder (soweit nicht serienmäßig)
Vorzelt
Wohnwageninventar (fest eingebaut)
Zugelassene Veränderungen am Fahr- und/oder Triebwerk aller Art zur Leistungssteigerung und Verbesserung der Fahreigenschaften
Zusatzinstrumente (soweit nicht serienmäßig)
z. B. Copilot, Höhenmesser, Innenthermometer

3) Nicht kaskoversicherbar (soweit nicht unter 1) und 2) genannt) sind beispielsweise:

Atlas
Autodecke oder Reiseplaid oder Edelpelz
Autokarten
Autokompaß
Campingausrüstung (soweit lose)
Cassetten
Ersatzteile
Fahrerkleidung
Faltgarage, Regenschutzplane
Fotoausrüstung
Funkrufempfänger
Fußsack
Garagentoröffner (Sendeteil)
Heizung (lose)
Kühltasche
Magnetschilder
Maskottchen
Plattenkasten und Platten
Rasierapparat
Staubsauger
Tonbänder

A 4 Teilungsabkommen

KF/KH-Standard-Teilungsabkommen

§ 1

1. Die dem Abkommen angeschlossenen Versicherer werden bei einem Fahrzeugschaden, der Regreßansprüche gegen einen an dem Schadenfall beteiligten Versicherten zur Folge haben könnte, für den einer von ihnen aufgrund einer Kraftfahrzeug-Haftpflichtversicherung einzutreten verpflichtet ist, ohne Rücksicht auf die Sach- und Rechtslage folgendermaßen verfahren:

    a) Falls eine Berührung zwischen dem gegen Fahrzeugschäden versicherten und dem gegen Haftpflicht versicherten Fahrzeug stattgefunden hat, erstattet der Haftpflichtversicherer dem Fahrzeugversicherer die Hälfte der von diesem bedingungsgemäß geleisteten Entschädigung. Auf die andere Hälfte verzichtet der Fahrzeugversicherer.
    Als Berührung gilt auch jede zufällige Kollision mit beförderten Personen oder mit der Ladung, falls die beförderten Personen oder Gegenstände sich im Augenblick der Berührung noch im oder auf dem Fahrzeug befinden.

    b) Falls keine Berührung im Sinne von a) stattgefunden hat, entfällt eine Beteiligung des Haftpflichtversicherers. Der Fahrzeugversicherer verzichtet in solchen Fällen auf Regreßmaßnahmen.

2. Der Haftpflichtversicherer braucht sich nicht zu beteiligen, wenn er weder seinem Versicherungsnehmer noch mitversicherten Personen Versicherungsschutz zu gewähren hat. Auf Deckungsablehnung wegen Nichtmeldung oder verspäteter Meldung eines Schadenereignisses kann sich ein Abkommenspartner nicht berufen.

3. Fahrzeuge im Sinne des Abkommens sind alle nach dem Tarif für Kraftfahrt-Versicherungen versicherbaren Fahrzeuge.

§ 2

Im Falle des § 156 Abs. 3 VVG kommt die Grundregel in § 1 mit der Maßgabe zur Anwendung, daß sich die Leistung des Haftpflichtversicherers auf den gemäß § 156 Abs. 3 VVG errechneten Betrag beschränkt.

§ 3

1. Voraussetzung für die Erhebung eines Regreßanspruches im Rahmen dieses Abkommens ist, daß der in Anspruch genommene Abkommenspartner mindestens DM 500,— zu zahlen hat.

2. Überschreitet die bedingungsgemäß geleistete Entschädigung DM 15 000,— (DM fünfzehntausend), so wird bis zu dieser Grenze abkommensgemäß darüber hinaus nach der Rechtslage verfahren.
Dabei ist auf den die Summe von DM 15 000,— (fünfzehntausend) übersteigenden Teil der bedingungsgemäß geleisteten Entschädigung die der Rechtslage entsprechende Haftungsquote anzuwenden. Die auf den Abkommenshöchstbetrag geleistete Beteiligungssumme bleibt unberücksichtigt.

§ 4

Der bearbeitende Abkommenspartner hat jede Regreßmöglichkeit wahrzunehmen, die sich für ihn außerhalb des Abkommens ergibt.

§ 5

Nimmt der Fahrzeugversicherte seinen Fahrzeugversicherer nicht in Anspruch und hat der Haftpflichtversicherer den Fahrzeugschaden reguliert, ist wie folgt zu verfahren:

a) Liegt eine Berührung der beteiligten Fahrzeuge im Sinne von § 1 Abs. 1 a) vor, erstattet der Fahrzeugversicherer dem Haftpflichtversicherer die Hälfte der geleisteten Entschädigung, soweit sie der Fahrzeugversicherer hätte aufwenden müssen, wenn der Schaden bei ihm zur Anmeldung gekommen wäre.

b) Falls keine Berührung im Sinne von § 1 Abs. 1 a) stattgefunden hat, erstattet der Fahrzeugversicherer dem Haftpflichtversicherer die von diesem geleistete Entschädigung, soweit sie der Fahrzeugversicherer hätte aufwenden müssen, wenn der Schaden bei ihm zur Anmeldung gekommen wäre.

c) Ohne Rücksicht darauf, ob eine Berührung stattgefunden hat oder nicht, wird von dem regulierenden Versicherer auf Regreß verzichtet, soweit die Beteiligung der in Anspruch genommenen Abkommenspartner DM 500,— nicht erreicht.

§ 6

1. Der an einem Schadenfall beteiligte Versicherer ist verpflichtet, auf Anfrage des anderen Beteiligten binnen zwei Monaten sich darüber zu äußern, ob der Versicherungsschutz am Schadentage in Kraft war oder welche Hinderungsgründe einer Stellungnahme entgegenstehen. Äußert sich der beteiligte Versicherer nicht innerhalb dieser 2 Monate, dann kann er sich nach Ablauf dieser Frist gegenüber dem anfragenden Abkommenspartner nicht darauf berufen, daß am Schadentag kein Versicherungsschutz bestand.

2. Hat ein Abkommenspartner Schadenersatz geleistet oder einen Kaskoschaden reguliert oder sich abkommensgemäß beteiligt, so kann weder er noch der andere Abkommenspartner sich darauf berufen, daß ohne rechtliche Verpflichtung geleistet wurde.

§ 7

Durch dieses Abkommen entstehen Rechtsbeziehungen nur zwischen den daran teilnehmenden Versicherern. Dritte Personen werden dadurch nicht begünstigt.

§ 8

Ist einer der beteiligten Versicherer dem Standard-Regreß-Verzichtsabkommen, der andere dem Standard-Teilungsabkommen angeschlossen, so wird nach Maßgabe des Teilungsabkommens verfahren.

§ 9

1. Falls eine Berührung zwischen dem gegen Fahrzeugschäden versicherten und mehreren Haftpflicht versicherten Fahrzeugen stattgefunden hat, entfällt auf jeden Versicherer einschließlich des Fahrzeugversicherers die gleiche Quote. Ist ein Fahrzeug bei mehreren Abkommenspartnern versichert, so gelten sie im Rahmen des Abkommens als ein Versicherer.
2. Bei Zusammenstoß mehrerer Fahrzeuge untereinander gilt jedes Fahrzeug als berührt.
3. Dieses Abkommen ist insoweit nicht anzuwenden, als bei einem Zusammenstoß mehrerer Fahrzeuge untereinander die Anwendung des Internationalen KF/KH-Teilungsabkommens möglich ist.
Dieses Abkommen ist insoweit anzuwenden, als die zu teilenden Aufwendungen die Abkommensgrenze des Internationalen KF/KH-Teilungsabkommens übersteigen, wobei für die Errechnung der Quoten der ausländische Versicherer nicht mitzuzählen ist.
4. Anhänger und Auflieger, die mit dem ziehenden Fahrzeug im Sinne von § 10a Abs. 1 Satz 1 AKB eine Einheit bilden, bleiben bei der Errechnung der Beteiligungsquoten in der Haftpflichtversicherung unberücksichtigt; in der Fahrzeugversicherung gelten sie jedoch im Sinne des Abkommens als selbständiges Fahrzeug.

§ 10

1. Aufwendungen aus KF/KH- und KH/KH-Teilungsabkommen werden nach diesem Abkommen nicht geteilt.
2. Wenn und soweit die Voraussetzungen für die Anwendung dieses Abkommens und des KH/KH-Rahmenteilungsabkommens vorliegen, so ist die Anwendung des KH/KH-Rahmenteilungsabkommens ausgeschlossen.

§ 11

Meinungsverschiedenheiten zwischen den am Standard-Teilungsabkommen beteiligten Versicherern über den Inhalt und die Anwendung des Abkommens werden unter Ausschluß des Rechtsweges durch einen Schiedsrichter geschlichtet. Der Schiedsrichter wird auf Anrufung der Beteiligten oder eines der Beteiligten durch den jeweiligen Vorsitzenden des Fachausschusses Kraftverkehrsversicherung oder seinen Stellvertretern aus dem Kreise der Fachausschußmitglieder ernannt. Beide Parteien haben dem Schiedsrichter mündlich oder schriftlich auf Befragen Auskunft zu geben. Der Schiedsrichter ist an keine Verfahrensvorschriften gebunden. Er entscheidet nach Lage der Akten.

Der Schiedsrichter entscheidet auch über die Kosten des Verfahrens. Er darf nur seine Auslagen berechnen.

Kommt der Schiedsrichter nicht binnen 3 Monaten nach seiner Ernennung zu einer Entscheidung, so entfällt für den betreffenden Streitfall die Wirksamkeit dieser Schiedsgerichtsvereinbarung.

§ 12

Auf Ansprüche, die nicht innerhalb von drei Jahren seit dem Schadenstag geltend gemacht worden sind, wird verzichtet.

§ 13

Die Beteiligung an diesem Abkommen kann von jedem Versicherer mit einer Frist von drei Monaten zum Ablauf eines jeden Kalenderjahres gekündigt werden. Die Kündigung ist durch eingeschriebenen Brief an die Verbandsgeschäftsstelle zu richten.

§ 14

Dieses Abkommen tritt an Stelle des bisherigen Abkommens am 1. Mai 1969 in Kraft. Es bezieht sich auf Schadenfälle, die sich von diesem Zeitpunkt ab während der Dauer des Abkommens ereignen.

Erläuterungen zum KF/KH-Standard-Teilungsabkommen

1. Der Begriff „Fahrzeugversicherung" umfaßt sowohl die Vollkaskoversicherung als auch die Teilkaskoversicherung. Glasbruchschäden unterliegen damit ebenfalls der Teilung.

2. Die Berührung verpflichtet zur Beteiligung, unabhängig davon, ob der Kaskoschaden vor oder nach der Berührung eingetreten ist, vorausgesetzt, daß ein örtlicher und zeitlicher Zusammenhang zwischen der Berührung und dem Eintritt des Schadens besteht.

3. Berührte, jedoch unerkannt gebliebene Fahrzeuge gelten als nicht beteiligt. Sie zählen bei der Errechnung der Beteiligungsquote nicht mit.

4. Ein mit einem Anhänger verbundenes Fahrzeug zählt hinsichtlich der Haftpflichtversicherung für die Ermittlung der Quote als ein Fahrzeug.

5. Ein Vorabregreß braucht nicht durchgeführt zu werden, wenn die Regreßnahme wirtschaftlich nicht vertretbar erscheint.

6. Sachverständigen- und Regulierungskosten gelten nicht als bedingungsgemäße Entschädigung im Sinne des Abkommens (Rundschreiben K 42/54 M vom 29.7.1954). Es ist darauf zu achten, daß sie nicht mit angefordert werden. Der Haftpflicht-Versicherer hat außerdem darauf zu achten, daß Sachfolgeschäden (Nutzungsausfall, Wertminderung) nicht in Rechnung gestellt werden.

7. Bei Fahrerflucht kann sich der Haftpflicht-Versicherer auf Leistungsfreiheit berufen.

8. Bagatellklausel:
Übersteigen die Aufwendungen des regulierenden Versicherers den Betrag von DM 500,—, so unterliegt der Gesamtschaden der Teilung.

9. Beispiel für die Abrechnung bei Überschreitung des Limits:
Die Fahrzeuge A und B stoßen zusammen, wobei A eine Haftungsquote von 60 %, B eine Quote von 40 % trifft. Der Kaskoversicherer des A reguliert den Fahrzeugschaden mit DM 18 000,—

Abrechnung:
Der Haftpflichtversicherer des B zahlt nach Abkommen an den Kaskoversicherer des A 50 % von DM 15 000,— = DM 7500,—. Damit ist der Regreß bis DM 15 000,— erledigt.
Von den restlichen DM 3000,— hat der Haftpflichtversicherer B entsprechend der Rechtslage 40 % = DM 1200,— zu zahlen. Der Haftpflichtversicherer zahlt damit insgesamt DM 7500,— + DM 1200,— = DM 8700,—.

10. Die Regelung des § 6 Ziff. 2 vermeidet langwierige und oft recht problematische Diskussionen unter den Abkommenspartnern über die angebliche Möglichkeit von Deckungsablehnungen.

11. Beteiligung mehrerer Fahrzeuge:
Sind an einem Schadenereignis mehr als zwei Fahrzeuge beteiligt, deren Versicherer teils dem Standard-Teilungsabkommen, teils dem Regreß-Verzichts-Abkommen angehören, so ist nach folgenden Regeln zu verfahren:

1. Beispiel: Fahrzeug-Versicherer　　　　　　　Teilungsabkommen
　　　　　1. Haftpflicht-Versicherer　　　　　　Verzichtsabkommen
　　　　　2. Haftpflicht-Versicherer　　　　　　Verzichtsabkommen
　　　　　Verteilung: jeder Versicherer ⅓
2. Beispiel: Fahrzeug-Versicherer　　　　　　　Teilungsabkommen
　　　　　1. Haftpflicht-Versicherer　　　　　　Teilungsabkommen
　　　　　2. Haftpflicht-Versicherer　　　　　　Verzichtsabkommen
　　　　　Verteilung: jeder Versicherer ⅓
3. Beispiel: Fahrzeug-Versicherer　　　　　　　Verzichtsabkommen
　　　　　1. Haftpflicht-Versicherer　　　　　　Verzichtsabkommen
　　　　　2. Haftpflicht-Versicherer　　　　　　Teilungsabkommen
　　　　　Verteilung: Fahrzeug-Versicherer ⅔
　　　　　　　　　1. Haftpflicht-Versicherer nichts
　　　　　　　　　2. Haftpflicht-Versicherer ⅓

12. Liegen die Voraussetzungen sowohl für die Anwendung des Internationalen KF/KH-Teilungsabkommens als auch des nationalen KF/KH-Standard-Teilungsabkommens vor, so ist zunächst das Internationale Abkommen anzuwenden. Der über das Limit des Internationalen Teilungsabkommen hinausgehende Betrag ist unter Ausschluß der ausländischen Versicherer im Rahmen des nationalen Abkommens zu teilen.

Beispiel:
An einem Schadenfall sind drei deutsche Fahrzeuge, A, B und C, beteiligt, deren Versicherungen sowohl dem nationalen als auch dem Internationalen KF/KH-Teilungsabkommen angehören, sowie ein ausländisches Fahrzeug D, dessen Versicherer ebenfalls dem Internationalen KF/KH-Teilungsabkommen beigetreten ist.
Der Versicherer des A reguliert als Kaskoversicherer den Fahrzeugschaden seines Versicherungsnehmers mit DM 10000,—.
Gemäß dem Internationalen KF/KH-Teilungsabkommen wird zunächst bis zum Betrag von 1300 EZU-Einheiten = DM 5200,— zwischen den Versicherern des A, B und D abgerechnet. Jeder beteiligt sich mit ¼ = DM 1300,—.
Hinsichtlich des Restbetrages von DM 4800,— kann der Versicherer des A, soweit es die Haftungslage zuläßt, einen Regreß nach Rechtslage gegenüber D versuchen. Ist der Regreß nicht zu verwirklichen, wird der Betrag unter den Versicherern des A, B und C, entsprechend dem nationalen KF/KH-Teilungsabkommen zu je ⅓ = DM 1600,—, geteilt.
Für die einzelnen Versicherer ergeben sich damit folgende Beteiligungsbeträge:

Versicherer	nach internationalem KF/KH-Teilungsabkommen	insgesamt	nach internationalem Teilungsabkommen
A	1300,—	1600,—	2900,—
B	1300,—	1600,—	2900,—
C	1300,—	1600,—	2900,—
D	1300,—	—	1300,—
	5200,—	4800,—	10000,—

13. Sind gleichzeitig die Voraussetzungen für die Anwendung des KF/KH-Standard-Teilungsabkommens und des KH/KH-Rahmen-Teilungsabkommens gegeben, so geht das KF/KH-Teilungabkommen vor. Die nach dem KF/KH-Abkommen geleisteten Beträge können nicht erneut nach KH/KH-Abkommen ausgeglichen werden.

14. Anforderung von Abrechnungsunterlagen:
Auf die Anforderung von Abrechnungsunterlagen (Entschädigungsquittungen, Abfindungserklärungen, Sachverständigen-Gutachten) soll verzichtet werden. Hat der Kaskoversicherer den Schaden seines Versicherungsunterhmens reguliert, so ist bis zu einem teilungsfähigen Betrag von DM 1000,— die Übersendung von Regulierungsunterlagen nicht notwendig.

15. Bei Mitversicherungsverhältnissen findet das Teilungsabkommen des führenden Unternehmens Anwendung.